Die Transaktionskostentheorie und ihre Kritik sowie ihre Beziehung zum soziologischen Neo-Institutionalismus

Europäische Hochschulschriften
Publications Universitaires Européennes
European University Studies

Reihe V
Volks- und Betriebswirtschaft

Série V Series V
Sciences économiques, gestion d'entreprise
Economics and Management

Bd./Vol. 3176

PETER LANG
Frankfurt am Main · Berlin · Bern · Bruxelles · New York · Oxford · Wien

Carl-Thomas Fritz

Die Transaktionskostentheorie und ihre Kritik sowie ihre Beziehung zum soziologischen Neo-Institutionalismus

PETER LANG
Europäischer Verlag der Wissenschaften

Bibliografische Information Der Deutschen Bibliothek
Die Deutsche Bibliothek verzeichnet diese Publikation in der Deutschen Nationalbibliografie; detaillierte bibliografische Daten sind im Internet über <http://dnb.ddb.de> abrufbar.

Die Drucklegung dieser Arbeit wurde empfohlen von Dr. Stefan Salzgeber, Universität Innsbruck.

ISSN 0531-7339
ISBN 3-631-54370-0

www.peterlang.de

"... anytime I [Mitchell Stephens, Esquire] hear about a case like that school bus disaster up there, I turn into a heat-seeking missile, homing in on a target that I know in my bones is going to turn out to be some bungling corrupt state agency or some multinational corporation that's cost-accounted the difference between a ten-cent bolt and a million-dollar out-of-court settlement and has decided to sacrifice a few lives for the difference. They do that, work the bottom line; I've seen it play out over and over again, until you start to wonder about the human species. They're like clever monkeys, that's all. They calculate ahead of time what it will cost them to assure safety versus what they're likely to be forced to settle for damages when the missing bolt sends the bus over a cliff, and they simply choose the cheaper option. And it's up to people like me to make it cheaper to build the bus with that extra bolt, or add the extra yard of guardrail, or drain the quarry. That's the only check you've got against them. That's the only way you can ensure moral responsibility in this society. Make it cheaper.
So that winter morning when I picked up the paper and read about this terrible event in a small town upstate, with all those kids lost, I knew instantly what the story was; I knew at once that it wasn't an "accident" at all. There are no accidents. I don't even know what the word means, and I never trust anyone who says he does. I knew that somebody had made a decision to cut a corner in order to save a few pennies, and now the state or the manufacturer of the bus or the town, somebody, was busy lining up a troop of smoothies to negotiate with a bunch of grief-stricken bumpkins a settlement that wouldn't displease the accountants." (S. 91)
Russell Banks, "The Sweet Hereafter", 1991

"Ich weiß nur, daß jeder, der eine Beziehung eingeht, verloren ist. Der Keim der Korruption ist in seine Seele eingedrungen."
Joseph Conrad

Inhaltsverzeichnis

Abkürzungen

TKT .... Transaktionskostentheorie
TKA .... Transaktionskostenansatz
TKÖ .... Transaktionskostenökonomie
NIÖ .... Neue Institutionenökonomie
SNI .... Soziologischer Neo-Institutionalismus

Abbildungsverzeichnis

Einleitung

Eine Frage, die am Anfang dieser Arbeit stand[1], lautet: Warum gibt es in der Ökonomie und in der Soziologie jeweils eine Theorierichtung, die sich neoinstitutionalistisch nennt? Diese Frage zog eine Reihe weiterer nach sich, wie z.B.: Was sind die grundlegenden Ideen und Aussagen dieser beiden Theorien? Was haben sie gemeinsam und was erklärt ihre gemeinsame Bezeichnung? Was sind ihre Stärken und Schwächen? Es handelt sich dabei um theoretische Fragestellungen, und so ist die vorliegende Arbeit auch eine primär theoretisch ausgerichtete geworden.

Einige Merkmale dieser beiden Ansätze seien schon vorweg kurz angedeutet:

Der Neo-Institutionalismus in der Ökonomie zeichnet sich durch ein neues Interesse an der Rolle und Funktion von Institutionen und insbesondere Unternehmen aus. Neu ist dies nur in Bezug auf die dominante neoklassische Marginalanalyse, die sich hauptsächlich für die ausgleichende und koordinierende Funktion von Preisen auf interdependenten Märkten interessiert, aber die interne Organisation von Unternehmen vernachlässigt. Ein Unternehmen besteht in der Neoklassik lediglich aus einer technisch determinierten und Input in Output umwandelnden Produktionsfunktion. Die für die Funktionsweise eines Marktes erforderlichen Institutionen sind weiters in der Regel konstant und exogen gegeben. Im Gegensatz zur Neoklassik haben sich in der Ökonomie aber auch schon früher verschiedene Theorieströmungen mit Institutionen auseinandergesetzt, wie z.B. die Klassiker (Adam Smith) oder die sogenannten alten Institutionalisten (Thorstein Veblen, John Commons).

Als Hauptbestandteil der NIÖ kann die Transaktionskostentheorie angesehen werden, welche eine wesentliche Funktion und Aufgabe von Institutionen in der Verringerung von Transaktionskosten sieht. Bestimmte Organisationsstrukturen werden gewählt und umgesetzt, weil sie dazu beitragen, Transaktionskosten einzusparen und die Effizienz zu steigern.

Der soziologische Neo-Institutionalismus beschäftigt sich ebenfalls mit Fragen der Wahl und Gestaltung von Organisationsstrukturen, schlägt aber eine ganz andere Perspektive ein. Nach dieser Theorie spielt Effizienz nur eine sekundäre Rolle. In erster Linie habe eine Organisation eine ganze Reihe externer Erwartungen zu erfüllen, was die Wahl bestimmter, legitimierter organisationaler Praktiken und Strukturen nach sich zieht. Außerdem sind die Organisationsmitglieder so stark in einem bestimmten sozialen und kulturellen Umfeld verankert,

---

[1] Die ursprüngliche Fassung wurde als Diplomarbeit an der Universität Innsbruck im September 2002 eingereicht. Sie wurde für die Veröffentlichung leicht überarbeitet. Zitate aus englischen Literaturquellen wurden von mir ins Deutsche übersetzt. Wenn in Zitaten eigene Hervorhebungen hinzugefügt worden sind, so ist dies mit dem Kürzel mH ("meine Hervorhebung") gekennzeichnet.

daß Entscheidungen getroffen werden, weil sie als 'natürlich' und als 'gegeben' (*taken for granted*) gelten.

Die beiden Neo-Institutionalismen haben auf den ersten Blick wenig gemeinsam. DiMaggio/Powell (1991) sind der Ansicht, daß die verschiedenen institutionellen Ansätze durch nicht viel mehr verbunden werden, als eine "gemeinsame Überzeugung, daß Institutionen und soziale Prozesse eine Rolle spielen" (S. 3). Ortmann et al (1997) schreiben, daß "besonders die Konzeption des soziologischen Neo-Institutionalismus ... im allgemeinen als die entscheidende Gegenposition zur Institutionenökonomie" (S. 28) gilt.

Trotzdem lassen sich einige theoretische Gemeinsamkeiten und auch mögliche Ergänzungsfelder ausmachen.

Diese Arbeit nimmt sich – grob umrissen – drei Aufgaben zum Ziel. Erstens soll ein Überblick über die Transaktionskostentheorie (als Stellvertreter für die umfassendere neue Institutionenökonomie) und über den soziologischen Neo-Institutionalismus gegeben werden (Teil I, III.1 und III.2). Zweitens soll in einer Kritik dieser beiden Theorieströmungen bestimmt werden, inwieweit ihre Verhaltensannahmen bzw. Handlungskonzepte Einseitigkeiten aufweisen, wie z.B. solche, die auf den Einfluß des *homo oeconomicus* bzw. *sociologicus* zurückgeführt werden können (Teil II und III.3). Drittens sollen die theoretischen Gemeinsamkeiten und Unterschiede der Ansätze genauer bestimmt werden, um einerseits Bereiche aufzeigen zu können, in welchen sie sich ergänzen können und um andererseits eine eventuelle Integration der beiden Theorien vorzubereiten (Teil IV).

I. Transaktionskostentheorie und Neue Institutionenökonomie

Im ersten Teil werden wir uns hauptsächlich den wichtigsten Konzepten der TKT widmen. Neben der TKT gehören auch der Verfügungsrechts- und der Prinzipal-Agent-Ansatz zu der neuen Institutionenökonomie. Im weiteren Sinne können auch evolutionäre und ressourcenorientierte Ansätze hinzugerechnet werden.

Bevor aber genauer auf die TKT eingegangen wird, werden wir uns im ersten Kapitel (I.1) mit drei klassischen Artikeln beschäftigen, die jeweils am Ausgangspunkt einer oder mehrerer Theorieströmungen innerhalb der Institutionenökonomie standen.

Im zweiten Kapitel (I.2) beschäftigen wir uns mit der TKT, hauptsächlich in der Fassung von Williamson (1985). Dabei werden grundlegende Konzepte, wie z.B. Transaktionskosten, Governance-Strukturen, Credible Commitments etc. aber auch einige Anwendungsbereiche wie die vertikale Integration und die Arbeitsorganisation behandelt.

Im dritten und letzten Kapitel werden wir uns kurz mit einigen Klassifikationen der Theorievielfalt in der Institutionenökonomie auseinandersetzen (I.3). Die Einteilung und Abgrenzung der Theorien ist nützlich, weil sie dazu beiträgt, den theoretischen Kern und den Anwendungsbereich der TKT genauer zu bestimmen. Dies wiederum erleichtert eine gezieltere und fokussiertere Kritik der TKT, welche im nächsten Teil (II) vorgenommen wird.

Die neue Institutionenökonomie unterschiedet sich wesentlich vom alten Institutionalismus in der Ökonomie, zu deren Hauptvertretern z.B. Veblen, Commons und Mitchells gehören. Letzterer versucht, eine heterodoxe Ökonomik zu entwickeln, die insbesondere soziale und institutionelle Phänomene einbezieht. Die dabei eingesetzte Methode ist vielfach deskriptiv-historisch orientiert. Coase (1984, S. 230) verwirft deswegen den alten Institutionalismus als nicht zielführend, "anti-theoretisch" und lediglich deskriptiv. Die neue Institutionenökonomie hingegen konzentriert sich auf einige eher beschränkte Problemkreise, setzt gerne formalisierte Modelle ein und steht bezüglich der Methodik der orthodoxen und neoklassischen Ökonomie näher. Im Vergleich zum alten Institutionalismus kann am neuen ausgesetzt werden, daß er evolutionäre und historische Aspekte vernachlässigt.

1. Einige bedeutende Vorgänger

Der erste der hier behandelten klassischen Artikel stammt von Coase (1937). Dieser Artikel dürfte den Grundstein für die neue Institutionenökonomie und die Transaktionskostentheorie gelegt haben. Der zweite (Alchian 1950) ist ein Wegbereiter der evolutionären Ökonomie, er wurde aber auch etwas überraschenderweise von manchen Verteidigern der neoklassischen Methode eingesetzt. Der dritte Artikel, der von Alichan/Demsetz (1972) stammt, enthält einige Ideen der Property-Rights Theorie und des Prinzipal-Agent-Ansatzes.

1.1 Coase (1937) "The Nature of the Firm"

Der Artikel von Coase "*The Nature of the Firm*" legt einen zentralen Grundstein in der Entwicklung des Transaktionskostenansatzes und der ökonomischen Theorie der Firma.[1] Für viele Weiterentwicklungen und auch für die Kritik dieses Ansatzes enthält er zentrale Definitionen und Thesen, auf die häufig Bezug genommen wird. Deshalb ist es lohnend, sich mit diesem Artikel genauer auseinanderzusetzen.

Ziel von Coase ist es, eine genaue, wissenschaftliche Definition der Firma anzubieten, die einerseits realistisch, andererseits auch mit den gängigen ökonomischen Werkzeugen, d.h. vor allem der Marginalanalyse, behandelbar ist.

1.1.1 Warum entsteht eine Firma?

Seine Überlegungen beginnen mit der Gegenüberstellung des Preismechanismus in einer liberalen Wirtschaft mit einer zentral gesteuerten Planwirtschaft. Dabei bezieht er sich auf die Vorstellungen von Hayek (1933). Die gängige Sichtweise der Funktionsweise der Marktwirtschaft ist, daß die relativen Preise der Güter die Rolle haben, deren Knappheit anzuzeigen und damit auch ihre Allokation unter den Verbrauchern effizient steuern. Eine Planwirtschaft könnte nur nachvollziehen, was von der Marktwirtschaft durch die Signalwirkung der Preise ohnehin wesentlich effizienter erledigt wird. Die Planwirtschaft büßt unter anderem an Effizienz ein, weil der zentralen Stelle nicht alle notwendigen Informationen für eine effiziente Koordination vorliegen. Coase vergleicht daher die Wirtschaft eines Landes eher mit einem lebenden Organismus, als mit einer geplanten Organisation: "Ein Ökonom stellt sich die Wirtschaft als durch den Preismechanismus koordiniert vor; damit wird die Gesellschaft nicht eine Organisation sondern ein Organismus" (Coase 1937, S. 19).

Innerhalb einer Firma bietet sich jedoch ein anderes Bild wirtschaftlicher Aktivität. Die Aktivitäten der Arbeitnehmer werden nicht durch relative Preise, sondern durch die Anweisung eines Unternehmers gesteuert. Ein Arbeitnehmer wechselt nicht die Abteilung innerhalb der Firma, weil er in der anderen besser bezahlt wird, d.h. weil relative Preisverhältnisse es anzeigen, sondern weil es

---

[1] Die ökonomische Theorie der Firma versteht ein Unternehmen nicht wie in der neoklassischen Theorie als eine Black-Box, sondern versucht, die in einem Unternehmen ablaufenden Vorgänge und entstandenen Strukturen – hauptsächlich mittels ökonomischer Überlegungen – zu erklären. Einige zentrale Fragen, die eine Theorie der Firma zu beantworten sucht, sind: Warum existieren Firmen? Wie erklärt sich die Größe einer Firma? Warum ist sie in einer bestimmten Art organisiert? Welche Beziehungen bestehen zur Umwelt? Was bestimmt den Firmenerfolg? Wie erklärt sich die Eigentumsstruktur an der Firma?

ihm befohlen wird. Das Innenleben der Firma stellt daher eine Ausnahme zum allseits in der Wirtschaft wirksamen Preismechanismus dar. In den Worten von D.H. Robertson ist sie "eine Insel bewußter Macht im Ozean unbewußter Kooperation" (Coase 1937, S. 19).

Coase stellt daher fest, daß die Organisation durch Anweisung und durch den Preismechanismus zwei alternative Koordinationsmöglichkeiten wirtschaftlicher Aktivität sind. Gleichzeitig stellt sich damit die Frage, warum der erstere Mechanismus auf dem Markt, der letztere in Unternehmen beobachtbar ist. Wäre es nicht möglich, auch die Produktion innerhalb eines Unternehmens durch den Preismechanismus und durch individuelle, unabhängige Marktteilnehmer durchzuführen? Möglicherweise könnten damit Effizienzgewinne erzielt werden, die mit einem gut funktionierenden Markt ja so oft in Verbindung gebracht werden. Weshalb entstehen Firmen, verstanden als eine Verdrängung des Preismechanismus durch eine bewußte, zentral gesteuerte Koordination?

Auf der Suche nach einem Entstehungsgrund für die Firma stellt Coase zuerst die Frage, ob eine der beiden Parteien, die eine Firma bilden, nämlich Unternehmer und Arbeitnehmer, bereit wären, der jeweils anderen eine Prämie im Vergleich zu einer entsprechenden Marktbeziehung zu bezahlen, um diese Beziehung einzugehen. Was die Arbeitnehmer angeht, so glaubt Coase, daß diese die Selbständigkeit vorziehen würden und daher nicht bereit wären, auf Lohnanteile zu verzichten, um in einer Firma beschäftigt zu sein. Ebenso wenig würden die Unternehmer finanzielle Zugeständnisse machen, denn diese seien vielmehr daran interessiert, aus der Firma einen Mehrertrag zu erzielen.

Coase kommt zu dem Schluß, daß die Nutzung des Preismechanismus mit Kosten verbunden sein muß, nämlich den später so benannten Transaktionskosten. Zu diesen Kosten gehören z.B. die Informationskosten, um die Preise und Produkteigenschaften in Erfahrung zu bringen, oder die Verhandlungs- und Vertragserstellungskosten. Der Preismechanismus ist damit in manchen Fällen nicht mehr effizient und wird durch die günstigere Koordination durch Anweisung ersetzt. Innerhalb einer Firma sind z.B. die Kosten der Verträge wesentlich geringer, da ganz einfach die Anzahl der abgeschlossenen Verträge im Vergleich zu einer entsprechenden Marktregelung viel niedriger ist. Ein Arbeitsvertrag wird nur einmal abgeschlossen, kann aber eine Vielzahl von einzelnen Aktivitäten und Leistungen beinhalten, die einen jeweils separaten Vertragsabschluß benötigen würden, wenn sie über den Markt bezogen werden würden. Bei derartigen Überlegungen muß der Art und dem Umfang der Verträge, von denen die Rede ist, besondere Beachtung geschenkt werden. Die Vielfältigkeit von Verträgen ist sehr groß. Ein Vertrag kann mehr oder weniger Arbeitsleistungen umfassen, kurz oder langfristig sein oder unterschiedlich genau spezifiziert sein. Insbesondere Arbeitsverträge haben einen besonderen Charakter, da sie langfristig abgeschlossen werden und sehr allgemeine und ungenaue Angaben über die verlangten Tätigkeiten enthalten. Der Arbeitgeber erwartet vom Beschäftigten in der Regel, daß sich dieser im Rahmen gewisser Grenzen ("*zone of acceptance / indifference*") an seine Anweisungen hält. Coase sieht in der, allerdings nur in speziellen Situationen gültigen, größeren Wirtschaftlichkeit von langfristigen Verträgen einen Entstehungsgrund für die Firma. Wenn zwischen Produzent und Lieferant eine enge, dauerhafte Geschäftsbeziehung besteht, kann es auch hier günstig sein, einen langfristigen Vertrag abzuschließen. Der Vertrag wird offen gehalten, da zukünftige Nachfrageentwicklugen nur unsicher abgeschätzt werden können. Ebenso wie beim Arbeitsvertrag können auch hier Tendenzen zur Integration der beiden Wirtschaftseinheiten auftreten.

> "Eine Firma wird wahrscheinlich in solchen Fällen entstehen, in denen ein sehr kurzfristiger Vertrag nicht zufriedenstellend wäre. Sie ist offensichtlich wichtiger im Falle von Dienstleistungen – wie Arbeit – als im Fall von Gütereinkäufen." (S. 21)

Auf den Punkt gebracht entsteht eine Firma laut Coase dann, wenn sich die Transaktionen innerhalb einer Firma günstiger durchführen lassen als über den Markt. Sollte eine Transaktion in einer Firma dennoch teurer kommen, so hat der Unternehmer die Möglichkeit, diese auf den Markt auszulagern. Dieser Gedanke bildet die grundlegende Erklärung der vertikalen Integration durch den Transaktionskostenansatz.

1.1.2 Wie erklärt sich die Größe einer Firma?

Eine mit der vertikalen Integration sehr verwandte Frage, der sich Coase in der Folge widmet, ist die der Grenzen der Firma und damit der Größe einer Firma. Eine Firma kann durch das Erlangen einer Monopolstellung erhöhte Gewinne erzielen, was einen Anreiz darstellt, die Größe einer Firma zu maximieren. Was hindert ein Unternehmen daran, stets zu versuchen, seine Größe auszudehnen? Coase gibt vier Gründe an, die ein Gegengewicht zu dieser Expansionstendenz darstellen. Die ersten beiden Argumente berufen sich auf den abnehmenden Grenzertrag einer zusätzlich durch die Firma organisierten Transaktion. Mit zunehmender Größe fällt es dem Unternehmer schwerer, effiziente Entscheidungen über den Einsatz der Faktoren zu treffen, unter anderem weil der Informationsfluß unzuverlässiger wird – eine Idee, die bereits im vorhin angesprochen wurde. Ein weiterer von Coase genannter, jedoch meiner Meinung nach nicht stichhaltiger Grund wäre, daß die Preise der Rohmaterialien und Produktionsfaktoren in Abhängigkeit der Firmengröße variieren (zunehmen) können. Als Beispiel wird angeführt, daß die Managergehälter in Großunternehmen höher sein müssen, weil Manager es vorziehen würden, in kleineren Unternehmen einen in der Unternehmenshierarchie vergleichsweise höher angesiedelten Posten zu bekommen.[1] Schließlich fällt die Koordination mit zunehmender räumlicher Distanz immer schwieriger. Entwicklungen in der Kommunikationstechnologie senken aber die Kosten der Koordination, so daß die durchschnittliche optimale Betriebsgröße mit dem Fortschritt ansteigen müsste. Korrekterweise verweist Coase bei diesem Punkt darauf, daß durch die Technologie sowohl die Kosten der marktlichen als auch der firmeninternen Koordination beeinflußt werden. Wie der Gesamteffekt auf die Firmengröße ausfällt, hängt davon ab, welche Koordinationsform relativ mehr von den technologischen Entwicklungen profitiert.

1.1.3 Alternative Erklärungen der Firma

Im letzten Teil seines Artikels argumentiert Coase, warum sein Konzept der Firma anderen vorzuziehen sei. Zuerst erwähnt er dazu die Ansicht, daß Firmen entstehen, weil sie Gewinne der Arbeitsteilung und Spezialisierung verwirklichen können. Dieses Argument wird jedoch klar zurückgewiesen, weil es sowohl für Firmen als auch für Märkte gilt und damit die Besonderheit von Firmen nicht erklären kann. Spezialisierungsgewinne und Arbeitsteilung sind genauso über Märkte möglich, wie z.B. der internationale Handel zeigt.

Ein weiterer Erklärungsvorschlag, von dem sich Coase absetzt, stammt von Knight (1921). Dieser hebt die Rolle der Unsicherheit und die Unvorhersehbarkeit zukünftiger Entwicklungen hervor. Wenn in einem fiktiven Szenario das Handeln der Wirtschaftsakteure vollständig vorhersehbar wäre, könnte die Produktion genau geplant und an die erwarteten Bedürfnisse angepaßt werden. Das Produktionsprogramm und die entsprechende Vorgehensweise müßte nur einmalig geplant werden, wonach sich die Mitarbeiter auf die Realisierung der Pläne konzentrieren könnten.

Unternehmerische Arbeit wäre nicht mehr notwendig. Da in der realen Welt Unsicherheit jedoch überall anzutreffen ist, ist es notwendig, daß nach subjektiven Einschätzungen und Meinungen Entscheidungen getroffen werden müssen. Der Unternehmer ist jemand, der diese Entscheidungen trifft, und danach die Produktion steuert. Zu den Aufgaben des Unternehmers gehört es auch, die Bedürfnisse der Kunden zu antizipieren und entsprechende Produkte zu entwickeln. Ein weiteres Kennzeichen der Firma wäre die unterschiedliche Natur der Einkommen von Unternehmer und Arbeitnehmer. Der Unternehmerlohn ist vom Unternehmenserfolg abhängig und damit risikobehaftet. Das Einkommen des Arbeitnehmers ist dagegen festgelegt. Knight behauptet, daß ein fester Lohn für die Arbeitnehmer vom Unternehmer nur garantiert werden kann, wenn der Unternehmer auch die Möglichkeit hat, über sein Verhalten zu bestimmen:

---

[1] Daß diese Preisvariation aber oft mit anderem Vorzeichen ausfallen kann, zeigt z.B. Porter (1985), indem er auf die oft auffindbare größere Verhandlungsmacht von Großunternehmen gegenüber Lieferanten hinweist.

> "Unter der Annahme der menschlichen Natur – so wie wir sie kennen – wäre es sehr unpraktisch oder sehr unüblich für eine Person, einer anderen ein bestimmtes Ergebnis [Einkommen] zu garantieren, ohne dafür die Macht zu beanspruchen, seine Arbeit anzuweisen [zu kontrollieren]." (S. 27)

Diese Aussage wird von Coase zurückgewiesen, mit dem Argument, daß die Existenz und der Einsatz von Werkverträgen ("*jobs done to contract*") zeigt, daß eine feste Entlohnung sehr wohl auch ohne Eingriffsmöglichkeit während der Ausführung der Arbeit seitens des Unternehmers vorkommen kann. Allerdings scheint mir diese Argumentation sehr fragwürdig zu sein, denn man muß sich fragen, ob eine Firma, die nur aus einer Ansammlung von Werkverträgen besteht, überhaupt noch als Firma bezeichnet werden kann, oder ob es sich hierbei nicht bereits um Markttransaktionen handelt. Coase scheint die Schwäche dieses Argumentes zu erkennen und macht das Zugeständnis, daß bei Werkverträgen sich das System relativer Preise ändern kann, was eine gewisse Marktfunktion impliziert. In einer entsprechenden Fußnote schreibt Coase: "*This shows that it is possible to have a private enterprise system without the existence of firms*" (S. 32). Der Unterschied zwischen einem "*private enterprise system*" und einer "*firm*" ist jedoch wenig trennscharf.

Außerdem scheint Coase bei der Zurückweisung von Knights Argument die unterschiedliche Fristigkeit von Verträgen außer Acht zu lassen. Auch Coase erkennt, daß bei langfristigen Verträgen, wie einem Arbeitsvertrag, eine genaue Spezifikation der Leistungen im vorhinein nicht möglich ist und daß deswegen sich der Unternehmer ein Kontroll- und Weisungsrecht vorbehält.

Um den Realismus seiner Vorstellung der Firma zu prüfen, vergleicht Coase seine Sicht der Arbeitnehmer-Arbeitgeber-Beziehung mit einer in der juristischen Literatur gängigen Charakterisierung dieser Beziehung. Dabei stellt er fest, daß beide Sichtweisen die Möglichkeit von Weisungen und der Kontrolle durch den Arbeitgeber in den Mittelpunkt stellen, womit eine ausreichende Realitätsnähe der Theorie gegeben sei.

Abschließend gibt Coase noch eine interessante Unterscheidung zwischen unternehmerischer Initiative und Management, welche doch eine gewisse Ähnlichkeit zu den vorher kritisierten Ideen Knights aufweist:

> "Initiative bedeutet Prognose und funktioniert durch den Preismechanismus und der Erstellung neuer Verträge. Management im engeren Sinn bedeutet lediglich auf Preisänderungen zu reagieren, die kontrollierten Produktionsfaktoren zu rearrangieren. Daß ein Geschäftsmann normalerweise beide Funktionen kombiniert,

ist ein offensichtliches Ergebnis der Marketingkosten [=Marktkosten bzw. Kosten der Benützung des Preismechanismus] ..." (S. 30) [1]

1.2 Alchian (1950) "Uncertainty, Evolution, and Economic Theory"

Der Artikel von Alchian (1950) wurde von Williamson (1985, S. 25) als "*classic, but highly nuanced and very cautious statement of the evolutionary approach to economics*" bezeichnet, eine Einschätzung, die mir ganz berechtigt erscheint.

1.2.1 Der evolutionäre Ansatz

Die evolutionäre Sichtweise der Entstehung von Firmen ermöglicht eine neue Interpretationsmöglichkeit des angeblich gewinnmaximierenden Verhaltens der Akteure der Neoklassik. Alchians Grundidee ist, daß es nur ex-post so erscheine, *als ob* die Unternehmen ihren Gewinn maximieren würden. Es kommt zu diesem Eindruck, weil alle Unternehmen, die einen Verlust erwirtschaften, nicht überlebensfähig sind und früher oder später aus dem Wirtschaftssystem ausscheiden. Zum Überleben ist es aber nicht notwendig, daß der Gewinn maximal ist. Es ist ausreichend, wenn er positiv ist, denn das (von der Umwelt vorgegebene) Überlebenskriterium für eine Firma ist die Erwirtschaftung eines positiven Gewinnes. Stets einen maximalen Gewinn zu realisieren ist auch unrealistisch, weil sich die Parameter, die in das Optimierungskalkül eingehen, sich in Anbetracht der unvorhersehbaren Zukunft nicht mit Sicherheit bestimmen lassen. Alchian beruft sich in diesem Punkt nicht auf Knights Konzept der radikalen Unsicherheit, sondern wirft lediglich ein, daß verschiedene Ausgänge möglicher Handlungsentscheidungen zumindest mit einer Wahrscheinlichkeit der Realisierung verknüpft sein müssen. Um in dieser Situation eine Entscheidung treffen zu können, müssen Präferenzen gegenüber dem Risiko bekannt sein. Insgesamt gesehen kann also nicht von einer eindeutigen, maximierenden Wahl des Unternehmens gesprochen werden. Auch wenn angenommen wird, daß vollständige Information über mögliche Ausgänge verfügbar wäre, würde die in diesem Zukunftsmodell inhärente Unsicherheit die Handelnden dazu nötigen, Entscheidungen aufgrund von subjektiven Einschätzungen und Präferenzen zu treffen.

Einen positiven Gewinn zu erreichen fällt wesentlich leichter, als einen, der unter Einbeziehung aller Umstände und Möglichkeiten maximal ist. Ob der

[1] Hier wird eine wesentliche Unterscheidung zweier Arten von wirtschaftlicher Aktivität und Wertschöpfung angedeutet, welche ich unter den Schlagwörtern "Verbessern des Bestehenden" und "Schaffen von Neuem" zusammenfassen würde. Diese Unterscheidung läßt sich auch in der strategischen Management-Literatur finden, z.B. in der Gegenüberstellung von Leadership und Management, oder einer rationalen und generativen Perspektive. Auch Windsperger (1998) und Goshal/Moran (1996) betonen diese Unterscheidung.

Gewinn positiv ausfällt, hängt oftmals von den Leistungen der Konkurrenten ab. Dies ist ein wichtiger Punkt, der von Alchian erkannt wurde, dessen Implikationen aber andernorts noch ausführlicher weiterentwickelt werden.[1] Unter den überlebenden Unternehmen kann eine Reihung vorgenommen werden, d.h. die relative Über- oder Unterlegenheit der einzelnen Teilnehmer bestimmt werden.

> "Wie in einem Rennen geht der Gewinn an den relativ schnellsten, auch wenn alle Wettbewerber herumlungern. [d.h. objektiv gesehen eine schlechte Leistung erbringen]" (S. 213)

Da die Struktur der Umwelt, in der die Unternehmen eingebettet sind, die Bedingungen des Überlebens der Unternehmen wesentlich mitbestimmt, kann der Vorgang der wirtschaftlichen Entwicklung bzw. Evolution eher als eine Selektion der Unternehmen durch die Umwelt gesehen werden, als eine gezielte Anpassung der Unternehmen an die Umwelt. Alchian betont deutlich, daß während des Prozesses der Selektion, die individuellen Intentionen und Motivationen zum Verständnis des Selektionsvorganges überhaupt nicht betrachtet werden müssen. Anstelle der Annahme eines gewinnmaximierenden Verhaltens, könnte angenommen werden, daß sich die Akteure völlig zufällig verhalten. Auch in diesem Fall werden manche Akteure ein Verhalten aufweisen, das zufällig den Überlebenskriterien entspricht. Das Verhalten dieser Akteure kann nach dem Selektionsprozeß als "optimal" bzw. gewinnmaximierend gedeutet werden, obwohl es nicht als solches intendiert war. Das Vorhandensein oder die Abwesenheit eines motivierten Handelns kann ausgehend von der Betrachtung der Ausgangspopulation und Endpopulation des Selektionsprozesses nicht erkannt werden. Diese neue Sichtweise, welche die Rolle der "natürlichen Auslese" in den Vordergrund stellt, ist mit einigen wesentlich weniger restriktiven Modellannahmen vereinbar, als in der Neoklassik gemacht werden. Rein zufälliges Verhalten ist bezüglich der Verfügbarkeit von Informationen und der Vorhersagbarkeit der Zukunft völlig anspruchslos. Dieses vereinfachte evolutionäre Modell ist daher mit den Annahmen von Unsicherheit und unvollständiger Information kompatibel.

Alchian glaubt, daß die Rolle des Zufalls im Selektionsprozeß stark unterschätzt und die Rolle der bewußten Anpassung stark überschätzt worden ist: "Es kann ... argumentiert werden, daß die Fakten des Lebens dem Zufallselement eine sogar wesentliche Rolle zugestehen und auch dem damit verbundenen Selektionsprinzip im ökonomischen System" (S. 215).

---

[1] vgl. Abschnitt II.4.3

1.2.2 Zweckmäßiges Verhalten unter Unsicherheit und unvollständiger Information

Nachdem Alchian seine Vorstellung des Selektionsprozesses geschildert hat, verwirft er die zum Zwecke des Gedankenexperiments eingeführte Annahme des zufälligen Verhaltens der Akteure. Er wendet sich der Frage zu, wie sich Akteure unter den Bedingungen der Unsicherheit und unvollständiger Information besser und gezielter Verhalten können. Grundsätzlich sieht er diesbezüglich zwei Alternativen, nämlich die Imitation und Versuch/Irrtums-Verhalten. Imitation bedeutet, daß z.B. Unternehmen Vorgehensweisen und Geschäftspraktiken erfolgreicher Unternehmen kopieren.[1]

> "Wo immer erfolgreiche Unternehmen beobachtet werden, werden die bei diesen beobachtbaren gemeinsamen Elemente von anderen in ihrer Verfolgung von Profit und Erfolg kopiert werden. 'Nichts wird verfolgt wie Erfolg.' Daher wird der Drang nach 'fix & fertig' [*rough-and-ready*] Nachahmungsregeln für Verhalten hier berücksichtigt. Was ansonsten als bloß übliche, 'orthodoxe', nichtrationale Verhaltensregel erscheinen würde, entblößt sich als kodifizierte *Imitation beobachteten Erfolgs*, wie z.B. 'konventionelle' Preisaufschläge, Preis-'folgerschaft', 'orthodoxe' Buchhaltungsregeln und Kennzahlen, 'richtige' Werbestrategien, etc." (S. 218, mH)

Der Hintergedanke dabei ist, daß diese Praktiken bereits einige Selektionszyklen überlebt haben und möglicherweise die Ursache für das Überleben des Akteurs darstellen. Imitation hat den Vorteil, daß sie kostengünstig ist und eigene Entwicklungs- und Entscheidungsvorgänge erspart. Außerdem läßt sich die Entscheidung für eine Imitation bei einem Fehlschlag oft leichter legitimieren, als die Entscheidung für einen Sonderweg.

Das Vorliegen von Unsicherheit und der große Einfluß, den Alchian dem Zufall zuerkennt, lassen die Ursachen des 'Erfolges' in zweifelhaftem Licht erscheinen, da es nach Alchian oftmals der Erfolg ist, der die Mittel legitimiert: "Diejenigen, die anders und erfolgreich sind, 'werden' Innovatoren, während diejenigen, die Mißerfolg haben, rücksichtslose Brecher 'erprobter und richtiger' Regeln 'werden'" (S. 218).

Imitation und Innovation liegen manchmal aber auch nahe beieinander, da eine unvollständige Imitation schon zu einer Innovation führen kann.

Unter Versuch/Irrtums-Verhalten wird das Ausprobieren eines bestimmten Verhaltens verstanden, das schrittweise so verändert wird, daß sich die damit erreichten Ergebnisse dabei stetig verbessern. Die Möglichkeit dieser Vorgehensweise erfordert die Erfüllung zweier Bedingungen. Erstens müssen zwei Zustände vergleichbar sein, so daß entscheidbar ist, welcher besser ist. Zweitens darf nur ein einzelnes globales Maximum existieren, wenn dieses erreicht wer-

---

[1] Diese grundlegende Idee des soziologischen Neo-Institutionalismus kann daher schon bei Alchian (1950) gefunden werden, worauf DiMaggio/Powell (1991) auch hinweisen.

den soll. Andernfalls besteht bei der schrittweisen Vorgehensweise die Gefahr, daß lediglich ein lokales Optimum erreicht wird. Alle benachbarten Handlungsalternativen würden im Vergleich zum lokalen Optimum zu einem schlechteren Ergebnis führen.

Alchian kommt damit zu dem Schluß, daß das Verhalten unter Unsicherheit starke Anreize für imitatives Verhalten bietet:

> "Im allgemeinen bietet Unsicherheit einen ausgezeichneten Grund für die Imitation beobachteten Erfolgs." (S. 219)

Anstelle des gewinnmaximierenden Akteurs kommt Alchian also zu einem von imitativen, innovativen und experimentierenden Verhalten gekennzeichneten Akteur. Zwischen den biologischen Mechanismen der Erbschaft, Mutation und Selektion könnte eine Analogie zu den wirtschaftlichen Prozessen der Imitation, Innovation und Selektion durch positive Gewinne gezogen werden.

Er stellt weiters in Frage, ob eine zielführende Handlung eben wegen dieser Eigenschaft besonders häufig gewählt wird:

> "Gibt es einen Grund anzunehmen, daß die hohe Wahrscheinlichkeit der Korrektheit [*viability*] [einer Handlung], eine hohe Wahrscheinlichkeit der Wahl dieser Handlung impliziert, wie es in einer Analyse, die eine Art 'inneren Drang nach Perfektion' beinhaltet, impliziert wird?" (S. 220)

Unter Vorwegnahme möglicher Kritik stellt Alchian abschließend fest, daß sein Ansatz zwar ein anpassendes und imitatives Verhalten verständlich macht und annimmt, aber trotzdem Vorhersagen und Analysen des Systems erlauben sollte. Die Analyse betont die Wichtigkeit der Umwelt als Selektionsrahmen. In diesem Sinne baut die Erklärung des kollektiven Verhaltens nicht nur auf individuellem Verhalten auf, sondern auch auf der Struktur der Umwelt bzw. des ökonomischen Systems.

1.3 Alchian/Demsetz (1972) "Production, Information Costs and Economic Organisation"

Als zentrales Problem der wirtschaftlichen Organisation sehen Alchian und Demsetz die Frage, unter welchen Bedingungen die Gewinne der Kooperation und der Spezialisierung bei einer firmeninternen oder bei einer marktlichen Organisation höher ausfallen. Es ist ihnen wie Coase ein Anliegen, die Besonderheit einer Firma auszumachen. Gleich zu Beginn ihrer Untersuchung bestreiten die Autoren vehement die Existenz eines wesentlichen Unterschiedes zwischen einem auf dem Markt abgeschlossenen Vertrag und einem Arbeitsvertrag. Diese Sichtweise wird unter anderem damit begründet, daß beide Parteien in beiden Fällen den Vertrag freiwillig eingehen und dies deswegen tun, weil sie durch den Vertragsabschluß in eine individuell bessere Situation gelangen, als ohne dessen Abschluß. Ebenso könnten beide Parteien den Vertrag kündigen, rechtliche Schritte bei einer Vertragsverletzung einleiten oder bei Unzufriedenheit auf Folgegeschäfte verzichten. Ein Arbeitgeber hätte daher nicht mehr "Macht" über den Arbeitnehmer als der Käufer eines beliebigen anderen Gutes. Nachdem der Charakter der Verträge laut Alchian und Demsetz also nicht das entscheidende Unterscheidungsmerkmal dieser beiden Organisationsformen darstellt, machen sich die Autoren auf die Suche nach einer alternativen Erklärung der Firma.

Dazu stellen sie zuerst fest, daß wirtschaftliche Produktion im allgemeinen überwiegend in Teams stattfindet. Es wird angenommen, daß sich manche produktive Tätigkeiten entweder ausschließlich oder deutlich effizienter in Teams ausführen lassen, als bei einer individuellen Ausführung der Arbeiten. Die Effizienzgewinne der Teamproduktion sind jedoch nur dann optimal, wenn alle Mitarbeiter motiviert sind und ihre erwartete Leistung zur Teamarbeit beitragen. In der Teamproduktion stellt sich jedoch häufig das Problem, daß die Beiträge der einzelnen Mitglieder nicht genau bestimmt werden können. Folglich ist es auch nicht möglich, die Mitarbeiter genau nach ihrer Leistung zu entlohnen. Im theoretischen Idealfall würde der Reallohn der Grenzproduktivität entsprechen. Im Bewußtsein, daß die Entlohnung nicht mit der tatsächlichen Arbeitsleistung korrespondieren wird, hat ein einzelner Mitarbeiter einen Anreiz dazu, seinen Beitrag klein zu halten und sich mit seinem Arbeitseinsatz zurückzuhalten (*shirking*). Die Gewinne der Arbeitszurückhaltung in Form von z.B. mehr Freizeit fallen individuell an, während die Kosten der geringeren Gesamtproduktivität des Teams kollektiv getragen werden. Um dieses Trittbrettfahrerverhalten zu vermeiden, wäre es wünschenswert, die genauen Leistungen und Grenzproduktivitäten der Mitarbeiter messen zu können.

Das Problem der Messung der Grenzproduktivitäten stellt sich hingegen auf einem effizienten Markt nicht. Die neoklassischen Annahmen wie z.B. der vollständigen Information und die Wirkung des Preismechanismus führen automatisch zu einer optimalen Entlohnung. Die Effizienzgewinne des Teams in der Produktion werden also durch ein im Vergleich zum Markt weniger effizientes Entlohnungssystem reduziert. Hier kommt die Rolle des Unternehmers ins Spiel. Die Produktivität der Mitarbeiter kann z.B. dadurch besser bestimmt werden, indem zuerst genaue Arbeitsanweisungen gegeben werden, der Arbeitsvollzug beobachtet und das Ergebnis kontrolliert wird. Dies ist die Aufgabe des Unternehmers. Durch seine Kontrollfunktion kann er die Effizienz des Teams erhöhen und Arbeitszurückhaltung vermindern. Der Mehrertrag aus der gesteigerten Effizienz des Teams kann ihm als Unternehmerlohn zukommen. Das Einkommen des Unternehmers entspricht dabei dem Gewinn nach Abzug der Entlohnung der Produktionsfaktoren und wird daher als Residualeinkommen (*residual claim*) bezeichnet. Zu seinen Funktionen und Rechten gehört neben der Kontrolle und Überwachung, daß er mit allen Produktionsfaktoren, d.h.

Teammitgliedern, Verträge abschließt, die Struktur des Teams verändern kann, den Residualertrag erhält und diese Rechte auch an andere übertragen kann.

In einer Firma ist es dem Unternehmer relativ leicht möglich, genaue Informationen über die Fähigkeiten und die Leistungsbereitschaft der einzelnen Produktionsfaktoren (also u.a. Mitarbeiter) zu erhalten. In Wirklichkeit ist der Informationsfluß auf Märkten selbstverständlich auch unvollständig und fehlerhaft. Allerdings kann die genannte Art von Informationen trotzdem leichter innerhalb einer Firma gewonnen werden.

Mithilfe dieses Ansatzes, der die Kosten der Informationsbeschaffung und die Funktion der Überwachung bzw. Kontrolle (*monitoring*) betont, leiten die Autoren z.B. eine Erklärung dafür ab, warum sich gerade Werbedesigner, Ärzte, Künstler oder Rechtsanwälte in einer partnerschaftlich organisierten Personengesellschaft (*partnership*) zusammenschließen. Der Grund dafür ist, daß ihre Arbeit schlecht überwacht werden kann und eine Überwachung auch nur einen geringen Zusatzertrag bringen würde.

Die Auswirkungen einer Überwachung auf das Verhalten illustrieren Alchian und Demsetz anschaulich, wenn sie ihren Ansatz auch zur Erklärung des Eigentums von Ressourcen durch die Firma verwenden. Ein geliehenes Werkzeug wird unter der Beobachtung des Leihgebers sorgfältiger behandelt werden als ohne Beobachtung. Die Abnützung des Werkzeugs kann durch die ständige Beobachtung besser festgestellt werden, als bei der bloßen Überprüfung des Zustandes bei der Rückgabe. Wenn eine Überwachung nicht möglich ist, wird der Verleiher einen weniger sorgfältigeren Umgang und eine höhere Abnützung antizipieren, die schon vorweg über eine höhere Leihgebühr auf den Kunden übergewälzt wird. Der Besitz einer Ressource ist also dann günstig, wenn eine entsprechende fiktive Leihgebühr aufgrund der schlechten Überwachbarkeit besonders hoch ausfallen müßte. Als Beispiel wird genannt, daß manche Handwerker, die in einem Angestelltenverhältnis stehen, trotzdem aus genanntem Grund angehalten werden, manche Werkzeuge persönlich zu besitzen.

Zusammenfassend stellen Alchian und Demsetz vor allem die Tendenz zur Arbeitszurückhaltung bei fehlender Überwachung und bei ungünstig gestalteten Entlohnungssystemen sowie die Informations- und Kontrollkosten in den Mittelpunkt ihrer Analyse.

> " ... unsere Analyse legt insbesondere nahe, daß es weniger die Kosten der spontanen Verhandlungen von Verträgen auf dem Markt sind, um eine Teamproduktion zu bilden, als die Erkennung der Leistung individueller Teammitglieder, welche den Einsatz von Organisationen hervorruft." (S. 782)

Die Hypothese der Autoren, Firmen als eine andere Art von Märkten zu betrachten, scheint mit ihrer Zurückweisung der Besonderheit von Arbeitsverträgen stimmig zu sein:

"... wir könnten die Firma und den gewöhnlichen Markt als in Konkurrenz stehende Arten von *Märkten* betrachten ..." (S. 795, mH)

Indem Alchian/Demsetz die Firma als Markt interpretieren, können sie beide Organisationen als Märkte mit in bestimmten Situationen unterschiedlichen Effizienzgraden deuten und vergleichen:

"Als eine Konsequenz des Informationsflusses zu der zentralen Partei (des Unternehmers), nimmt die Firma die Eigenschaft eines effizienten Marktes an, in dem Ausmaß, in der die Informationen über die Produktivitätseigenschaften einer großen Gruppe spezifischer Inputs nun günstiger verfügbar ist. Bessere Rekombinationen oder neue Verwendungszwecke für Ressourcen können effizienter bestimmt werden, als bei der konventionellen Suche im allgemeinen Markt." (S. 795)

2. Die Transaktionskostentheorie

Wenn Williamson nicht *der* Hauptvertreter der TKT ist, so gehört er zweifellos zu ihren Hauptvertretern. Seine zahlreichen Beiträge haben entscheidend dazu beigetragen, das Programm dieser Theorieströmung zu entwickeln und aufzubauen. Der Anstoß für das aufflammende Interesse an der neuen Institutionenökonomie wurde mit dem 1975 erschienenen Buch "*Markets and Hierarchies*" gegeben. Erweitert und teilweise in Reaktion auf frühe Kritiker wie z.B. Perrow (1981) verfeinert, wurde die Theorie im Buch "*The Economic Institutions of Capitalism*", auf welches hier am ausführlichsten eingegangen wird.

Nach der kurzen Vorstellung einiger geistigen Vorfahren Williamsons (I.2.1), werden wir einige grundlegende Konzepte der Theorie, wie z.B. die Eigenschaften von Transaktionen und von Governance-Strukturen behandeln (I.2.2). Danach kommen wir auf die später kritisierten Verhaltensannahmen zu sprechen (I.2.3). Ein Anwendungsbeispiel der TKT wird im Kapitel I.2.4 vorgestellt. Die Frage nach der Größe einer Firma wird auch von der TKT behandelt, worauf wir im Kapitel I.2.6 insbesondere im Zusammenhang mit der bürokratischen Organisation eingehen.

In vielen Darstellungen der TKT[1] wird auf Williamsons Arbeiten zur Arbeitsorganisation nur wenig oder gar nicht eingegangen, obwohl diese von einigen Rezensenten Williamsons (1985)[2] als durchaus wichtig eingeschätzt worden sind. Da die Diskussion der Arbeitsorganisation ein interessantes Beispiel für Einsatzmöglichkeiten des komparativ-institutionellen Ansatzes bietet und ein wichtiges Argument in der Macht-Effizienz Kontroverse anspricht, soll dieses Thema hier ebenfalls bearbeitet werden (I.2.7).

Bei der Darstellung der TKT Williamsons werden weiters diejenigen Argumente und Überlegungen besonders hervorgehoben, die versuchen, sein Konzept etwas weniger mechanisch zu gestalten und versuchen, menschliche und soziale Aspekte in die Theorie einzubinden. Im abschließenden Kapitel I.2.8 wird separat auf solche Relativierungen und Konzepte wie z.B. Würde, Vertrauen oder Transaktionsatmosphäre eingegangen.

2.1 Die erklärten Vorfahren Williamsons

Williamson gibt in seinen Büchern von 1975 und 1985 jeweils einleitend Auskunft über seine 'geistigen Vorfahren' und Inspirationsquellen. So entwickelte er die Kernargumente des TKA unter Bezugnahme auf eine vielfältige, manchmal vernachlässigte Literatur (wie z.B. Coase 1937) oder auch in Bezug auf zu

---

[1] vgl. z.B. Ebers/Gotsch (1999), Richter/Furubotn (1996)

[2] vgl. Zald (1987), Alchian/Woodward (1988)

dieser Zeit aktuelle Strömungen (Simon 1957). Zu seinen wichtigsten Inspirationsquellen zählt Williamson die Arbeiten von Coase, Knight, Hayek, Simon und Arrow.

Von *Coase* übernimmt Williamson die grundlegende Idee, daß Märkte und Organisationen (bzw. Hierarchien) zwei alternative Möglichkeiten sind, Transaktionen zu organisieren. Das Konzept der Transaktionskosten wurde ebenfalls schon von Coase formuliert. Viele Ideen, welche Williamson weiterentwickelt und ausbaut, waren bereits im Ansatz im vorhin besprochenen klassischen Artikel von Coase vorhanden. Williamson grenzt sich selbst von Coase dadurch ab, daß er Transaktionen und Organisationsformen (Governance-Strukturen) genauer definiert und operationalisiert, die Beziehung zwischen Transaktionen bestimmter Art sowie verschiedenen Organisationsformen klarer herausarbeitet, und die Verhaltensannahmen der Theorie explizit darstellt. Ebenso wie Coase zählt sich Williamson zu einer in dieser Periode in der Minderheit befindlichen Gruppe von Ökonomen, die die Bedeutung von Institutionen bei der Analyse wirtschaftlicher Vorgänge in den Vordergrund stellen. Die dominierende Sichtweise war allerdings stärker als heute vom neoklassischen Marktmodell beeinflußt.

Williamson versucht mit seiner Theorie, eine ökonomische Erklärung für die Entstehung von Institutionen zu geben, die dann ihrerseits einen Rahmen für wirtschaftliches Handeln bilden. Er erkennt in diesem Vorhaben auch eine Parallele zum Projekt der alten Institutionalisten, wie zu *Commons*, der sich ebenso mit der Problematik wiederholter Transaktionen und den dabei notwendigen Anpassungen im Zeitverlauf beschäftigte.[1]

Knight ist für seine Arbeiten zur Unsicherheit und deren Einfluß auf Organisationen bekannt. Auf Knight geht auch die Aufforderung zurück (auf die sich Williamson wiederholt bezieht), in ökonomischen Analysen die Verhaltensannahmen nicht zu stark zu vereinfachen und statt dessen Verhaltensannahmen so zu treffen, daß sie mit der Alltagserfahrung nicht im Widerspruch stehen ("*human nature as we know it*").

In *Hayeks* Überlegungen zu den relativen Vor- und Nachteilen der Plan- und Marktwirtschaft, sowie der Rolle von Informationsgewinnung und Übermittlung für die Funktionsweise einer Wirtschaft finden sich ebenfalls einige Ideen, die von Williamson auf die Markt-Hierarchie Diskussion übertragen worden sind. Dabei korrespondiert die Planwirtschaft mit der internen Organisation und die Marktwirtschaft mit der marktlichen Abwicklung von Transaktionen. Die Herausforderung wirtschaftlicher Systeme sieht Hayek in erster Linie darin, eine möglichst effiziente Anpassung an lokale oder zeitliche Veränderungen herzu-

[1] Die Ähnlichkeiten der TKT mit den alten Institutionalisten sind ansonsten sehr gering, da sich die methodologischen Grundlagen und Annahmen radikal unterscheiden.

stellen. Für diese Anpassungsleistung sind möglichst spezifische Informationen über lokale und konkrete Umstände und Bedürfnisse vonnöten. In der Marktwirtschaft ist es die Verbindung von dezentralem, personenspezifischem Wissen der Akteure mit allgemein verfügbaren und erfahrbaren Güterpreisen, auf der diese Anpassung beruht. Allerdings reicht der Preis als Informationselement über ein Gut nicht aus, wenn die Güter nicht ausreichend standardisiert sind. Es wird vorausgesetzt, daß die Produkteigenschaften abgesehen vom Preis allgemein bekannt sind. An der Börse, welche einem vollkommenen Markt recht nahe kommt, werden beispielsweise nur sehr stark standardisierte Güter und Rohstoffe gehandelt, in welchem Fall der Preis als quasi einzige variable Größe das Gut auch ausreichend beschreibt. In der Planwirtschaft wird dagegen versucht, das Wissen zentral zu erfassen und zu verarbeiten, sowie die dazu angepaßten Wirtschaftsleistungen planmäßig kontrolliert durchzuführen, was eine Reihe von Nachteilen mit sich bringt, auf welche hier jedoch nicht weiter eingegangen werden soll.

Barnard hat bereits viele der in der Organisationstheorie behandelte Problematiken vorweggenommen. Barnard setzte einen Schwerpunkt seiner Arbeit auf die deskriptive und auf empirische Studien basierende Untersuchung von Organisationen. Dabei stieß er bereits auf einige später weiterentwickelte Konzepte, wie das der beschränkten Rationalität, impliziten Wissens und der informellen Organisationen.

Simon ist einer der Forscher, der u.a. die Ideen Barnards weiterentwickelt hat. Am bekanntesten wurde er für seine Theorien zur beschränkten Rationalität der Akteure (Simon 1957). Menschen versuchen zwar rational zu handeln, erreichen dieses Ideal aber nicht, weil ihre Informationsaufnahme-, Verarbeitungs- und Speicherkapazitäten beschränkt sind. Akteure setzten ihren Überlegungen und Entscheidungsvorgängen auch bewußt Grenzen, weil es oftmals unmöglich oder sehr kostspielig ist, optimale oder alle Eventualitäten berücksichtigende Entscheidungen zu treffen. Akteure geben sich also mit einem Rationalitätsniveau ihrer Entscheidungen zufrieden, welches erfahrungsgemäß angemessen ist oder wo sich die Nutzen und Kosten einer Entscheidungsverbesserung einander aufzuwiegen scheinen. Bei der Annahme, daß Entscheidungsträger nach einem Kosten/Nutzenkalkül vorgehen, ist jedoch problematisch, daß der Nutzen einer zusätzlichen Informationseinheit a priori nur näherungsweise oder gar nicht bestimmt werden kann.

So hat *Arrow* richtigerweise darauf hingewiesen, daß der Nutzen einer Information meist erst dann bewertet werden kann, wenn diese bekannt ist, in welchem Fall die Kosten der Beschaffung bereits anfielen. Obwohl Arrow einer der beiden Ökonomen war, die entscheidend zur Entwicklung der allgemeinen Gleichgewichtstheorie beigetragen haben, welche ein Musterbeispiel für eine ausgefeilte neoklassische Theorie darstellt, hat Arrow früh die Bedeutung von

Institutionen für die ökonomische Analyse erkannt. Die Arbeiten Arrows, auf welche sich Williamson häufig bezieht, sind meist im Bereich der Behandlung von Problemen unvollständiger Information (*moral hazard, adverse selection*) angesiedelt.

2.2 Grundlegende Konzepte der Transaktionskostentheorie

Die Entstehung von Institutionen bzw. Organisationen wird im TKA stark vereinfacht so erklärt, daß bestimmte Arten von Institutionen vorhanden sind bzw. entstanden sind, weil sie bestimmte Transaktionen vergleichsweise günstiger abwickeln können, als andere Institutionen.[1]

Die grundlegende Idee der TKT wird im folgenden kurz skizziert. Auf die verwendeten Begriffe und genannten Mechanismen wird später genauer eingegangen.

Die Akteure bewerten alternative Organisationsformen in ihrer Kapazität, Transaktionen mit bestimmten Eigenschaften (spezifisch / unspezifisch, häufig / selten, sicher / unsicher) mit ihren Vertragspartnern abzuwickeln. Sie wählen daraufhin diejenige Organisationsform, welche die zu erwartenden Transaktionskosten minimiert. Typischerweise wird diese Organisationsform den Charakteristiken der durchzuführenden Transaktionen und der Umwelt angepaßt sein. Dieser Ansatz wird von Williamson als komparativ-institutioneller Ansatz bezeichnet, weil der Akteur das vergleichsweise günstigste institutionelle Arrangement auswählt. Die Wahl der Organisationsform wird unter der Annahme beschränkter Rationalität durchgeführt.

2.2.1 Einige Definitionen zu Transaktionen und Transaktionskosten

Der Begriff der Transaktion wird sehr flexibel eingesetzt. Definitionen sollten hier nicht zu eng gesehen werden, da dies die Interpretation von Arbeiten, in welchen der Transaktionsbegriff eine leicht veränderte Bedeutung erhält, nur erschweren würde.

2.2.1.1 Definition der Transaktion mithilfe des Begriffs der technologischen Trennbarkeit

In der Einleitung von Williamson (1985) findet sich folgende Konkretisierung des Transaktionsbegriffs: "Eine Transaktion findet statt, wenn ein Gut oder eine

[1] Die Begriffe Institution, Organisation, Organisationsstrukur, Organisationsform, Organisationsmodus, Organisationsdesign, Koordinationsform, Governance-Struktur und institutionelles Arrangement unterscheiden sich in ihrer Bedeutung nur durch Nuancen und werden weitgehend synonym verwendet. Eine Organisationsform kann verschiedene Formen der internen Organisation aber auch die marktliche Abwicklung beinhalten.

Dienstleistung über eine technisch trennbare Schnittstelle übertragen wird." (S. 1).[1] Das Element, welches die Transaktion ausmacht, sollte aus technischer Sicht klar umgrenzbar sein. Technische Trennbarkeit ist von Bedeutung, weil sich Williamson von vorherigen Organisationstheorien absetzen möchte, die die Zusammenfassung mehrerer Arbeitsvorgänge in einer Organisationseinheit dadurch begründeten, daß diese Arbeitsschritte technologisch nicht trennbar sind. Die Organisation wurde daher als zu einem Gutteil durch technologische Gegebenheiten bestimmt betrachtet. Tatsächlich sind laut Williamson Arbeitsvorgänge jedoch wesentlich häufiger und kostengünstiger technologisch trennbar als angenommen wurde. Technisch trennbare Schnittstellen finden sind daher in großer Zahl in internen Organisationen ebenso wie auf dem Markt.

> "Die Sicht [daß der Markt der Organisation logisch vorgeordnet ist, hat den Vorteil], daß sie die meiner Meinung nach korrekte Ansicht unterstützt, daß technologische Trennbarkeit ein weitverbreiteter Zustand ist und Trennbarkeit eher die Regel als die Ausnahme ist." (S. 87-88)

Im Artikel von Alchian/Demsetz (1972) sieht Williamson ein Beispiel für die Überbewertung von technologischen Nicht-Trennbarkeiten bei der Entstehung von Organisationen.[2]

Die große Bedeutung, die technologischen Nicht-Trennbarkeiten eingeräumt worden ist, sollte am Verständnis der Teamarbeit von Alchian/Demsetz deutlich werden. Es wird von diesen Autoren von vornherein angenommen, daß viele Produktionstätigkeiten, die sich wiederum aus Einzeltätigkeiten zusammensetzen, von Teams am besten ausgeführt werden können. Williamson ist aber der Ansicht, daß es oftmals aus technischer Sicht mehrere Möglichkeiten gibt, einen Produktions- oder Arbeitsvorgang zu gestalten. Die technische Umsetzung könne in gewissen Grenzen an eine gewünschte Organisationsform angepaßt werden oder es wird von vornherein die eingesetzte Technologie und die entsprechende Organisationsform gleichzeitig bestimmt.

---

[1] "A transaction occurs when a good or service is transferred across a technologically separable interface. One stage of activity terminates and another begins. With a well-working interface, as with a well-working machine, these transfers occur smoothly. In mechanical systems we look for frictions ... The economic counterpart of friction is transaction cost: Do the parties to the exchange operate harmoniously, or are there frequent misunderstandings and conflicts that lead to delays, breakdowns, and other malfunctions? Transaction cost analysis supplants the usual preoccupation with technology and steady-state production (or distribution) expenses with an examination of the comparative costs of planning, adapting, and monitoring task completition under alternative governance structures." (S. 1-2)

[2] "Die Sicht, daß technologische Nicht-Trennbarkeit ein üblicher Tatbestand ist und hauptsächlich für die Entstehung der 'klassischen kapitalistischen Firma' und ihrer Nachfolger ist, wurde von Armen Alchian und Harold Demsetz (1972) vertreten." (S. 88)

2.2.1.2 Zeithorizont einer Transaktion und Verschachtelung von Transaktionen

Eine Transaktion kann sich über einen unterschiedlich langen Zeithorizont erstrecken, komplexe oder einfache Regelungen beinhalten, welche implizit oder explizit vertraglich festgehalten werden können. Der Abschluß eines schriftlichen und expliziten Arbeitsvertrages kann als eine langfristige Transaktion betrachtet werden. Die konkreten Tätigkeiten bleiben im schriftlichen Vetrag relativ unbestimmt. Die Transaktion "Arbeitsvertrag" kann also in weitere implizit zustandekommende Teiltransaktionen zerlegt werden, welche z.B. verschiedenen konkreten Arbeitsanweisungen und deren Ausführung entsprechen. Ähnlicherweise kann ein langfristiger Liefervertrag in mehrere Teillieferungen zerlegt werden.

2.2.1.3 Definition der Transaktionskosten von Coase

Coase (1937, S. 21) hat Transaktionskosten als Kosten definiert, die anfallen, um Preise in Erfahrung zu bringen (d.h. Informationen zu beschaffen) und Verträge für eine Transaktionen zu verhandeln und zu erstellen.[1] Im Gegensatz zu Coase betont Williamson etwas weitergehende Ursachen für die Entstehung und für die Höhe von Transaktionskosten, nämlich die Spezifizität von Transaktionen, Unsicherheit und Opportunismus, worauf aber nachfolgend noch genauer eingegangen wird.

2.2.1.4 Ex-post und ex-ante Transaktionskosten

Zu den *ex-ante* Transaktionskosten zählen die Kosten der Informationsbeschaffung und der Vertragsanbahnung (z.B. Vertragserstellung und Verhandlung). Zu den *ex-post* Kosten werden unter anderem die Kosten von Vertragsneuverhandlungen, Kosten, die durch einen der Situation unangemessenen (nicht neuverhandelten) Vertrag entstehen, Kosten für den Erhalt von Governance-Strukturen (z.B. Überwachungs- und Kontrollkosten) sowie Kosten aus Vertragsbrüchen gerechnet.

2.2.1.5 Transaktionskosten sind nicht Produktionskosten

Transaktionskosten sind von Produktionskosten zu unterscheiden. Bei der Bestimmung einer geeigneten Organisationsform sind die Produktionskosten ebenfalls zu berücksichtigen. Diese können sich mit der Organisationsform verändern, was bedeutet, daß Transaktionskosten und Produktionskosten interdependente Größen sind.[2] Weiters kann eine Verringerung der ex-ante

---

[1] "discovering what the relevant prices are" und "costs of negotiating and concluding a separate contract for each transaction which takes place"

[2] vgl. dazu z.B. die Arbeiten von Windsperger

Transaktionskosten zu einer Erhöhung der ex-post Transaktionskosten führen, weshalb hier ebenfalls die Gesamtwirkungen beachten werden müssen.

2.2.2 Eigenschaften von Transaktionen

Transaktionen werden von Williamson durch drei wichtige Eigenschaften bzw. Dimensionen operationalisiert: ihre Spezifizität, ihre Frequenz und die Unsicherheit, mit der die Transaktion behaftet ist. Als alternative Organisationsstrukturen werden hauptsächlich der Markt und die interne Organisation ("Hierarchie") betrachtet. Die Organisationsform wird entsprechend den Eigenschaften der durchzuführenden Transaktionen ausgewählt und gestaltet.

2.2.2.1 Spezifizität

Eine Transaktion ist spezifisch, wenn zu ihrer Durchführung spezifische Investitionen getätigt werden müssen oder durch die Tätigung dieser Investitionen ein bedeutender Effizienz- oder Kostenvorteil erreicht werden kann. Investitionen (oder Ressourcen) sind spezifisch, wenn sie außerhalb der Transaktionsbeziehung einen großen Wertverlust erleiden würden, d.h. nicht mehr wiederverwendet oder verkauft werden können. Der Unterschied in der Wertschöpfung zwischen dem Einsatz der spezifischen Investition und bei dessen Verzicht bezeichnet man als (Quasi-)Rente.[1] Je höher die Quasirente, um so spezifischer ist die Investition. In einer Vertragsbeziehung können beide Parteien spezifische Investitionen tätigen. Für Williamson sind zuerst nur asymmetrisch spezifische Investitionen von Interesse, d.h. Fälle, in denen eine Partei bedeutend mehr investiert als die andere. Der Fall symmetrisch spezifischer Investitionen wird erst bezüglich der *Credible Commitments* behandelt.

Williamson (1985, S. 95) nennt vier Arten von Spezifizität: geographische Spezifizität, Spezifizität physischer Ressourcen, Spezifizität von Humanressourcen, und "gewidmete" bzw. kundenspezifische Ressourcen (*dedicated assets*).

Der Unterschied zwischen spezifischen physischen Ressourcen und kundenspezifischen Ressourcen besteht darin, daß erstere zwar spezifisch für ein Unternehmen sind, aber nicht spezifisch auf einen einzelnen Abnehmer des Unternehmens angepaßt sind. Unternehmensspezifische Ressourcen gehen verloren, d.h. haben einen geringen Wiederverkaufs- bzw. Zerschlagungswert, wenn das Unternehmen aufgelöst werden muß.

Werden kundenspezifische Investitionen getätigt, so geht das Unternehmen eine stärkere Abhängigkeitsbeziehung mit einem speziellen Abnehmer ein. Der Abnehmer kommt dadurch für den Verkäufer in eine monopolähnliche Stellung (Abnehmermonopol). Die Bedeutung solcher Investitionen wird im Abschnitt 2.4 genauer erläutert.

---

[1] vgl. Windsperger (1996)

Ein Beispiel für das Auftreten von spezifischen Investitionen sind Siedlungen an entlegenen Orten, die nur wegen einer Firma gegründet werden, die z.B. ein Rohstoffvorkommen ausbeuten möchte (*company towns*). Abgesehen von einem Arbeitsplatz hat eine solche Siedlung für einen Arbeitnehmer wenig zu bieten. Ein Arbeitssuchender, der dort eine Anstellung annimmt, und dazu vor Ort eine Wohnung kauft, tätigt eine spezifische Investition. Dies deshalb, weil es lokal nur einen Arbeitgeber gibt, und der Arbeitnehmer bei einer Kündigung hohe Kosten in Kauf nehmen müßte, um den Arbeitgeber zu wechseln. Zu den Kosten gehören z.B. der sehr wahrscheinlich verlustbehaftete Verkauf der Wohnung sowie die Umzugskosten. In dem Wissen, daß der Arbeitnehmer spezifische Investitionen getätigt hat, kann der Arbeitgeber opportunistisch handeln, indem er einen vormals hohen Lohn nach der erfolgten Ansiedlung der Arbeitnehmer kürzt.

Für die Arbeitnehmer ist es rational (wenn vom Einfluß von Gewerkschaften abgesehen wird), diese ex-post Kürzungen hinzunehmen, solange sie die Kosten der Suche eines neuen Arbeitgebers nicht übersteigen. Der Arbeitgeber ist in dieser Situation in der Lage, sich die Quasirenten der getätigten spezifischen Investitionen anzueignen. Eine weitere Möglichkeit für den Arbeitgeber, sich die Renten anzueignen, ist z.B., in dieser Siedlung einen monopolistischen Supermarkt zu betreiben.[1] Unter der Annahme, daß die Arbeitnehmer nicht mobil sind und Transportkosten hoch sind, wären sie gezwungen, ihren Lohn zumindest teilweise für überteuerte Produkte auszugeben. Ein vorausschauender ("weitsichtiger") Arbeitnehmer würde jedoch die Gefahren erkennen, ex-post Opfer opportunistischen Handelns zu werden, und daher schon ex-ante versuchen zu vermeiden, die spezifische Investition einzugehen. So hält Williamson es für möglich, daß die Firma den Bau der Wohnungen übernehmen wird und diese mittels langfristiger Verträge an die Arbeitnehmer vermieten wird.

2.2.2.2 Unsicherheit

Unter Unsicherheit versteht Williamson die Wahrscheinlichkeit, mit der sich für die Vertragsabwicklung relevante Umweltparameter und Rahmenbedingungen verändern können. Sie kann auch als Maß dafür verstanden werden, wie sehr der Vertrag unvollständig und unspezifisch gelassen werden muß, weil eine Reihe von Faktoren sich erst in Zukunft absehen lassen. Williamson unterscheidet zwischen zwei Arten von Unsicherheit: Umweltunsicherheit und Verhaltensunsicherheit. Umweltunsicherheit wird im wesentlichen durch Eigenschaften der Umwelt und der Transaktion bestimmt. Verhaltensunsicherheit ist strategischer Natur (Williamson 1985, S. 57). Sie hat ihre Ursache im opportunistischen und strategischen Verhalten von Vertragspartnern, das für den handelnden Akteur

---

[1] Dieses Beispiel zeigt, daß Monopol-Probleme und solche, die durch spezifische Investitionen entstehen, oft enge Verwandtschaften aufweisen.

schwer oder nicht absehbar ist und daher Unsicherheit schafft. Unsicherheit in diesem Sinn (Verhaltensunsicherheit oder *behavioral uncertainty*) ist daher eine Folge der Komplexität von strategischen Interaktionsbeziehungen. Strategisches Verhalten kann die bewußte Verzerrung oder Zurückhaltung von Informationen oder die Weitergabe von bewußt falschen Informationen beinhalten. So schreibt Williamson (S. 58), daß "selbst Detailwissen ... keine Überraschungen verhindern [wird]. Die Fähigkeit für Neuheit [*novelty*] im menschlichen Geist überschreitet das Vorstellbare". Die Verhaltensunsicherheit nimmt mit der allgemeinen Unsicherheit und der Häufigkeit externer Störungen zu. Wenn die allgemeine Unsicherheit gering ist, so sind in der Regel auch nur wenige Anpassungen ausreichend. Die Bedeutung der Unsicherheit für die ökonomische Analyse ist weiters abhängig von den Transaktionseigenschaften. In der marktlichen Abwicklung von unspezifischen Transaktionen spielt die Verhaltensunsicherheit beispielsweise nur eine geringe Rolle, da die Verträge kurzfristig sind und ohne große Vorkehrungen verhandelt werden können.

2.2.2.3 Frequenz

Je häufiger eine Transaktion durchgeführt wird, umso wahrscheinlicher ist es, daß sich Kosten für eine organisationale Anpassung bzw. der Einrichtung eines speziell für diese Transaktion vorgesehenen organisatorischen Elements rechtfertigen lassen. Die einmaligen Kosten für die Erstellung des Organisationselements können auf eine große Zahl von nachfolgend durchgeführten Transaktionen verteilt werden, vergleichbar mit einer Fixkosten-Degression. Die Produktionskosten dürfen neben dem Ziel der Einsparung von Transaktionskosten jedoch nicht außer Acht gelassen werden:

> "... das Ziel ist nicht, Transaktionskosten einzusparen, sondern sowohl Transaktions- als auch Produktionskosten. Es muß sichergestellt werden, daß Transaktionskostenersparnisse nicht zu Lasten von Produktionskostenersparnissen oder Verbundeinsparungen [*scope economies*] erreicht werden." (S. 61)

2.2.3 Die "fundamentale Transformation" oder die Entstehung spezifischer Ressourcen

Spezifische Ressourcen können auch erst während der Vertragsdauer oder nach dem Ablauf eines Vertrages entstehen. Wird ein Vertrag erneuert oder hat der Käufer einen ähnlichen Auftrag erneut zu vergeben, so ist derjenige, der den vergleichbaren Vertrag bereits vorher erhalten hat, bei einer Neuausschreibung im Vorteil, da er bereits spezifische Fähigkeiten, Erfahrungen und Wissensbestände ansammeln konnte (vgl. S. 61ff). Würde der Käufer diese Partei nicht erneut auswählen, so würde er auf Effizienzgewinne verzichten, bzw. müßten diese von alternativen Anbietern mehr als wettgemacht werden. Die verschiedenen Anbieter stehen sich im Vergleich zur erstmaligen Auftragsvergabe nicht gleichberechtigt gegenüber. Der Kreis der potentiellen Vertragspartner kann auf diejenigen reduziert werden, die bereits Erfahrung vorweisen können. Eine ex-ante wettbewerbliche Situation verwandelt sich durch den Aufbau von spezifischen Ressourcen während der Vertragsdurchführung in eine monopolähnliche Situation (*small-numbers-condition*). Dies bezeichnet Williamson als "*fundamental transformation*" (vgl. S. 61).

Typische Beispiele für solche transaktions- bzw. vertragsspezifische Ressourcen sind: Lerneffekte, firmenspezifisches Wissen, Kenntnis von speziellen Sprachkodes, Erfahrung im persönlichen Umgang oder Vertrauen, d.h. Erfahrungswerte über das Leistungsverhalten des betreffenden Vertragspartners (S. 62).[1] Bezüglich des Einflusses von Vertrauen bemerkt Williamson:

> "Vertragsbeziehungen, welche durch persönliches Vertrauen gekennzeichnet sind, werden ceteris paribus größere Schwierigkeiten durchstehen und größere Anpassungsfähigkeiten aufweisen" (S. 63)

Williamson distanziert mehrmals seinen Ansatz von monopolistischen Erklärungen ähnlicher Phänomene. Im Zusammenhang mit der "fundamentalen Transformation" gibt es meiner Meinung nach trotzdem eine gewisse Verwandtschaft mit letzteren Erklärungen, da Williamson im Grunde eine Möglichkeit dafür angibt, wie Situationen entstehen können, in welchen einzelne Anbieter gegenüber anderen im Vorteil sind.

2.2.4 Drei Vertragsrechte als Basis für verschiedene Governance-Strukturen

Williamson (S. 68ff) sieht eine Korrespondenz zwischen den Charakteristiken der Governance-Strukturen Markt/Hierarchie mit drei verschiedenen Rechtssystemen, die die Abwicklung von Verträgen begleiten und unterstützen können. Diese aus der juristischen Literatur stammenden drei Rechtssysteme sind: das klassische, das neoklassische und das relationale Vertragsrecht (McNeil 1974, S. 78).

Das *klassische Vertragsrecht* korrespondiert mit der Marktform. Kennzeichnend für dieses Recht ist, daß versucht wird, den Vertrag möglichst detailliert und explizit zu gestalten. Die Identität der Vertragspartner ist für die Rechtsfindung nicht relevant. Konkrete Vertragspartner sind vielmehr Ausprägungen allgemeiner Rechtsobjekte. Indem die Gesetzgebung allgemein verbindlich gehalten wird, sind Rechtssprüche gut vorhersehbar und Folgen von Vertragsbrüchen gut abschätzbar.

Das *neoklassische Vertragsrecht* ist im Bewußtsein gestaltet, daß Verträge und Gesetze nur unvollständig sein können und daher nicht nach dem Wortlaut interpretiert werden dürfen. Bei der Vertragsgestaltung wird versucht, eine

---

[1] Vertrauen kann in Williamsons Ansatz daher als eine Art spezifische Investition/Ressource betrachtet werden.

gewisse Flexibilität beizubehalten. Im Vergleich zum klassischen Vertragsrecht kommen Gerichtsprozesse weniger häufig zum Einsatz, da diese zu langwierig und kostspielig sind und sich negativ auf die Fortsetzung der Geschäftsbeziehungen auswirken. Statt dessen werden dritte als "Schiedsrichter" und Experten zur Konfliktschlichtung herangezogen. Die entsprechende Governance-Struktur wird von Williamson daher als *trilateral* bezeichnet.

Das *relationale Vertragsrecht* legt besonders auf die Aufrechterhaltung der Geschäftsbeziehung Wert. Es wird versucht, Streitigkeiten zuerst intern zu regeln (*private ordering*). Die entsprechenden Organisationsformen sind die *bilaterale* Governance-Struktur und die interne Organisation (*unified Governance*). Erstere unterscheidet sich von der letzteren unter anderem dadurch, daß beide Parteien rechtlich eigenständig bleiben.

Williamson (1985, S. 10) betont die Wichtigkeit des private ordering, d.h. die Möglichkeit, Vertragsbeziehungen und Konfliktregelungen weitgehend in privatem Rahmen zu gestalten. Zur Illustration zitiert er öfters Macaulay (1963, S. 61), welcher wiederum folgende Erfahrung eines Geschäftsmann wiedergibt: "*You can settle any dispute if you keep the lawyers and accountants out of it. They just do not understand the give-and-take needed in business.*"

2.2.5 Zuordnung von Transaktionen zu Governance-Strukturen

Williamson (1985, S. 79) stellt folgende Matrix vor, in der in Abhängigkeit von den Eigenschaften der Transaktionen verschiedene Governance-Strukturen vorgeschlagen werden, die vermutlich zu deren Abwicklung am günstigsten geeignet sind.

		Spezifizität der Investition		
		unspezifisch	mittel	spezifisch
Frequenz	gelegentlich	Markt, (klassisches Vertragsrecht)	trilaterale Governance-Strukturen, (neoklassisches Vertragsrecht)	trilaterale, bilaterale Struktur oder interne Organisation
	regelmäßig, häufig		bilaterale Governance-Strukturen	interne Organisation, unified Governance
			(relationales Vertragsrecht)	

Abbildung 1: Wahl einer Governance-Struktur entsprechend den Transaktionseigenschaften (mod. nach Williamson 1985, S. 79)

Die Transaktionen werden nach drei Graden der Spezifizität (unspezifisch, mittlere Spezifizität und sehr spezifisch) sowie zwei Arten der Häufigkeit/Frequenz (gelegentlich und regelmäßig) charakterisiert. Weiters wird ein Grad mittlerer Unsicherheit angenommen.

Für unspezifische Transaktionen ist der Markt die günstigste Alternative.

Bei gelegentlichen Transaktionen mittlerer Spezifizität kommt die trilaterale Governance-Struktur am ehesten in Frage. Immer wenn spezifische Investitionen vorgenommen worden sind, besteht ein Interesse zumindest einer Vertragspartei, die Beziehung durch verschiedene Regelungen zu stabilisieren. Dies wird mit der speziellen Governance-Struktur bzw. einem Satz von Vertragsregelungen erreicht. Die trilaterale Governance-Struktur zeichnet sich durch ihre geringen Kosten aus, so daß sie bei nur gelegentlich vorkommenden Transaktionen am günstigsten ist.

Die bilaterale Governance-Struktur wird in der Regel bei häufigen Transaktionen mittlerer Spezifizität vorkommen. Sie kommt der internen Organisation recht nahe, die Unabhängigkeit der Vertragspartner wird aber noch beibehalten.

Bei Transaktionen, die lediglich gelegentlich stattfinden, kann es vorkommen, daß es dem Abnehmer an Erfahrungswissen über die Leistungseigenschaften verschiedener Lieferanten bzw. Hersteller mangelt. In diesem Fall kann der Käufer versuchen, sich über Erfahrungen Dritter zu erkundigen oder aufgrund anderer Informationen Schlüsse auf die Leistungsfähigkeit des Anbieters zu ziehen. Wenn das Gut standardisiert ist – was aber meist nur bei unspezifischen Transaktionen der Fall sein wird – erleichtert dies die Prüfbarkeit des Produktes (z.B. durch Prüfstellen oder unabhängige Institute). Die Konkurrenz unter gleichartigen Anbietern führt dazu, daß "schwarze Schafe" und "*fly by night-operators*" mittelfristig aus dem Markt gedrängt werden.

Für häufige spezifische Transaktionen ist die interne Organisation (*unified Governance*) am geeignetsten. Die interne Organisation hat durch den Einsatz von Autorität zur Beseitigung von Meinungsverschiedenheiten den Vorteil, daß Anpassungen an neue Umstände schneller vorgenommen werden können. Der Einsatz von Autorität ist vorteilhaft, wenn sie die Verfolgung individueller Ziele (*subgoal pursuit*) zugunsten einer gemeinsamen Gewinnmaximierung (*joint-profit-maximisation*) unterdrücken kann. Dies ist allerdings nicht immer möglich, da auch in internen Organisationen durchaus individuelles Machtstreben und Abteilungsdenken vorherrschen (S. 148ff). Auf die negativen Seiten der internen Organisation wird später noch genauer eingegangen (vgl. I.2.6.2).

Interessant ist die Vermutung Williamsons, daß bei einem Anstieg der Unsicherheit auf ein hohes Niveau, die Endpunkte des Markt/Hierarchie Spektrums stärker bevorzugt würden. Begründet wird dies durch die in diesem Kontext vermutete geringere Effizienz neoklassischer Vertragstypen, da deren flexible und offene Formulierungen ständige Anpassungen und kostspielige Neuverhandlungen erfordern würden. Hingegen kann in der internen Organisation die Autorität genutzt werden, um Entscheidungen schnell durchzusetzen, und auf der anderen Seite bei Marktbeziehungen vom starken Standardisierungsgrad der Leistungen profitiert werden. Beides sind Faktoren, die der Einschränkung von Unsicherheit behilflich sind.

2.3 Verhaltensannahmen in der Transaktionskostentheorie

Die zwei zentralen Annahmen über die Akteure der TKT sind die der beschränkten Rationalität (2.3.1) und des opportunistischen Verhaltens (2.3.2). Wie sich zeigen wird, ist die Annahme der Rationalität eng mit der Annahme von Unsicherheit verknüpft, während opportunistisches Verhalten als eine Form von Eigennutzstreben bzw. Gewinnmaximierung verstanden werden kann. In einem dritten Punkt werden wir die Beziehungen zwischen diesen beiden Annahmen erläutern (2.3.3).

2.3.1 Rationalitätsannahme und Unsicherheit

Williamson (S. 44) unterscheidet drei Arten von Rationalität: unbegrenzte Rationalität (Nutzenmaximierung), begrenzte Rationalität und organische Rationalität.

2.3.1.1 Unbegrenzte Rationalität

Die unbegrenzte Rationalität ist typischerweise in mikroökonomischen Modellen zu finden. Mithilfe von vollständigen und umfassenden Informationen werden Entscheidungen getroffen, die unter gegebenen Einschränkungen zu maximalem Nutzen führen. Diese Form der Rationalität ist offensichtlich unrealistisch. Ihre Verwendung wird häufig – so auch von Williamson (1996) – durch ihre Praktikabilität, ihren heuristischen Wert und/oder durch nur unwesentliche Unterschiede in den Resultaten der Modelle gerechtfertigt.

2.3.1.2 Beschränkte Rationalität und Unsicherheit

Dies ist die Form der Rationalität, zu der sich Williamson bekennt und welche er als im TKA integriert betrachtet.[1] Der bekannteste Verfechter des Konzeptes der begrenzten Rationalität ist Simon (1957, 1961). Es beinhaltet, daß die Informationsaufnahme- und Verarbeitungskapazitäten der Akteure beschränkt sind. Weiters werden Entscheidungsprozesse nicht mit dem Anspruch durchgeführt, ein optimales Ergebnis zu erreichen, sondern lediglich ein zufriedenstellendes (*Satisficing*). Akteure wählen rational eine dem Problem angepaßte Entscheidungsmethode aus, welche selbst nicht nur rational, sondern z.B. auch habituell

---

[1] Wie wir später sehen werden (vgl. II.2.1), handelt es sich jedoch um ein zwiespältiges Bekenntnis.

sein kann (prozedurale Rationalität). Williamson betont lediglich den zuerst genannten Aspekt beschränkter Rationalität und distanziert sich von Simons Vorstellung des Satisficing. Williamson zitiert in diesem Zusammenhang häufig den Ausspruch Simons, daß Akteure "intendiert rational, aber tatsächlich nur beschränkt rational" (Simon 1961, xxiv zit. nach Williamson 1985 S. 45) handeln. Simons Konzept bietet Angriffspunkte für Kritik der Ökonomen, wie auch der Soziologen. So schreibt Williamson (S. 45), daß "Ökonomen es zurückweisen, weil die Beschränkungen der Rationalität fälschlicherweise als Nichtrationalität oder Irrationalität interpretiert werden" und daß "Sozialwissenschaftler Einwendungen machen, weil der Bezug zur intendierten Rationalität ein zu großes Zugeständnis an die Methode der Maximierung der Ökonomen ist" (S. 45).

Zwei Ursachen für beschränkte Rationalität werden genannt: kognitive Einschränkungen (*neurophysiological limits*) und sprachliche Einschränkungen bzw. Einschränkungen der Informationsvermittlung. Sprachliche Einschränkungen ergeben sich aus der gezwungenermaßen unvollständigen und fehlerhaften Übertragung von Information. Bezüglich der kognitiven Einschränkungen zitiert Williamson (1975, S. 21) Simon (1957, S. 199):

> "... nur weil Individuen im Wissen, in der Voraussicht, in ihren Fähigkeiten und ihrer Zeit beschränkt sind, sind Organisationen nützliche Instrumente für die Erreichung menschlicher Zwecke."

Die Bedeutung der beschränkten Rationalität für die Notwendigkeit von Organisation wird von Williamson später durch die der Annahme opportunistischen Verhaltens ergänzt (siehe Abschnitt 2.3.3).

Beschränkungen der Rationalität sind nur dann relevant, wenn diese Grenzen auch tatsächlich bei der Erledigung der gewünschten oder erforderten Aufgaben erreicht werden. Außer bei sehr einfachen deterministischen Problemen werden diese Grenzen in der Realität jedoch sehr schnell erreicht. Je höher die Umweltkomplexität und die Unsicherheit zukünftiger Entwicklungen, um so mehr wird die Rationalität gefordert bzw. überfordert. Williamson (1975, S. 23) unterscheidet zwischen Komplexität und Unsicherheit. Komplexe Probleme sind solche, bei denen sich zumindest theoretisch, d.h. bei unbeschränkten kognitiven Kapazitäten, eine optimale Lösung bestimmen lassen könnte, indem z.B. der Baum aller möglichen Entwicklungsmöglichkeiten vollständig aufgezeichnet wird. Ein Beispiel dafür wäre die Bestimmung eines optimalen Zuges im Schachspiel. Unsicherheit gilt für solche Probleme, bei denen es "... unmöglich ist, ein System der Kontingenzen zu besitzen ..." (Mead 1971, S. 183, zit. nach Williamson 1975, S. 24). Der vollständige Entscheidungsbaum kann in diesem Fall nicht bestimmt werden. Allerdings hält Williamson diese Unterscheidung eher für eine Gedankenspielerei, als für die Praxis relevant, da "... das Ergebnis der Unsicherheit [bzw. Komplexität], was auch immer ihre Quelle, das gleiche ist: bei der Entscheidungsfindung muß Exaktheit durch Näherung ersetzt werden" (Simon 1972, S. 170, zit. nach Williamson 1975, S. 23).

In der marktlichen Organisation von Transaktionen hat der Preis z.B. den Vorteil, daß er nur geringe Ansprüche an die Rationalität stellt. Unter der Voraussetzung, daß der Preismechanismus einwandfrei funktionieren kann und die Güter standardisiert sind, signalisiert der Preis einfach und schnell erfassbar eine wesentliche Information über die Qualität eines Leistungsangebotes. Kognitive Kapazitäten stellen bei beschränkter Rationalität ein knappes Gut dar, mit welchem ökonomisch umgegangen werden sollte. Der Preismechanismus trägt dazu bei, solche kognitiven Kosten einzusparen. Sind die Güter jedoch nicht ausreichend standardisiert und diese Standards nicht allen Käufern vollständig bekannt, so ist der Käufer gezwungen, auch Informationen über andere Produkteigenschaften von jedem Anbieter separat einzuholen, was den Entscheidungsprozeß wesentlich aufwendiger macht und die Transaktionskosten erhöht. Bei differenzierten Produkten ist der Preis als Statistik nicht mehr ausreichend, vollständige Konkurrenz ist nicht mehr möglich.

2.3.1.3 Organische Rationalität

Organische Rationalität ist eine sehr schwache Form von Rationalität. In der Extremform dieser Annahme kann auf rationales Handeln der Akteure überhaupt verzichtet werden. Zu finden ist diese Rationalitätsannahme laut Williamson (S. 46) in "evolutionären Ansätzen (Alchian 1950, Nelson und Winter 1982) und der Österreichischen Schule (Menger 1963, Hayek 1967, Kirzner 1973)". Wie wir bereits gesehen haben, kann Alchian (1950) auf die auf individuelle Akteure bezogene Rationalitätsannahme verzichten, da nichtrational handelnde Akteure durch evolutionäre Kräfte eliminiert werden würden. Auf Populationsebene wäre trotzdem weitgehend rationales Verhalten beobachtbar.

2.3.2 Opportunismus und Streben nach Eigennutzen

Erneut werden drei Annahmen über die Art des Strebens nach Eigennutzen unterschieden (S. 47).

2.3.2.1 Einfache Nutzenmaximierung

Diese Form des Eigennutzstrebens geht mit der Annahme unbeschränkter Rationalität einher. Sie ist die in der neoklassischen Ökonomie typischerweise verwendete Annahme. Der Akteur trifft seine Entscheidung bzw. Handlung nach dem Ergebnis eines Optimierungskalküls, in welches externe Bedingungen und stabile, widerspruchsfreie, exogen gegebene Präferenzen eingehen.

2.3.2.2 Opportunistisches Eigennutzstreben

a) Definition

Unter opportunistischem Verhalten versteht man in der Alltagssprache die Ausnützung günstiger Situationen, unter Umständen zum Nachteil anderer. Williamson versteht darunter ebenfalls die Ausnützung günstiger Situationen, allerdings so gut wie immer mit einem moralisch negativen Beigeschmack. So gehört zum opportunistischen Handeln z.B. die Verfälschung und Zurückhaltung von Informationen oder das Erfinden unwahrer Angaben, um seine eigenen Interessen voranzutreiben. Der Akteur setzt Kreativität und Hinterhältigkeit ein und zeigt sehr geringe moralische Skrupel, solange dieses Verhalten nicht mit (vorwiegend ökonomischen) Sanktionen verbunden ist. Im Extremfall gehören dazu auch Handlungen, die sich am Rande der Legalität befinden oder diesen überschreiten, wie z.B. Lügen, Betrügen, Bestehlen, Erpressen etc. So zitiert Williamson (1985, S. 65) z.B. Diamond (1971, S. 31):

> "Ökonomische Modelle [behandeln] Individuen, als würden sie ein Spiel mit festen Regeln spielen, an welche sie sich halten. Sie kaufen nicht mehr, als sie bezahlen können, sie unterschlagen kein Geld, sie rauben keine Banken aus." [1]

Die Opportunismusannahme erlaubt Williamson, ein Akteurmodell (den "*Contractual Man*") zu bilden, dessen Verhalten weniger offensichtlich ist, als dasjenige des neoklassischen Nutzenmaximierers. Es wird angenommen, daß sich der Akteur vieler Regeln und Zusammenhänge bewußt ist.[2] Sein Verhalten werde aber nicht direkt von Regeln geleitet, sondern der Akteur entwirft und überlegt sein strategisches Verhalten im Bewußtsein der Regeln. Dies erhöht die Komplexität des Verhaltens und erschwert seine Vorhersehbarkeit.[3]

b) Ex-ante und ex-post Opportunismus

In Anlehnung an Arrow (1971) unterscheidet Williamson zwischen ex-ante und ex-post Opportunismus.

Ex-ante Opportunismus tritt auf, wenn vor Vertragsabschluß die Vertragsparteien versuchen, Informationen zu verzerren, zurückzuhalten oder anderweitig versuchen, die Vertragsbedingungen über ein den tatsächlichen Verhältnissen entsprechendes Maß zu ihren Gunsten zu beeinflussen. Beispielsweise kann ein Versicherungsunternehmen aufgrund von regelmäßigen Informationsverzerrungsversuchen der Versicherungsnehmer meist nicht zwischen "guten" und

---

[1] Hier schließt sich Williamson einer Kritik ökonomischer Modelle an, die auch auf soziologische Modelle übertragen werden kann. Die neoklassische Theorie ebenso wie strukuturfunktionalistische soziologische Theorien unterstellen ein stark determiniertes Handeln. Dieser Kritikpunkt wird später noch aufgegriffen werden.

[2] zu vielen, nach Ansicht von Hodgson (1988, 1996) (vgl. II.2.1.3.2)

[3] Nachdem Theorie versucht, Regeln und Regelhaftigkeiten zu erkennen, müssen die Regeln, die zur Beschreibung solcher Akteure dienen, deutlich komplexer sein.

"schlechten" Risiken unterscheiden. Dies trifft vor allem dann zu, wenn der Versicherer zur Risikobewertung auf objektiv nur schwer überprüfbare Aussagen des Versicherungsnehmers angewiesen ist. Der Versicherer kann folglich die Prämie (zumindest a priori) nicht an das individuelle Risiko anpassen, sondern wird eine dem durchschnittlichen Risiko entsprechende Prämie verrechnen. Die Durchschnittsprämie wird den "guten" Riskoträgern als zu hoch erscheinen, weshalb diese tendenziell versuchen werden, eine andere Lösung zu finden und abzuwandern. So kommt es zu einem Selektionsvorgang, bei dem die "schlechten" Risiken zurückbleiben und letztlich noch höhere Prämien leisten müssen (1975, S. 14). Dies wird als negative Auslese (*adverse selection*) bezeichnet.

Beim selben Beispiel besteht nach dem Abschluß des Vertrages (d.h. ex-post) das Risiko, daß der Versicherte im Bewußtsein, daß nun die Versicherung für Schadensfälle aufkommen wird, sich weniger sorgsam und umsichtig verhält. Dies gilt insbesondere dann, wenn sorgsames Verhalten mit Kosten verbunden ist. Versicherungen verpflichten daher die Versicherten vertraglich zu verantwortungsvollem und sorgsamem Verhalten, was jedoch nicht sicherstellt, daß diese Vorschriften tatsächlich eingehalten werden. Das damit verbundene Risiko bezeichnet man als *moral hazard*. Die entsprechenden Handlungen nennt Williamson *ex-post Opportunismus*.

Zusammenfassend ist ein opportunistisch handelnder Akteur durch geringere Skrupel gekennzeichnet, was nicht überprüfbare und gesetzlich oder ökonomisch sanktionierbare oder durchsetzbare Versprechungen und Verpflichtungen angeht. Williamson zieht aus dieser, seiner Ansicht nach das menschliche Verhalten angemessen und realitätsnah beschreibenden Verhaltensannahme die Konsequenz, daß Transaktionen, die aufgrund ihrer Eigenschaften für opportunistisches Verhalten anfällig sind, gegen eben dieses Verhalten geschützt werden müssen.

2.3.2.3 Gehorsames bzw. normorientiertes Verhalten

Bei normorientiertem Verhalten stellen Individuen ihr Streben nach Eigennutzen zurück und unterwerfen sich statt dessen gesellschaftlichen Regelungen. Die Annahme eines solchen konformistischen Verhaltens eigne sich, so Williamson (S. 49) (oder auch Georgescu-Roegen 1971, S. 348), besonders für "... Sozialtechnik und soziale Utopien. Probleme ökonomischer Organisation würden stark vereinfacht werden, wenn diese Bedingung erreicht oder auch nur angenähert werden würde" (S. 50).

2.3.3 Beziehungen zwischen den Verhaltensannahmen

Williamson betont wiederholt, daß es auf die gleichzeitige Erfüllung der Verhaltensannahmen beschränkter Rationalität und opportunistischen Verhaltens ankomme. Die von ihm betrachteten und als zentral erachteten Probleme treten weiters in Kombination mit spezifischen Investitionen (und auch Unsicherheit) auf. Die Koordinationsmittel der Planung, des Versprechens bzw. Vertrauens und des Wettbewerbs scheitern, "wenn beschränkte Rationalität, Opportunismus und spezifische Ressourcen verbunden auftreten" (S. 32). Williamson stellt verschiedene Kombinationsmöglichkeiten der An- bzw. Abwesenheit dieser drei Bedingungen tabellarisch dar, und deutet jeweils entsprechende effiziente Koordinationsmechanismen an.

Verhaltensannahme			
Beschränkte Rationalität	Opportunismus	Spezifische Ressourcen	Implizierter Vertragsbildungs-Prozeß
0	+	+	Planung
+	0	+	Versprechung bzw. Vertrauen
+	+	0	Wettbewerb
+	+	+	Governance

Abbildung 2: Beziehungen zwischen Verhaltensannahmen (aus Williamson 1985, S. 31)

Sind die Akteure unbeschränkt rational, so können ansonsten auftretende Probleme durch umfassende, vollständige und vorausschauende Planung beseitigt werden. "Planung" wäre das vorherrschende Paradigma der Vetragsgestaltung.

Sind die Akteure nicht opportunistisch, treten ebenfalls keine Probleme auf, da die Akteure sich an vertraglich festgelegte Bedingungen halten würden. Auch wenn die Vertragsregelungen aufgrund beschränkter Rationalität unvollständig sind, können statt dessen Klauseln aufgenommen werden, die im Falle der Notwendigkeit von Vertragsanpassungen eine 'faire' Aufteilung der Renten vorsehen. Keine Partei würde versuchen, aus der Unklarheit einen individuellen Vorteil zu suchen.

Gäbe es keine spezifischen Ressourcen, so wären die Vertragspartner nicht aneinander gebunden. Geschäftsbeziehungen könnten dann schnell und ohne die Aufgabe eventueller spezifischer Investitionen aufgelöst werden. Einem starken Wettbewerb würde wenig entgegenstehen. Wettbewerb schränkt die Möglichkeiten für opportunistisches Verhalten stark ein, da er eine große Anzahl alternativer Anbieter impliziert.

Williamson folgert daraus, daß die Notwendigkeit von Governance-Strukturen erst dann besteht, wenn diese drei Faktoren zusammentreffen.

2.4 Ein paradigmatisches Anwendungsbeispiel

Eine Firma überlegt, eine größere Menge eines Produktes von einem Zulieferer zu beschaffen. In den Verhandlungen zu Beginn der Geschäftsbeziehungen wird diskutiert, ob der Lieferant zur Leistungserstellung eine allgemeine oder eine seinem Kunden speziell angepasste Technologie einsetzen soll. Die spezielle Technologie erfordert, daß der Lieferant eine für den Abnehmer spezifische Investitionen tätigt. Williamson (S. 33) nimmt zusätzlich an, daß der Lieferant risikoneutral ist und indifferent gegenüber der gewählten Technologie – unter der Voraussetzung, daß das Geschäftsergebnis für ihn befriedigend ausfallen würde und zumindest ein 'Break-Even' Resultat erwarten werden kann. Er betont weiters, daß die Technologie, eventuelle Absicherungen (*Credible Commitments*) und der Preis simultan und in Abhängigkeit voneinander im Rahmen der Eingangsverhandlungen bestimmt werden.[1]

[1] Man muß sich hier meiner Meinung nach auch die grundlegendere Frage stellen, was die Voraussetzungen dafür sind, daß es für eine Firma günstiger ist, daß ein Lieferant eine für diese Firma spezifische Technologie einsetzt. Zu diesen Umständen kann die Möglichkeit der Einsparung von logistischen Transaktionskosten zählen, d.h. daß sich der Lieferant in räumlicher Nähe des Abnehmers ansiedelt, um Transportkosten einzusparen. In diesem Falle wäre es plausibel, daß der Produktpreis der speziellen Technologie niedriger ist als der der allgemeinen.

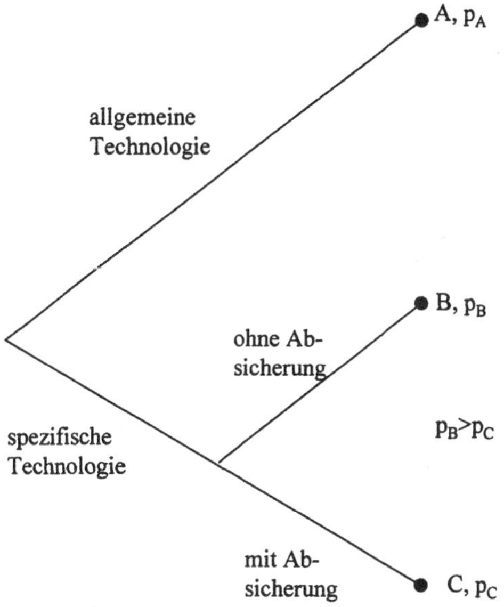

Abbildung 3: Ein einfaches Anwendungsbeispiel (aus Williamson 1985, S. 33)

Wird die allgemeine Technologie gewählt, ergibt sich der Fall normaler Markttransaktionen (Knoten A).

Fordert die Firma den Einsatz der speziellen Technologie, so geht der Lieferant das Risiko ein, daß die abnehmende Firma ex-post versucht, sich die Quasirenten der spezifischen Investition anzueignen (z.B. durch eine opportunistische und einseitige Senkung des Abnahmepreises, d.h. der Abnehmer erklärt einfach, daß er ab sofort nurmehr bereit ist, einen verringerten Preis zu bezahlen). Kann die Firma dem Lieferanten keine Absicherungen gegen solches Verhalten bieten (Knoten B), so muß sie das Risiko für den Lieferanten durch einen höheren Abnahmepreis (p_B) kompensieren[1]. Ansonsten würde diese Vertragsart nicht zustandekommen.

Kann die Firma eine Absicherung gegen opportunistisches Handeln anbieten (also ein Credible Commitment wie z.B. durch eine vertragliche Festlegung von Strafzahlungen für vorzeitige Vertragsauflösung, durch den Einsatz eines vereinbarten Schiedsgerichts im Streitfalle oder in Form eines Pfandes), so kann der Abnehmer im Vergleich zu der nicht-abgesicherten Variante (p_B) mit einem niedrigen Preis (p_C) rechnen, muß dem jedoch die Kosten der Absicherung entgegenrechnen (Knoten C). Die Rolle von Absicherungen oder Credible Commitments wird im folgenden Abschnitt genauer behandelt.

[1] Derartige Lösungen sind laut Williamson (S. 34) aber häufig instabil.

Es ist bemerkenswert, daß Williamson zwar behauptet, daß p_C kleiner als p_B ist, jedoch keine Aussage darüber macht, ob p_C (oder p_B) größer oder kleiner als p_A ist. Es wird offengelassen, ob der Einsatz der speziellen Technologie zu einem höheren oder niedrigeren Preis führt, als derjenige der allgemeinen Technologie.

Alternativ zur Absicherung der Transaktion können Abnehmer und Lieferant auch fusionieren und damit eine interne Organisation bilden. An der internen Organisation schätzt Williamson, wie bereits erwähnt, ihre größere Fähigkeit zur Unterdrückung opportunistischen Verhaltens als z.B. der Markt oder die trilaterale Governance-Struktur.

2.5 Credible Commitments

Williamson (1985, S. 191 und 1975, S. 38) bezieht sich mehrmals auf das soziologische Prinzip der Reziprozität (Gouldner 1968). Credible Commitments (glaubhafte Zusicherungen) sind eine Möglichkeit, asymmetrisch spezifische Investitionen in (zumindest näherungsweise) symmetrisch spezifische Investitionen umzuwandeln, d.h. der spezifischen Investition des Partners eine eben solche reziprok gegenüberzustellen (Windsperger 1996). Credible Commitments dienen dazu, dem Vertragspartner, der eine spezifische Investition tätigt, eine glaubhafte Absicherung gegen opportunistische Ausbeutung zu geben. Sie dienen damit zur Festigung von Vertragsbeziehungen.

2.5.1 Das Pfandaustausch-Modell

Williamson entwickelt das Hostage ("Geisel" oder Pfand) - Modell weiter, welches bereits in den Arbeiten von Telser (1981) und Klein und Leffler (1981) zu finden ist.

Zur Erläuterung der Funktion von Credible Commitments wird nochmals das gerade besprochene Anwendungsbeispiel herangezogen und ein wenig verfeinert. Erneut wird beispielhaft angenommen, daß eine Firma vor der Wahl steht, einen Lieferanten mit dem Einsatz einer allgemeinen oder einer speziellen Technologie zu beauftragen. Im Unterschied zum vorherigen Beispiel gibt Williamson an, daß der Stückpreis bei der spezifischen Technologie günstiger ist. Vom Lieferanten wird angenommen, daß er sich mit einem 'Break-Even'-Ergebnis zufriedengibt. Es werden zwei Perioden unterschieden. In der ersten werden Investitionen getätigt und Aufträge angekündigt. Erst in der zweiten Periode kennt der Käufer die konkrete Menge des benötigten Produktes, da angenommen wird, daß der Käufer ebenfalls einer schwankenden Nachfrage ausgesetzt ist. Ob der Käufer Interesse hat, das Produkt abzunehmen, ist daher einer gewissen Unsicherheit unterworfen. Bleiben Käufer und Lieferant unabhängige Unternehmen, so entwickelt Williamson folgende Szenarien:

- Es wird die allgemeine Technologie gewählt, in welchem Fall sich keine weiteren Komplikationen ergeben, die Gesamteffizienz jedoch vergleichsweise gering ausfällt (Fall A).
- Der Käufer ist im Besitz der spezifischen Ressourcen und überläßt sie dem Lieferant bzw. Produzent zur Benützung. Der Produzent geht damit kein Risiko ein. Auch der Käufer behält Flexibilität, da er im Falle von Problemen den Produzenten kündigen kann und die spezialisierten Ressourcen einem anderen Vertragspartner übertragen kann. Dies ist jedoch ein recht spezieller Fall, der sich auf physische Spezifizität beschränkt.
- Der Produzent tätigt die spezifischen Investitionen und erhält den Preis p_B, wenn der Käufer das Gut in der zweiten Periode abnimmt, ansonsten geht er jedoch leer aus (Fall B).
- Der Produzent tätigt die spezifischen Investitionen und erhält den Preis p_C, im Falle des Kaufens und einen Entschädigungsbetrag im Falle der Nicht-Abnahme (Fall C).

Der Unterschied zu den bereits im Abschnitt 2.4 dargestellten Alternativen besteht darin, daß im Fall C ein konkreter Entschädigungsbetrag angeboten wird, welcher bereits in der ersten Periode dem Lieferanten ausgehändigt wird. Dies wird von Williamson als *'Hostage'* (Geisel, Pfand) bezeichnet. Anhand einiger mathematischer Überlegungen, auf welche hier nicht weiter eingegangen wird, kommt Williamson (1985, S. 169ff) zu dem Schluß, daß bezüglich des realisierten Gewinnes und Güterpreises die Lösung im Fall C der Lösung einer vertikalen Integration von Käufer und Lieferant gleichkommt und damit die höchste Gesamteffizienz der betrachteten Fälle erreicht, unter der Voraussetzung, daß das Pfand für den Lieferanten nicht abgewertet wird und die gleiche Höhe erreicht, wie die spezifischen Investitionen. Der grundlegende Gedanke dieses Modells ist, daß der Käufer im Falle einer spezifischen Technologie dem Produzenten das Risiko der Nichtabnahme des Produktes (d.h. des opportunistischen Handelns) abnehmen muß.

Allerdings gehen im Falle der Pfandübertragung auch vom Lieferanten einige Risiken aus. Dies gilt insbesondere, wenn Geld als Pfand eingesetzt wird, da es ohne Probleme in andere Güter oder Dienstleistungen umgewandelt werden kann.[1] Der Lieferant könnte versuchen, einen Vertragsbruch vorzutäuschen und so versuchen, ohne (oder mit geringerer) eigener Leistungserbringung das Pfand für sich zu beanspruchen (*expropriation hazards*). Um solchen Versuchungen vorzubeugen, empfiehlt Williamson (S. 177) in Anlehnung an die Sage eines Königs, der gezwungen wurde, eine seiner zwei Töchter als Geisel herzugeben, die häßlichere – das heißt, ein vom Lieferanten weniger leicht mißbrauchbares

[1] Es hat eine hohe Plastizität, wie Alchian/Woodward (1988, S. 69) diese Eigenschaft bezeichnen würden.

Pfand – auszuwählen. Eine andere Möglichkeit für den Lieferanten durch Unaufrichtigkeit eventuell zu profitieren wäre, höhere als die tatsächlich angefallenen spezifischen Investitionen anzugeben und ein entsprechend höheres Pfand zu fordern. Zusammenfassend werden wohl trotz verschiedener Absicherungen stets Möglichkeiten für Betrug und Vertragsbrüche bestehen bleiben. Es kann nur eine Verringerung der Risiken erreicht werden, eine vollständige Absicherung ist nicht möglich.

Wenn für den Lieferanten einsichtig und offensichtlich ist, daß der Käufer in der zweiten Periode auch unter ungünstigen Umweltbedingungen das Produkt abnimmt, z.B. weil auch dieser gegenüber ihm spezifische Investitionen getätigt hat, so wird der Lieferant bereit sein, auch unter Verzicht auf ein zusätzliches Pfand, zu einem geringeren Preis bzw. bei spezifischer Technologie anzubieten. Wechselseitige spezifische Investitionen entsprechen einer Art Credible Commitment (S. 179).[1]

2.5.2 Franchising

Als Beispiel für eine Art spezifischer Investition als Credible Commitment nennt Williamson (S. 180) den Fall eines Franchise-Unternehmens. Alle Franchisenehmer des Unternehmens erhalten eine eigene Region zugeordnet. Bei den Kunden wird zwischen einer interregional mobilen und einer immobilen Gruppe unterschieden. Ein Franchisenehmer hat in einem solchen Szenario die Möglichkeit, opportunistisch, bzw. konkreter als Trittbrettfahrer zu agieren, indem er sein Serviceniveau unter den Durchschnitt senkt und dadurch Kosten einspart. Es kommt nur zu einer eingeschränkten Einbuße der Reputation, da die mobilen Kunden in anderen Regionen gutes Service erhalten und das Unternehmen unter einer einheitlichen Marke wahrnehmen. Der Trittbrettfahrer profitiert vom guten Ruf der Gesamtunternehmung, die ihm immer neue (mobile) Kunden trotz niedriger Leistung beschert. Würde jeder Franchisenehmer so handeln, so würde es zu einer Deterioration der Qualität des Gesamtsystems kommen. Um dies zu verhindern, was letztendlich im Interesse aller Teilnehmer liegt, kann der Franchisegeber Qualitätskontrollen verschiedenster Art einführen, deren Beachtung auch durch Sanktionen unterstützt wird. Als härteste Sanktion droht der Ausschluß aus dem Fanchiseverband und der damit verbundene Verlust der

---

[1] Überträgt man die Sicht der TKT Williamsons auf die Entstehung langfristiger Beziehungen, so könnte man zu dem Schluß kommen, daß solche Beziehungen durch die Tätigung spezifischer, d.h. nur für den Partner bestimmte und verwertbare, Investitionen entstehen. Der Partner, der die Investition zuerst tätigt, wird eine gewisse Gegenleistung oder ein reziprokes Verhalten erwarten. Im idealen Marktmodell hingegen, werden langfristige Beziehungen praktisch ignoriert. Sie sind, falls sie auftreten, in diesem Modell mehr das Ergebnis von Aneinanderreihungen jeweils neu getroffener kurzfristiger Vertragsbeziehungen. Die Auswahl der Vertragspartner erfolgt im Marktmodell regelmäßig neu, um eventuellen Änderungen, wie z.B. des Preises, zu entsprechen.

spezifischen Fähigkeiten und Investitionen. Letztere interpretiert Williamson in diesem Beispiel als Pfand bzw. Hostage.[1]

Williamson nutzt dieses Beispiel auch, um zu betonen, daß die Entstehung einer hierarchischen Organisation und der Einsatz von Kontrollen aus Effizienzgründen – welche letztlich im Interesse aller Beteiligten sind – erklärt werden kann. Es handele sich nicht darum, wie in manchen Machtansätzen vertreten wird, daß der Franchisegeber aufgrund seiner besseren Machtposition dem Franchisenehmer Kontrollen aufzwingt (S. 181). Machtansätze basieren, so Williamson, häufig auf "ex-post Rationalisierungen" oder "ex-post Überlegungen" (S.181), die ihm zufolge bei derartigen Problemen geringen Erklärungswert haben.

2.6 Die Grenzen der Unternehmung

2.6.1 Wodurch bestimmt sich die Größe einer Unternehmung?

Welche und wie viele Transaktionen innerhalb einer hierarchisch organisierten, privaten Organisation abgewickelt werden und welche Transaktionen über den Markt stattfinden, wird in der TKT kurz gefaßt dadurch erklärt, daß die Verteilung der durchzuführenden Transaktionen auf verschiedene Organisationsformen sich so gestalten wird, daß die dabei anfallenden Transaktionskosten minimiert werden.

Wie bereits deutlich wurde, ist der Markt besonders bei der Durchführung spezifischer Transaktionen mit Schwächen behaftet, so daß es nicht rational wäre oder nicht möglich ist, manche Transaktionen über den Markt auszuführen. Andererseits sind einige Vorteile des Marktes nicht nur für letzteren spezifisch, sondern können auch in Unternehmen realisiert werden. Beispielsweise kann eine große Unternehmung die interne Nachfrage nach Zwischenprodukten und Dienstleistungen aggregieren und so Skaleneffekten ausnützen.

Es stellt sich die Frage, welche auch schon von Knight (1921) und Coase (1937) gestellt wurde, warum die Firmengröße nicht stetig zunimmt. Ein Grund der gegen die Erweiterung von Firmen spricht, ist nach Knight, daß mit steigender Firmengröße die Komplexität des Managements stark zunimmt, insbesondere in einer Welt mit hoher Unsicherheit und geringer Planbarkeit. Ein Unternehmer wird diesen Aufgaben aufgrund seiner beschränkten Rationalität nicht immer gerecht werden, wodurch im Vergleich zu den jeweils besten Lösungen Ineffizienzen entstehen. Die durchschnittliche Firmengröße wird daher ein für die Verwaltung und das Management überschaubareres Maß nicht übersteigen. Coase schließt sich dieser Antwort trotz einiger Einwände im Prinzip an und nennt noch einige weitere Gründe, welche wir bereits angesprochen haben (vgl. I.1.1). Williamson übernimmt ebenfalls im wesentlichen diese Begründung.

---

[1] Eine etwas abweichende Interpretationsmöglichkeit dieses Beispiels wird auf S. 69 gegeben.

In diesem Zusammenhang beschäftigt sich Williamson mit der hypothetischen Idee, daß zwei fusionierte Unternehmen auch jeweils ein separates Management beibehalten könnten, d.h. zwei unabhängige Divisionen in einem Unternehmen bilden könnten. Wenn man davon ausgeht, daß Manager eine bestimmte, eingeschränkte Kontrollspanne besitzen, so kann diesem Problem dadurch begegnet werden, daß einfach mehr Hierarchieebenen eingeführt werden. Die höchste Instanz, d.h. die Zentrale, behält sich vor, in bestimmten Situationen zu intervenieren, bei denen sie glaubt, zusätzlichen Wert oder Synergien schaffen zu können. Eine solche Situation könnte z.B. bei einer schnell erforderlichen Umweltanpassung entstehen. Weiters würde das Prinzip gelten, daß sich höhere Hierarchieebenen nur dann einschalten, wenn das Problem auf der unteren Ebene nicht zufriedenstellend gelöst werden kann.

Wie aber auch Williamson weiter ausführt, ist diese Vorstellung der selektiven Intervention der Zentrale mit zahlreichen Schwierigkeiten verbunden. So ergibt sich das Problem, daß in manchen Fällen die Verfolgung individueller Ziele (oder von Abteilungs- bzw. Gruppenzielen) für das Gesamtsystem der Unternehmung förderlich ist, in anderen Fällen es jedoch vorteilhaft ist, für eine verbesserte Kooperation individuelle Ziele zurückzustellen. Wie kann erkannt werden, in welchen Fällen eine Intervention (z.B. Kooperation durch Anweisung) günstig ist? Diese Frage muß wohl aufgrund des konkreten Falles jeweils neu entschieden werden. Es erscheint sehr zweifelhaft, daß die Zentrale stets in der Lage sein wird, die Intervention auf vorteilhafte Fälle zu beschränken und jeden Fall im Detail analysieren zu können.

Abgesehen von dem Problem, daß eine optimale selektive Intervention nicht möglich ist, gibt es natürlich eine ganze Reihe weiterer Gründe, warum es sich mit einem Zusammenschluß von zwei Unternehmen ganz anders verhält, als mit den zwei ursprünglichen unabhängigen Unternehmen. So wird es z.B. zu Veränderungen bei den Anreizstrukturen des Managements kommen, zu Änderungen im Rechnungswesen und der internen Verrechnung, im Innovationsverhalten, in der Unternehmenskultur, bei der Personalpolitik, etc. Fast alle Unternehmensbereiche werden davon betroffen sein.

2.6.2 Einschränkung der Firmengröße aufgrund der Bürokratie und das Konzept der 'forgiveness'

Die wesentliche Ursache der Beschränkung der Firmengröße sieht Williamson (S. 148ff) in den Kosten der Bürokratie. Er identifiziert mehrere potentielle Ursachen für Ineffizienzen der in der internen Organisation vorherrschenden Bürokratie.

Zuerst nennt er die Neigung des Managements, Planung und Verwaltung zu übertreiben:

"Obwohl eine solche Neigung auf guten Vorsätzen beruht, stellen sich die Probleme regelmäßig als schwieriger oder die Managementkompetenz als beschränkter heraus, als ursprünglich angenommen." (S. 149)

Ein zweites Problem ergibt sich aus der Verlockung des Managements, Ressourcen für ihre eigenen, individuellen strategischen Zwecke einzusetzen.[1]

Der Markt hingegen erlaubt es, klare Anreize zu setzen (*high powered incentives*) und eindeutige Verantwortungsbereiche zu schaffen. Im Idealfall, d.h. in der Abwesenheit von Marktversagen, ist jeder Akteur auf dem Markt selbst für seine Entscheidungen verantwortlich und erhält ein genau seiner Leistung entsprechendes Einkommen. Firmen sind nicht in der Lage, die starken Anreizstrukturen von Märken nachzuahmen. Sie müssen sich mit schwachen Anreizen (*low powered incentives*) zufriedenstellen. Daß schwache Anreize (d.h. beispielsweise feste, leistungsunabhängige Löhne und Gehälter) zum Einsatz kommen, muß nicht im Widerspruch mit der relativ hohen Verfügbarkeit von Informationen über das Leistungsverhalten einzelner Mitarbeiter in Organisationen stehen. Organisationen können aufgrund dieser Informationen Leistungen oder Leistungsversuche recht gut beurteilen und dadurch z.B. gutgemeinte Versuche, die sich als Fehlschlag herausgestellt haben, weniger stark sanktionieren, als der Markt dies tun würde.

Williamson (S. 150) nennt diese Eigenschaft von Organisationen *forgiveness*:

"Rechtssysteme [oder Gerechtigkeitssysteme] verändern sich systematisch mit der [betrachteten] Organisation. Von Familien wird üblicherweise angenommen, daß sie ein tiefgreifendes Wissen über die Transaktionen der Mitglieder besitzen, langfristige Zeithorizonte einsetzen und relativ vergebend sind. Im Gegensatz dazu wird von Märkten angenommen, daß sie wenig Wissen über idiosynkratische Umstände besitzen, kurzfristige Zeithorizonte einsetzen und relativ strikt bzw. nicht vergebend sind." (S. 150)

Beispielsweise ist es vorstellbar, daß in internen Organisation bessere Entscheidungen über die Rentabilität von Projekten getroffen werden können, da auf detailliertere Informationen zurückgegriffen werden kann.[2] Bei einer Finanzierung über den Kapitalmarkt wäre mit größeren Kommunikationsbarrieren und Rechtfertigungsschwierigkeiten zu rechnen.

Scharfe Sanktionen haben allerdings zweifellos auch ihre Vorteile. So kann die Angst vor Sanktionen große Energien freisetzen. Während auf dem Markt Resultate zählen, können in Organisationen "Ausreden" und praktisch relativ nutzlose Rechtfertigungen akzeptiert werden.

---

[1] "Wenn ... die monetären Anreize in einer Firma schwächer sind als auf dem Mark, werden politische Spiele und Präferenzen mehr zu sagen haben" (S. 149).

[2] vgl. auch die Argumentation von Alchian/Demsetz (1972), I.1.3

Obwohl Firmen hauptsächlich zur Durchführung spezifischer Investitionen entstehen, finden in Firmen auch unspezifische (oder besser wenig spezifische)[1] Transaktionen statt. Williamson stellt die Hypothese auf, daß schwache Anreize sich am besten für die Abwicklung spezifischer Transaktionen eignen, während starke Anreize für unspezifische Transaktionen am effizientesten sind.

Werden in einer Firma sowohl spezifische als auch weniger bzw. unspezifische Transaktionen ausgeführt, so kann es zu einem "Ausstrahlungseffekt" kommen. Beide Arten von Transaktionen werden, so vermutet Williamson, innerhalb der Firma durch schwache Anreize gesteuert. Firmen wären nicht in der Lage, für alle internen Transaktionen die Art der Behandlung diskriminierend an verschiedene Spezifizitätsgrade anzupassen. Als Begründung gibt Williamson u.a. ein *Legitimitätsargument* an:

> "Von auf Verstandsbasis funktionierenden Systemen wird erwartet, daß sie sich auch nach Verstands-Richtlinen verhalten." (S. 150) [2]

> "Eine für $k > 0$ [=spezifische] Transaktionen rationale Entscheidung, nämlich 'die Dinge unter der Hand zu regeln' wenn Fehlschläge auftreten, überträgt sich auf $k = 0$ [=unspezifische] Transaktionen. Es ist sowohl *für interne als auch für interessierte Beobachter nicht akzeptabel*, daß die Firma sich unterschiedlich verhält. Die Berücksichtigung der menschlichen Würde verlangt, daß eine angemessene Vorgehensweise [*due process*] respektiert wird. ... Im Bewußtsein, daß sie unter dem Schutz einer Norm [der Einhaltung] angemessener Vorgehensweisen arbeiten, sind Individuen in der Lage, die interne Organisation bezüglich minimaler Leistung auszubeuten, und manche tun dies." (S. 151, mH) [3]

Im Kontext von *'Forgiveness'*, *'due process'*, und *'human dignity'* schränkt Williamson kalkulative Argumente sichtlich ein, behält jedoch, wie das obige Zitat zeigt, immer noch ein Auge auf die Möglichkeiten opportunistischen

---

[1] Von völlig unspezifischen Transaktionen kann erwartet werden, daß sie auf den Markt ausgelagert werden.

[2] Diese Stelle deutet eine Grundidee von Legitimitätsüberlegungen an, welche ansonsten in der TKT so gut wie nicht herausgearbeitet werden. Es wird angedeutet, daß Personen, die mit dem System bzw. der Organisation interagieren, an diese gewisse Erwartungen stellen. Hier knüpft der soziologische Neo-Institutionalismus an.

[3] Wie wir später sehen werden (vgl. II.2.2.2) üben Goshal/Moran (1996, S. 20) unter anderem Kritik an Williamsons Vernachlässigung von *'due process'*. Die Studie von Kim/Mauborgne (1993) bietet ein interessantes Beispiel für die Bedeutung von 'due process' im internationalen Kontext. Dabei geht es vor allem um die Beziehung zwischen der Zentrale und den Managern lokaler Niederlassungen. Die Bestandteile des 'due process', die von den Autoren ausgemacht werden, sind: die Zentrale muß zeigen, daß sie mit der lokalen Situation vertraut ist; bei der Strategieentwicklung muß eine Zweiwegkommunikation herrschen; die Entscheidungen der Zentrale müssen konsistent sein; die Niederlassungen müssen Entscheidungen der Zentrale beeinflussen und mitbestimmen können, sowie von der Zentrale eine Erklärung für endgültig getroffene Entscheidungen erhalten.

Handelns, welche im Prinzip durch eine vertrauensvolle Atmosphäre *erweitert* werden.

Eine weitere Ineffizienz von Bürokratien ergibt sich durch ihre Trägheit und ein gewisses Widerstreben, einschneidende Entscheidungen, wie z.B. Desinvestitionen zu treffen:[1] "Manager sind jedoch besonders widerwillig, ihre eigenen Stellen abzuschaffen, selbst wenn ihnen [anderweitige] Anstellungsgarantien geboten werden" (S. 152).

2.7 Arbeitsorganisation

Williamsons Evalutation verschiedener interner Arbeitsorganisationen (vgl. S. 206ff) ist ein interessantes Beispiel für die Anwendung seines komparativ-institutionellen Ansatzes. Es dient gleichzeitig als Angriff auf die *Radical Economists* (z.B. Marglin 1974), welche vereinfacht ausgedrückt die Meinung vertreten, daß die Hierarchie hauptsächlich ein Machtinstrument zur Durchsetzung der Interessen der Kapitalisten wäre. Sie spielen nach Ansicht Williamsons die ökonomischen Funktionen der Hierarchie hinunter, einen Faktor, den dieser als zentral erachtet.

2.7.1 Problemstellung

Als Beispielunternehmen wird eine imaginäre Stecknadelmanufaktur herangezogen. Adam Smith hat in seinem historischen Werk (Smith 1922) die Vorteile der Spezialisierung am Beispiel einer Stecknadelmanufaktur erörtert. Die Herstellung einer Stecknadel kann in ca. 18 einzelne Arbeitsschritte zerlegt werden. Smith beschreibt die organisationale Innovation einer Manufaktur, in welcher sich 10 Personen auf bestimmte der 18 Arbeitsschritte spezialisieren und dadurch eine ungleich höhere Produktivität erreichen, als wenn jeder Arbeiter unabhängig und individuell Stecknadeln produzieren würde. Smith führt die Produktionssteigerung auf drei Faktoren zurück: Erfahrungs- und Lerneffekte, Einsparung von Wechselzeiten von einer Tätigkeit zur anderen und den Einsatz von Maschinen.

Smith hat, wie Williamson (S. 209) bemerkt, die Effektivität der Manufaktur bzw. Fabrik nur mit einer einzigen Alternative verglichen, nämlich der handwerklichen Herstellung. Die Fabriksarbeit kann jedoch in verschiedenen Arten organisiert werden, welche alle z.B. vom Einsatz von Maschinen profitieren können. Marglin (1974, S. 38) nennt eine solche alternative Organisationsmöglichkeit, nämlich die "Stapelverarbeitung" (*batch processing*). Bei dieser Form erledigt jeder Arbeiter jeden der 10 Arbeitsschritte, allerdings wiederholt er den gleichen Arbeitsschritt in großer Zahl, bevor er zum nächsten wechselt. Das erlaubt Erfahrungseffekte zu nutzen und auch die Wechselzeiten einzusparen.

[1] vgl. die spätere Diskussion der Willensschwäche (II.2.1.4.1e)

Spezialisierung, in der von Smith beschriebenen starken Form wäre aus Effizienzgründen nicht notwendig. Marglin (1974, S. 34 zit. nach Williamson 1985, S. 209) zieht daraus den Schluß, daß

> "die kapitalistische Arbeitsteilung ... nicht das Ergebnis der Suche nach einer technologisch besseren Arbeitsorganisation war, sondern der Suche nach einer Organisation, welche dem Unternehmer eine wesentliche Rolle im Produktionsprozeß garantiert, [nämlich] als Integrator der getrennten Bemühungen seiner Arbeiter in ein absetzbares Produkt."

Ziel der folgenden Überlegungen Williamsons ist, dieses seiner Ansicht nach abwegige Argument zu entkräften. Um dahin zu gelangen, wird nicht nur die von Marglin beschriebene Organisationsform und die klassische hierarchisch organisierte Produktion evaluiert und verglichen, sondern gleich eine ganze Reihe alternativer Möglichkeiten der Arbeitsorganisation.

2.7.2 Alternative Arbeitsorganisationsformen und deren Einteilung

Als Annahmen zur Beschreibung dieser Organisationsformen dienen, daß die Firma aus 10 spezialisierten Arbeitsstationen (mit Maschinen) besteht, die mit einem Ein- und Ausgangslager versehen sind, Lerneffekte anfallen und Transport- und Lagerkosten auftreten. Nicht betrachtet wird u.a. die Möglichkeit des Outsourcings.

Es werden sechs verschiedene, in Zweiergruppen eingeteilte Arbeitsorganisationsformen vorgestellt:

- Unternehmerische Organisationsformen: Kennzeichnend für diese zwei Formen ist, daß die Arbeiter Eigentum an ihren Arbeitsstation besitzen.
  - *Putting-Out System*: Ein Koordinator und Händler besitzt die Rohmaterialen, stellt den Warenfluß und den Absatz sicher und schließt individuelle Verträge mit den Arbeitern ab, die selbst im Eigentum ihrer Maschinen sind.
  - *Federated Mode*: Jeder Arbeiter ist selbständig und kann seinen Arbeitstakt individuell festlegen. Es gibt keinen Koordinator, lediglich die Lagerbestände der Arbeitsstationen dürfen nicht unter oder über gewisse Limits fallen.
- Formen mit kollektivem Eigentum: Für beide Formen gilt, daß das Eigentum kollektiv ist.
  - *Communal - every man for himself*: Das Eigentum an den Maschinen ist kollektiv; für die Arbeitstätigkeit bleibt aber jeder selbständig. Die Stationen werden regelmäßig gewechselt (Job Rotation). Diese Form entspricht der von Marglin beschriebenen Stapelverarbeitung.

- *Peer Group*: Das Eigentum ist kollektiv, die Arbeiter werden nach dem Durchschnittsprodukt der Gruppenleistung bezahlt. Es wird ein Koordinator für operationale Tätigkeiten bestellt. Die Koordination bleibt operational, weil die Koordinatorrolle regelmäßig gewechselt wird, um die Entstehung einer Hierarchie zu vermeiden.

• Kapitalistische Formen: Für beide Formen gilt, daß ein kapitalistischer Unternehmer Eigentum an den Arbeitsstationen besitzt.
  - *Inside Contracting*: Diese Form gleicht dem Putting-Out System, nur daß hier die Mitarbeiter kein Eigentum an den Maschinen besitzen.
  - *Hierarchische bzw. autoritäre Organisation*: Im Gegensatz zum Inside Contracting haben die Arbeitnehmer wesentlich weniger Autonomie. Sie sind an die Anweisungen des Unternehmers gebunden.

2.7.3 Evaluierung nach der Intensität der Verhandlungen und der Stärke hierarchischer Elemente

Diese sechs verschiedenen Organisationsformen werden von Williamson danach eingeteilt, wie stark Verhandlungen mit Formulierung separater Verträge zur Arbeitskoordination eingesetzt werden und wie stark die Organisationsformen durch hierarchische Beziehungselemente geprägt werden.

Bezüglich der Formulierung separater Verträge stellt er fest, daß *Putting-Out, Federated* und *Inside Contracting* großen Gebrauch von Verträgen machen.

> "Eine gängige Eigenschaft der stark Vertragsregelungen einsetzenden Modi ist, daß jeder Arbeiter beträchtliche Autonomie behält und nachdem die Vertragsbedingungen einmal festgelegt worden sind, Anspruch auf einen klar bestimmten Profitstrom erhält. Da die Gewinne des einen Agenten häufig auf Kosten des anderen gemacht werden, sind die Beziehungen zwischen den Parteien stark von kalkulativen Überlegungen geprägt." (S. 219)

Williamson (S. 220) glaubt, daß häufige explitzite Vertragsabschlüsse aufgrund der beschränkten Rationalität nur unvollständig bleiben können, und dadurch vor allem folgendes Problem entsteht:

> "... es ist unrealistisch zu erwarten, daß die autonomen Parteien sich an unvorhergesehene und daher ungeplante geänderte Umstände in einer Art anpassen, welche die gemeinsamen Gesamtgewinne maximieren [*joint profit maximizing*], ohne daß sie zuerst versuchen, ihre eigenen Ansprüche auf Profitströme zu befriedigen, und zwar durch intensives, Eigennutz-orientiertes Verhandeln." (S. 220)

Diese Problematik ähnelt der des Gefangenendilemmas. Es ist schwer vorstellbar, daß die Beteiligten ohne eine Koordinationsmöglichkeit aus ihrer zwar individuell rationalen, aber suboptimalen Situation heraustreten können, um eine kollektiv optimale wie auch individuell bessere Lösung zu erreichen.[1]

Es ist wichtig, daß die Organisationsform eine ausgewogene Mischung aus individuellen und auch kollektiven Anreizen bietet. Wenn nur der individuelle Gewinn betont wird, kann es zu mangelnder Kooperation und überflüssigen oder zu langwierigen Verhandlungen unter den Beteiligten kommen (*haggling*).

In diesem Zusammenhang schreibt Williamson (1985, S. 249):

> "Wenn eine Zahl von Personen in einem Entscheidungsprozeß beteiligt ist und diese Individuen das gleiche operationale Ziel haben, so werden Meinungsunterschiede hauptsächlich durch analytische Prozesse gelöst werden ... Werden die Ziele jedoch nicht geteilt, ... dann wird die Entscheidung hauptsächlich durch einen Verhandlugsprozeß erreicht werden."

Der Grad der Hierarchie wird anhand zweier Kriterien gemessen: Wie hierarchisch gestalten sich die Vertragsverhandlungen und wie hierarchisch wird bei der Entscheidungsfindung vorgegangen? Die Hierarchie ist wenig überraschend bei der hierarchischen Organisationsform am ausgeprägtesten, aber auch andere Organisationsformen weisen in gewissem Grade hierarchische Merkmale auf:

Stufen von stark nach schwach	Grad der hierarchischen Organisation der Verhandlungen unter den Beteiligten	Ausgeprägtheit eines Anweisungsrechts bzw. einer zentralen Entscheidungsfällung
1	hierarchische Organisation, Inside Contracting	hierarchische Organisation
2	Putting-Out	Peer Group
3	Peer Group, Federated Mode, Communal	Putting-Out, Inside Contracting
4		Federated Mode, Communal

Abbildung 4: Einteilung nach Verhandlungsintensität und Stärke von Anweisungsrechten (aus Williamson 1985, S. 221)

[1] Dieses Problem wird im Rahmen der Kritik aufgegriffen werden (vgl. II.2.1.4.1).

2.7.4 Bestimmung der Effizienz der Organisationsmodi

Die Effizienz jeder Organisationsform wird von Williamson nach den folgenden 11 Kriterien beurteilt.

- Logistik und Warenfluß:
  - Transportkosten
  - (Zwischen-)Lagerkosten
  - Transparenz und Überprüfbarkeit der Warenaustausch-Schnittstellen z.B. bezüglich der Produktqualität
- Aufgabenzuteilung und Koordination:
  - Die Arbeitsstationen werden nach den relativen Fähigkeiten der Arbeitnehmer zugeteilt
  - Es herrscht klare Führung
  - Die Einfachheit mit der stationsübergreifende Initiativen und Koordinationstätigkeiten ergriffen werden können
- Anreizeigenschaften:
  - Die "Arbeitsintensität" der Organisationsform
  - Abnützung der Maschinen
  - Möglichkeit, auf lokale Ausfälle oder Probleme an einer Arbeitsstation zu reagieren (z.B. Maschinenausfall oder Krankheit eines Arbeiters)
  - Förderung von Innovationen der lokalen Arbeitsstationen
  - Reaktionsfähigkeit des Gesamtsystems

Nach der Bewertung der sechs Organisationsformen nach den 11 Kriterien, wobei jedes Kriterium gleich gewichtet und mit nur zwei Ausprägungen (0/1) beurteilt wird, kommt Williamson zu folgendem Punkteranking:[1]

Modus	Summe der Punkte
Hierarchie	9
Peer Group	8
Inside Contracting	6
Putting-Out	5
Federated	5
Communal - emh	4

Abbildung 5: Effizienzbewertung verschiedener Arbeitsorganisationen (aus Williamson 1985, S. 229)

[1] Die folgende Tabelle zeigt nur das Ergebnis dieser Punktebewertung. Die grobe Gewichtung und die relativ willkürliche Kriterienwahl sind natürlich kritisiert worden (z.B. von Jones 1982).

Williamson kommt zu dem (wenig?) überraschenden Ergebnis, daß die Hierarchie die effizienteste Organisationsform ist, während gerade der von Marglin (1974) genannte Organisationsmodus sich als am ineffizientesten erweist. Daß sich hierarchische Organisationen in kapitalistischen Wirtschaftssystemen so stark ausgebreitet haben, führt Williamson daher auf ihre Effizienz zurück und nicht darauf, daß eine herrschende Klasse die Hierarchie zur Verwirklichung ihrer Interessen einsetzt. Das Problem mit Machterklärungen liege hingegen darin, daß "Macht ein Konzept ist, daß so ungenügend definiert ist, daß es verwendet werden kann, um nahezu alles zu erklären" (S. 238).[1]

Williamson räumt jedoch ein, daß eine stark hierarchisch ausgeprägte Unternehmenskultur zur Verringerung der Arbeitszufriedenheit führen kann, weil sie die Selbstbestimmung einschränkt und die Arbeit möglicherweise weniger anspruchsvoll und abwechslungsreich ausfallen kann.

> "Man kann die Literatur der Radical Economists und der Arbeitssoziologen nicht lesen, ohne den Eindruck zu bekommen, daß Arbeit manchmal unterdrückend organisiert ist und daß Bemühungen zur Abhilfe dieses Zustandes gerechtfertigt sind." (S. 268)

Verbesserungen der Arbeitszufriedenheit hält Williamson daher für sinnvoll. Es ist unbestritten und allgemein anerkannt, daß zwischen Autonomie und Arbeitszufriedenheit ein eindeutiger Zusammenhang besteht. Williamson verweist allerdings auf eine Studie, die anscheinend keinen Zusammenhang zwischen Produktivität und Arbeitszufriedenheit finden konnte (Scott R. 1981). Williamson folgert summa summarum daraus, daß "optimale Arbeitsgestaltung [nur sehr selten] die Elimination der Hierarchie beinhaltet" (S. 270). Wenn schon Arbeitszufriedenheit anscheinend nicht oder nur teilweise aus Produktivitätsüberlegungen gerechtfertigt werden könne, so sollte laut Williamson bei der Gestaltung von Organisationen zumindest die menschliche Würde (*dignitary values*) berücksichtigt werden.[2] Auf die Überlegungen Williamsons zur menschlichen Würde wird im Abschnitt 2.8 genauer eingegangen.

2.7.5 Die Spezifizitäts/Meßbarkeits - Matrix

Bezüglich der Anwendung des Transaktionskostenansatzes auf die Arbeitsorganisation unternimmt Williamson den Versuch, eine konzeptionelle Grundidee der TKT, nämlich die Auswahl von Governance-Strukturen entsprechend der Eigenschaften der durchzuführenden Transaktionen, dem Kontext der Arbeitsorganisation besser anzupassen und etwas zu verfeinern. Die Überlegungen werden teilweise als vorläufig ("*provisional*") bezeichnet. Sie verdeutlichen aber

---

[1] Manche Kritiker (z.B. Fisher 1977) behaupten ähnliches vom Konzept der Transaktionskosten.

[2] "... manche Erträge der Mitarbeiterbeteiligung können im sozialen [Wohlfahrts-]Kalkül auftreten, auch wenn das private [Gewinn-]Kalkül [des Unternehmers] diese nicht rechtfertigen würde" (S. 270)

die Denk- und Vorgehensweise von Williamson und sind daher trotzdem von Interesse.

Zuerst soll daran erinnert werden, daß die drei typischerweise betrachteten Eigenschaften von Transaktionen ihre Frequenz, Spezifizität und Unsicherheit sind. Bezogen auf Arbeitsbeziehungen muß die Frequenz nicht weiter beachtet werden, da sie als konstant hoch angenommen werden kann. Die Spezifizität ist für die Wahl einer die Beziehung regelnden Governance-Struktur das wichtigste Kriterium. Spezifizität wird hier im engen Sinne als firmenspezifisches Wissen oder firmenspezifische Fähigkeit verstanden. Wissen, das sehr fachspezifisch ist, wie z.B. Kenntnisse über den Wertpapiermarkt, sind nicht notwendigerweise firmenspezifisch, so daß z.B. der Verlust eines Mitarbeiters mit fachspezifischen Kenntnissen nicht unbedingt einen Verlust von firmenspezifischem Know-how bedeutet. Firmenspezifisch wäre hingegen z.B. die Kenntnis eines unternehmenseignenen Datenbanksystems oder ähnliches.[1] Die Bedeutung des Faktors Unsicherheit ist mit der Spezifizität eng verknüpft. Besteht kein firmenspezifisches Wissen, so kann die Beziehung, wenn es geänderte Verhältnisse in einer dynamischen Umwelt notwendig machen, leicht aufgelöst werden. Im Gegensatz dazu muß die Vertragsgestaltung von Mitarbeitern mit spezifischem Wissen in einer unsicheren Umwelt ausreichend flexibel gestaltet werden, so daß das Management über genügend Möglichkeiten verfügt, die Vereinbarungen den geänderten Umständen anzupassen, so daß z.B. nicht eine Partei übermäßig von den Änderungen profitieren würde und damit eventuell der Bestand der Beziehung gefährdet wird.

Neben den bisher angesprochenen Dimensionen, von welchen letztlich nur die Firmenspezifizität des Wissens in die weiteren Überlegungen eingehen wird, beschäftigt sich Williamson mit einer weiteren zentralen Dimension, nämlich der Meßbarkeit des Arbeitseinsatzes. In der Besprechung von Alchian/Demsetz (1972) haben wir gesehen, daß spezifisches Wissen meist mit schwieriger Meßbarkeit einhergeht. Dies kann, muß aber nicht der Fall sein. In welchen Situationen eine Korrelation zwischen diesen beiden Dimensionen (firmenspezifisches Wissen und Meßbarkeit) besteht und in welchen nicht, kann am besten anhand einer von Williamson (S. 247) vorgestellten Matrix erläutert werden:

[1] Die Trennung dieser Wissensarten ist jedoch etwas hypothetisch. Mir erscheint es plausibel, daß im allgemeinen mit ausgeprägterem und ausgedehnterem fachspezifischen Wissen auch die Wahrscheinlichkeit ansteigt, daß Mitarbeiter firmenspezifisches Wissen besitzen.

	kein firmenspezifisches Wissen	hohes firmenspezifisches Wissen
einfache Meßbarkeit (technologische Trennbarkeit)	Spot-Markt	einfaches Team
schwierige Messbarkeit (technologische Nicht-Trennbarkeit)	primitives Team	relationales Team

Abbildung 6: Spezifizitäts/Meßbarkeits - Matrix (modifiziert nach Williamson 1985, S. 247)

Betrachten wir zuerst die (etwas idealisierten) Fälle, in denen die Korrelation nicht besteht, nämlich das einfache Team[1] und das primitive Team.

Im einfachen Team besitzt die Arbeitskraft zwar firmenspezifisches Wissen, wie z.B. Kenntnis interner Buchhaltungskonventionen oder interner Prozeduren, aber die Ergebnisse der Tätigkeit und die Arbeitsleistung können einfach bestimmt werden. Die Implikationen für die Gestaltung der Governance-Struktur sind, daß Arbeitnehmer und Arbeitgeber ein Interesse an der Stabilität und der Fortsetzung der Beziehung haben.[2] Dementsprechend werden die Arbeitsverträge so gestaltet werden, daß sie eine langfristigere Verbindung mit dem Unternehmen fördern.

Beim primitiven Team sind zwar die Fähigkeiten des Arbeiters unspezifisch, aber eine getrennte, individuelle Messung der Arbeitsleistungen gestaltet sich schwierig. Ein Beispiel dafür wurde von Alchian/Demsetz (1972) genannt:

> "Zwei Männer beladen einen LKW [oder einen Schiffskontainer] mit Gütern. Wenn nur das an einem Tag zugeladene Gesamtgewicht gemessen werden kann, ist es unmöglich, die Grenzproduktivitäten der Einzelpersonen zu bestimmen ... Der Output wird von einem Team geschaffen und ist nicht die Summe der trennbaren Outputs der einzelnen Mitglieder." (S. 799)

Ob Meßbarkeit möglich ist oder nicht hängt unter anderem ganz einfach davon ab, ob eine Messung oder Beobachtung technisch realisierbar ist. Das Kriterium der Meßbarkeit steht also in einer Beziehung zum Konzept der technologischen Trennbarkeit von Transaktionen.

---

[1] Williamson bezeichnet diese Form verwirrenderweise und ohne weitere Begründung als obligationalen Markt. Die Bezeichnung "einfaches Team" erscheint mir passender und wird deshalb hier verwendet.

[2] Das Interesse ist wechselseitig, weil auch der Mitarbeiter mit der Aneignung von firmenspezifischem Wissen eine spezifische Investition in das Unternehmen tätigt. Es kann vorkommen, daß andere Arbeitgeber das bei einem anderen Unternehmen erworbene spezifische Wissen nicht schätzen, wodurch für den Mitarbeiter ein Wechsel erschwert wird. Es handelt sich dann um wechselseitig spezifische Investitionen.

Im primitiven Team können aufgrund der niedrigen Spezifizität Mitarbeiter leicht ausgetauscht werden. In der entsprechenden Vertragsgestaltung sind besondere Schutzmaßnahmen oder Anreize zur Aufrechterhaltung der Beziehung daher nicht notwendig. Da die Messung der individuellen Leistung schwieriger ist, ist auch die Bestimmung der Entlohnung problematischer. Um ein Beispiel für Governance-Strukturen zu nennen, die bei solchen Teamformen entstehen können, zitiert Williamson (S. 246) Pencavel (1977, S. 251):

> "der italienische Padrone ... spielte die Rolle eines Mittelsmannes zwischen Arbeiter und Arbeitgeber, manchmal aber auch des Vorarbeiters und Gehaltszahlers ... ebenso der indische Jamadar ... der Arbeiter für Firmen in der Bauindustrie aussucht und sie überwacht."

Diese Aufgaben könnten meiner Meinung nach heute in abgeschwächter und veränderter Form von Zeitarbeitsagenturen übernommen werden. Es findet durch heutige Agenturen zwar keine direkte Überwachung der Arbeit statt, aber sie übernehmen die Rolle des Gehaltszahlers, bieten eine verstärkte Selektion der Arbeiter ex-ante und können nach Ablauf eines Vertrages eine ex-post Kontrolle durchführen, indem sie nur bestimmten Mitarbeitern wiederholte Verträge anbieten.

Die Fälle, in denen Meßbarkeit und Spezifizität miteinander korrelieren, sind der Spot-Markt und das relationale Team.

Bei unspezifischen und einfach messbaren Tätigkeiten stellen sich keine besonderen Anforderungen an die Governance-Strukturen. Arbeiter können auf dem Markt beliebig ausgetauscht und einfach nach ihrer Leistung entlohnt werden.

Die Situation mit der größten Komplexität ist die des relationalen Teams. Da die Meßbarkeit hier schwerfällt, ist es wichtig, daß die Mitarbeiter intrinsisch motiviert sind und auch ohne Kontrollen ihre Leistung erbringen. Bezüglich der Beziehungsgestaltung wird das Unternehmen eine hohe Jobsicherheit bieten, stabile Arbeitsbeziehungen fördern und darauf achten, daß sich die Mitarbeiter mit der Unternehmenskultur identifizieren können. Auch werden, da nur wenige Kontrollen notwendig sind, die hierarchischen Strukturen flacher ausfallen. Typischerweise werden sich relationale Teams bei Partnerschaften von Freiberuflern mit hohem Einsatz von Fachwissen (Kanzleien, Unternehmensberater) finden.

Die Matrix zeigt also zusammenfassend beispielhaft, wie mit den Transaktionseigenschaften Firmenspezifizität und Meßbarkeit vier verschiedene Governance-Strukturen in Verbindung gebracht werden können. Weiters wurde auch kurz das Verhältnis zwischen technologischer Trennbarkeit und Meßbarkeit angeschnitten.

2.8 Relativierungen der Sichtweise der TKT durch Williamson

2.8.1 Menschliche Würde und Vertrauen

Williamson gelangt zu der Vermutung, daß "Kapitalismus geneigt ist, [menschliche] Würde unterzubewerten und daß institutionelle Absicherungen manchmal vorangetrieben werden können, um diesen Zustand zu korrigieren" (S. 271). Er plädiert dafür, derartige Aspekte mitzuberücksichtigen, auch wenn sie über seinen Ansatz hinausgehen.

Seine Einsichten in dieser Richtung werden am folgenden Zitat deutlich:

> "Wie in ökonomischen Modellen im allgemeinen, sind die menschlichen Akteure, welche die TKÖ bevölkern, stark kalkulativ orientiert. Dies ist eindeutig keine attraktive oder sogar angemessene Sicht der menschlichen Natur. Ökonomie wird teilweise aus diesem Grund als eine 'trübe' Wissenschaft [*dismal science*] betrachtet. Aber das Bestehen auf Rationalität ist auch eine große Stärke der Ökonomie. ... Verglichen mit der Orthodoxie sind die menschlichen Akteure der TKÖ gleichzeitig mehr und weniger kalkulativ. Sie sind weniger kalkulativ, in ihrer Fähigkeit Informationen aufzunehmen, zu speichern, abzurufen und zu verarbeiten. Sie sind mehr kalkulativ, in ihrer Neigung opportunistisch zu handeln. Zusammengenommen scheint dies stärker mit der menschlichen Natur, so wie wir sie kennen, zu korrespondieren. Dennoch ist dies eine offensichtlich beschränkte Beschreibung. Sie läßt wenig Raum für Eigenschaften wie Freundlichkeit, Sympathie, Solidarität und ähnliches. In der Tat werden, wenn solche Faktoren berücksichtigt werden, eher ihre Kosten als ihr Nutzen betont. ... Menschliche Akteure, die die ökonomischen Institutionen des Kapitalismus bevölkern, fehlt es an Mitgefühl [*compassion*]." (S. 391)

Williamson (S. 408) weist auch auf den wesentlichen Punkt hin, daß Effizienz zugunsten anderer Werte bewußt geopfert werden kann. Die dabei entstehenden Kosten werden bewußt eingegangen. "Kosteneinsparungen [*economizing*] sind letztendlich ein Mittel, nicht ein Zweck" (S. 405).

Allerdings sollten unbewußt eingegangene Ineffizienzen vermieden und behoben werden.

Bezüglich Vertrauen bemerkt Williamson:

> "Berechnung [*calculativeness*] kann Vertrauen im Weg stehen ... Das wechselseitige Anbieten und empfangen von Credible Commitments im Sinne des Knoten C, ist mehr mit dem Vertrauenskonzept übereinstimmend. Es behält nichtsdestoweniger eine quasi-kalkulative Orientierung, stärker kalkulativ, als der Betriff 'Vertrauen' normalerweise in den Sinn bringt. Aufmerksamkeit für Verhaltens- oder Governance-Merkmale, die ein solches Verhandlungssystem [*bargaining framework*] ... transzendieren, könnte benötigt werden. Es scheint, daß Organisationstheoretiker für ein solches Unternehmen im Vorteil sind." (S. 406)

Williamson nennt selbst weiters drei Kritikpunkte der TKT:

- Grobheit: Die Modelle sind einfach und wenig ausdifferenziert, wenig operationalisiert und konkretisiert.
- Unvollständigkeit: Es handelt sich um Partial-, nicht um Totalmodelle, welche umfassende Interdependenzen berücksichtigen.
- Die Theorie über die Nachteile der Bürokratie erscheint Williamson noch wenig ausgereift zu sein.

2.8.2 Das Konzept der Transaktionsatmosphäre

In seiner frühen Formulierung der TKT faßt Williamson (1975, S. 37ff) soziale und kulturelle Einflußfaktoren auf die Gestaltung von Governance-Struktur und die Höhe von Transaktionskosten unter dem Begriff der Transaktionsatmosphäre zusammen. Dieses von Williamson allerdings nur am Rande erwähnte Konzept ist hier von besonderer Bedeutung, da es einige, vor allem von Soziologen und Organisationstheoretikern geäußerte, Kritikpunkte antizipiert und versucht, die Argumente der TKT etwas gegenüber einer derartigen Kritik zu relativieren. So schreibt Williamson folgendes:

> "Die Stärke der Ökonomie, im Bezug zu anderen Sozialwissenschaften, kann zu einem nicht geringen Teil auf ihre unaufhörliche Betonung der Netto-Gewinn [*net benefit*] Analysen zurückgeführt werden. Es muß jedoch Vorsicht gewaltet werden, denn ansonsten können Probleme zu eng konstruiert [bzw. formuliert] werden. Dies kann geschehen, wenn Netto-Gewinne mithilfe von Transaktionsbegriffen kalkuliert werden, während in Wirklichkeit Interaktionseffekte berücksichtigt werden müssen. ... Was ich hier betonen möchte ist, daß technologische Trennbarkeit nicht einstellungsmäßige Trennbarkeit bedeutet. Der Bezug zur Atmosphäre wird gemacht, um solche einstellungsmäßigen Interaktionen ... zu berücksichtigen." (S. 37)

Dies bedeutet, daß ein Arbeitsvorgang, der zwar technisch trennbar wäre und aus Effizienzgesichtspunkten z.B. ausgelagert werden sollte, dennoch nicht getrennt werden sollte, wenn die Einstellungen und Präferenzen der beteiligten Personen die ökonomische Profitabilität einer solchen Trennung verhindern würden.

Williamson kommentiert die von Arrow (1971) und Tittmuss (1971) besprochene Frage, ob die Schaffung eines Marktes für Blutspender einen negativen Einfluß auf das altruistische Motiv vieler Blutspender ausüben würde. Er bejaht diese Frage, weil die Schaffung des Marktes die Natur der Transaktion verändern würde und sie zu einer kommerziellen Transaktion machen würde. Der Preis würde die aktuelle Angebots- und Nachfragesituation widerspiegeln und den Wert einer eigentlich altruistischen Handlung je nach Marktlage monetär bewerten. Es wäre allerdings denkbar, daß der Spender freiwillig auf das Geld verzichtet. Ein solches "duales System", d.h. eines, wo Markt und Freiwilligkeit nebeneinander existieren, "läßt beim freiwilligen Spender die Frage aufkommen, ob er großzügig oder naiv ist" (S. 38). Hier wird ein für diese Arbeit zentraler

Punkt angesprochen. Es geht weniger darum, daß dem freiwilligen Spender ein Profit entgangen ist, sondern wie er seine Handlung, in diesem Falle gegenüber sich selbst, *legitimiert*.

Das Beispiel wird von Thévenot (1989 und 2000) aufgegriffen und ergänzt. Thévenot nimmt die Existenz zweier Legitimationsysteme an: das "bürgerlich-anständige Verhalten" und das des "Marktverhaltens". Die Handlung des Blutspenders kann aus der Sicht dieser beiden Legitimationssysteme sowohl vom Akteur, als auch von einem Außenstehenden gedeutet werden. Im Regelfall stimmen die Sichtweisen des Akteurs und des Beobachters überein. Die Handlung wird damit als stimmig, legitim und korrekt wahrgenommen. Stimmen die Legitimationssysteme nicht überein, kommt es zur einer abwertenden Interpretation der Handlung, als einer leicht "pathologischen", von der Norm abweichenden Handlung.

		Akteur handelt nach dem Legitimationssystem der/des ...	
		bürgerlichen Pflicht	Marktverhaltens
Beobachter interpretiert nach dem Legitimations system der/des ...	bürgerlichen Pflicht	mitfühlend, altruistisch	geizig, gewinnsüchtig
	Marktverhaltens	naiv	realistisch, pragmatisch

Abbildung 7: Handlung und Interpretation nach verschiedenen Legitimationssystemen (modifiziert aus Thévenot 2000, S. 6)

> "Das ökonomische Standardmodell übergeht solche Betrachtungen, weil es annimmt, daß Individuen Transaktionen in einer strikt neutralen und instrumentellen Sicht sehen. Es wäre jedoch angemessener, und manchmal sogar essentiell, den Austauschprozeß selbst als einen wertvollen Gegenstand zu betrachten." (Williamson 1975, S. 38)[1]

Die Transaktionsatmosphären verschiedener Governance-Strukturen können sich wesentlich unterscheiden. So fördert der Markt klare Anreize und Sanktionen, während die interne Organisation auch *'forgiveness'* beinhaltet und stellenweise die menschliche Würde (*dignity*) berücksichtigt. In der internen Organisation spielt, so Williamson, auch die Reziprozität eine größere Rolle. Mitarbeiter müssen gegenseitige Verpflichtungen nicht ständig sofort erfüllen, sondern können die Erfüllung aufschieben oder Verpflichtungen informell aufrechnen. Bezüglich der Wahl von Organisationsformen kommt Williamson (S. 38-39, mH) zu folgendem Schluß:

---

[1] vgl. über den Wert der Interaktion im Austauschprozeß selbst: Friedberg 2000

> "Die Erkenntnis, daß alternative ökonomische Organisationsmodi verschiedene Austauschbeziehungen hervorrufen, und daß diese Beziehungen selbst als wertvoll erachtet werden, erfordert, daß die organisationale Effektivität aus einem breiteren Blickwinkel betrachtet wird, als das übliche Effizienz-Kalkül erfordern würde. Daher können Organisationsmodi oder Praktiken, welche bessere Produktivitätseigenschaften haben, und daher von einer Gruppe erklärter monetärer Gewinnmaximierer übernommen und umgesetzt werden würden, von einer Gruppe *mit anderen Werten*, modifiziert oder zurückgewiesen werden."

Trotz aller Relativierungen und Verweise auf Konzepte wie *forgiveness, dignity* und Transaktionkostenatmosphäre ist Williamson meines Erachtens grundlegend von der Stärke der Schattenseiten der menschlichen Natur überzeugt, was an einer sehr schönen Stelle aus Hobbes Leviathan, welche Williamson (1985, S. 165) zitiert, deutlich wird:

> "The force of words, being, as I have formerly noted, too weak to hold men to the performance of their covenants; there are in man's nature, but two imaginable helps to strengthen it. And those are either fear of the consequences of breaking their word; or a glory, or pride in appearing not to break it. The latter is a generosity too rarely found to be presumed on, especially in the pursuers of wealth, command, or sensual pleasure; which are the greatest part of mankind ... So that before the time of civil society ... there is nothing can strengthen a covenant of peace agreed on, against the temptations of avarice, ambition, lust, or other strong desire, but the fear that invisible power, which they every one worship as God; and fear as a revenger of their perfidy." (Hobbes, 1928 S. 92-3)

3. Einteilungen institutionenökonomischer Theorien

Neben der Transaktionskostentheorie haben wir im Laufe der ersten Kapitel bereits eine Reihe anderer verwandter oder ihr nahestehender Theorien aus der NIÖ gestreift, so daß sich ein kurzer Überblick über die Theorievielfalt als nützlich erweist, z.B. um die Beziehungen unter den Ansätzen und ihre Grenzen und Anwendungsbereiche besser beurteilen zu können. Es existiert eine Vielzahl von Klassifikationsvorschlägen, aber wir werden uns hier im wesentlichen auf drei Einteilungen beschränken, nämlich diejenigen von Williamson (1985, S. 23ff), Windsperger (1999) und Favereau (1989, S. 276ff). Eine vierte Einteilung von Ebers/Gotsch (1999, S. 199ff) wird noch kurz angesprochen, sie unterscheidet sich aber nicht wesentlich von der Williamsons.

3.1 Einteilung nach Williamson ("Monopol - Effizienz Baum")

Als erstes möchte ich auf die Klassifikation von Williamson (1985, S. 23) eingehen. Die Einteilung betont selbstverständlich die Position der TKT in Relation zu bisherigen verwandten Ansätzen. Sie ist in untenstehender Abbildung dargestellt:

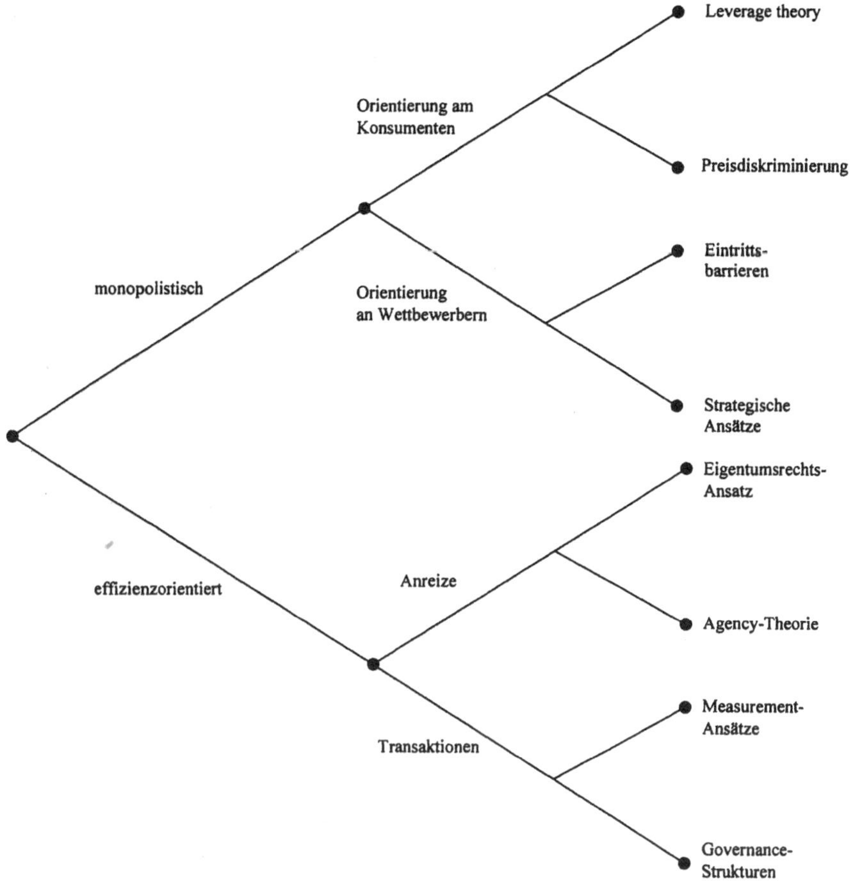

Abbildung 8: Monopol - Effizienz Baum (aus Williamson 1985, S. 24)

Zuerst unterscheidet Williamson zwischen monopolistischen und effizienzorientieren Erklärungen von Organisationsformen, die vom idealen Marktmodell abweichen.

Der monopolistische Zweig enthält die *'leverage theory'*, die behauptet, daß ein dominanter Akteur seine Macht weiter ausdehnen kann, indem er "abweichende" Vertragspraktiken (*non standard contracting practices*) einsetzt. Zu diesen Praktiken zählen z.B. Koppelgeschäfte oder der Verkauf vorbestimmter Produktsets. Der Ansatz der Preisdiskriminierung (z.B. Levi 1956) weist darauf hin, daß der Anbieter durch Einsatz verschiedener Methoden unter bestimmten Bedingungen die maximale Zahlungsbereitschaft der Kunden herausfinden und sich mithilfe eines dem jeweiligen Kundensegments angepassten Preises Teile der Konsumentenrente aneignen kann. Weiters wird die industrieökonomische Theorie der Eintrittsbarrieren von Bain (1956) zu den monopolistischen Ansätzen gezählt. Die darauf aufbauenden Weiterentwicklungen, die ihr Augenmerk auf das strategische Verhalten von Firmen legen, gehen bereits weit über die vereinfachenden Annahmen früherer monopolistischer Ansätze hinaus. Sie betrachten die Firma nicht mehr als einfache Produktionsfunktion und berücksichtigen z.B. Informationsasymmetrien, Reputation, intertemporale Effekte und strategisches Verhalten. Die Grenze zu den effizienzorientierten Ansätzen wird hier zusehends verschwommen.

Die effizienzorientierten Ansätze unterteilt Williamson in solche, bei denen die Gestaltung von passenden Anreizen im Mittelpunkt steht (Eigentumsrechts- und Agency-Theorie) und solche, bei denen Transaktionen besondere Aufmerksamkeit genießen (Governance und Measurement-Ansätze). Erstere Gruppe von Ansätzen legt ihren Schwerpunkt auf die ex-ante Vertragsgestaltung. Beispielsweise zählt zur Literatur des Ansatzes der Eigentumsrechte (*property rights*) Coase (1960), Alchian (1965), Demsetz (1967, 1969). Der Eigentumsrechts-Ansatz geht von der Idee aus, daß durch eine bessere Eigentumsverteilung auch die Ressourcennutzung verbessert werden kann, und somit z.B. externe Effekte vermieden werden können. Die Entstehung komplexer Verträge (oder Vertragsnetze, bzw. Institutionen) wird dadurch erklärt, daß sie zu besseren Eigentumsverteilungen und Anreizeigenschaften führen.

Die Agency-Theorie, zu welcher Williamson u.a. Hurwicz (1972, 1973), Rose (1973), Jensen/Meckling (1976) zählt, erklärt komplexe Verträge dadurch, daß sich der Akteur oder Prinzipal gegen möglichen Mißbrauch seitens des Partners (Agenten) schützen muß. Dabei wurde jedoch insbesondere in der früheren Entwicklung dieser Richtung die Rationalität der beteiligten Personen überschätzt oder als vollständig angenommen. So wäre der Prinzipal bereits ex-ante in der Lage, zukünftige Komplikationen und Schwierigkeiten zu erkennen und diesen durch ex-ante Vertragsklauseln zu begegnen.

Zu den Measurement-Ansätzen, welche die Kontroll- und Überwachungskosten betonen, gehören z.B. Alchian/Demsetz (1972) und Ouchi (1980). Die grundlegende Idee dieser Ansätze liegt darin, daß bei nicht-trennbaren Arbeiten (Teamarbeit), die Leistungsbeiträge einzelner Mitarbeiter schwer gemessen werden können. Es entsteht ein Trittbrettfahrer-Problem, das Ineffizienzen verursacht. Der Einfluß eines Unternehmers bzw. Koordinators kann die Gesamerhöhten Gewinn für sich beanspruchen (der Unternehmer ist *residual claimant*).[1]

Der TKA legt besonderen Wert auf die Rolle der Governance-Struktur, welche dazu beitragen sollen, ex-post Vertragsprobleme und Opportunismus zu vermeiden. Williamson greift dabei weniger auf das Rechtssystem zurück, sondern betont die Rolle von *private ordering* (privater Konfliktschlichtung/Beziehungsgestaltung). "Die TKÖ behauptet", so Williamson (1985, S. 29), "daß es unmöglich ist, die gesamten Verhandlungsaktivitäten auf das ex-ante Stadium zu konzentrieren. Stattdessen sind Verhandlungen *stets präsent*... Die Verhaltensannahmen der menschlichen Akteure, bei welchen beschränkte Rationalität und Opportunismus verbunden werden, sowie die komplexen Eigenschaften von Transaktionen ... sind für diesen Zustand verantwortlich".

3.2 Einteilung nach Ebers/Gotsch (1999)

Ebers/Gotsch (1999, S. 199ff) teilen die institutionenökonomischen Theorien in drei Teilbereiche auf: die Verfügungsrechtstheorie (Eigentumsrechte), die Agenturtheorie (Agency-Theorie) und die Transaktionskostentheorie. Die Einteilung stimmt ansonsten im wesentlichen mit der Williamsons überein. Die Autoren zählen aber abweichend zu Williamson (1985, S. 23) Alchian/Demsetz (1972) zum Verfügungsrechts-Ansatz. Dies ist meiner Ansicht nach ebenso möglich, da in diesem Artikel auch Problemstellungen aus der Property-Rights Theorie behandelt werden.[2]

3.3 Einteilung nach Windsperger (1999)

3.3.1 Theorieeinteilung

Eine ausführliche und meines Erachtens originelle Einteilung bietet Windsperger (1999) an. Er unterscheidet vier grundlegende Theorieströmungen, nämlich die mikroökonomischen Unternehmenstheorien, neoinstitutionalistische Ansätze, evolutionäre Ansätze und strategische Ansätze. Der mikroökonomische

---

[1] Das Franchising-Beispiel, welches in Abschnitt I.2.5.2 vorgestellt wurde, kann auch als Measurement-Problem gedeutet werden. Die Nicht-Trennbarkeit liegt hier darin, daß die Leistungen der einzelnen Franchisenehmer für die mobilen Kunden aufgrund des gemeinsamen Markennamens nicht mehr separierbar sind. Dieses Beispiel zeigt auch, daß Williamson die Erklärungskraft des Measurement zugunsten seines Governance-Ansatzes in den Hintergrund zu drängen scheint. Andererseits räumt Williamson (1985, S. 244) ein, daß Measurement besonders bei der Arbeitgeber-Arbeitnehmer-Beziehung eine wichtige Rolle spielt.

[2] Alchian/Demsetz (1972) stellen z.B. Überlegungen an, wie die Eigentumsverteilung der Ressourcen einer Firma verändert werden kann, um die Ressourcennutzung bzw. Abnützung zu verbessern (siehe Abschnitt I.1.3).

Ansatz unterscheidet sich von den anderen dadurch, daß er von der Annahme substantieller Rationalität ausgeht.

- •Mikroökonomische Unternehmenstheorien:
  - •Unternehmenstheorie von Gutenberg
  - •Managertheorie der Unternehmung
  - •Teamtheorie
  - •Agencytheorie
- •Neoinstitutionalistischer Ansatz:
  - •Transaktionskostenansatz
  - •Property Rights-Ansatz
- •Evolutionärer Ansatz
- •Strategischer Ansatz:
  - •Wettbewerbsansatz
  - •Ressourcenorientierter Ansatz, Organisational Capabilities Ansatz

Abbildung 9: Klassifikation verschiedener Unternehmenstheorien nach Windsperger (1999)

Zur mikroökonomischen Theoriegruppe gehören die Gutenbergsche Unternehmenstheorie, die Manager- und die Teamtheorie sowie die Agency-Theorie. Gutenbergs Unternehmenstheorie erweitert die repräsentative Unternehmung der Mikroökonomie in den Bereichen der Produktions-, Absatz-, und Kostentheorie, sie bleibt aber nichtsdestotrotz im wesentlichen dem alten Theorierahmen verhaftet.

Vertreter der Managertheorie sind Baumol (1959), Marris (1964) und Williamson (1964). Die Grundthese besteht darin, daß die Interessen von Eigentümern und Managern divergieren.

Die Teamtheorie von Marschak und Radner (1972) geht von einem Team aus, dessen Mitglieder mit unterschiedlichen Informationen ausgestattet sind, aber ein gemeinsames Ziel verfolgen.

Die Agency-Theorie (Ross 1973, Jensen/Meckling 1973, Holmstrom 1979) geht von asymmetrischer Informationsausstattung der Beteiligten aus und behandelt das von der Managertheorie aufgeworfene Problem der Eigentümer - Manager Zieldivergenz. Es wird versucht, Kontroll- und Anreizsysteme zu schaffen, die hauptsächlich aus der Sicht des Eigentümers (Prinzipal) Probleme und Ineffizienzen vermeiden sollen.

Allen mikroökonomischen Theorien ist gemeinsam, daß sie auf der Annahme substantieller Rationalität beruhen.

Dies wäre bei neoinstitutionalistischen Ansätzen nicht mehr der Fall, da sie von beschränkter Rationalität ausgehen. Dieser Theoriezweig wird von Windsperger in den TKA und den Property-Rights-Ansatz aufgeteilt.

Der Ansatz Williamsons wird von Windsperger in die verhaltenswissenschaftliche Tradition von Barnard (1938), Simon (1947), March/Simon (1958) eingereiht.[1]

Als Vertreter des Property-Rights-Ansatzes wird Alchian/Demsetz (1972) genannt. Eine Weiterentwicklung dieses Ansatzes ist der Incomplete Contracting-Ansatz, wozu z.B. die Arbeiten von Grossman/Hart (1986) und Hart/Moore (1990) zählen.

Der evolutionäre Ansatz wurzelt nach der Meinung von Windsperger (S. 151) in der Schumpeterschen Innovationstheorie. Neben Alchian (1950) zählen Nelson/Winter (1982) zu den bedeutendsten Vertretern.

Eine der zentralen Ideen ist, daß individuelle Verhaltensroutinen von Firmen oder Organisationen insgesamt einem Selektionsprozeß unterworfen sind. Es werden diejenigen Firmen oder organisationalen Routinen überleben, die den Umweltanforderungen am besten entsprechen können.

Die strategische Theorie der Unternehmung bietet größeren Praxisbezug und versucht gleichzeitig, eine wissenschaftliche Erklärung für den individuellen Firmenerfolg aufzustellen. Innerhalb der strategischen Theorien werden der Wettbewerbsansatz von Porter (1980, 1985) und der ressourcenorientierte Ansatz (Penrose 1958 und z.B. Arbeiten von Rumelt, Wernerfeld, Barney) unterschieden. Porter baut auf das industrieökonomische Structure-Conduct-Performace-Schema auf, d.h. der Firmenerfolg wird hauptsächlich auf Branchen- und Wettbewerbscharakteristika zurückgeführt. In dieser Sichtweise ist es im wesentlichen die Industriestruktur (Konzentration, Eintrittsbarrieren, Preiselastizität der Nachfrage), die den Firmenerfolg bestimmen. Dieser Ansatz ist jedoch zuwenig auf die Erklärung des individuellen Firmenerfolges – auch innerhalb der gleichen Brache – bedacht.

Der ressourcenorientierte Ansatz schafft hier Abhilfe. Überdurchschnittliche Performance wird durch den Besitz schwer imitierbarer und substituierbarer Ressourcen erklärt, die für Wettbewerbsvorteile verantwortlich sind. Die aufgrund dieser Ressourcen gewonnenen Renten (Gewinne) werden von Windsperger als Ricardianische Renten bezeichnet.[2] Der ressourcenorientierte Ansatz wurde zum *Organisational Capabilities-Ansatz* weiterentwickelt. Die Neuerung besteht darin, daß erklärt wird, wie Ressourcen durch organisationales

---

[1] Diese Einteilung ist meiner Meinung nach diskussionswürdig. Vgl. z.B. die Ansicht von Favereau, S. 75 dieser Arbeit.

[2] Nach der Theorie der Spezialisierung und des internationalen Handels von Ricardo.

Lernen und Innovationen hervorgebracht werden können.[1] Die durch innovative Weiterentwicklung der Ressourcen erzielbaren Renten, bezeichnet Windsperger als Schumpetersche Renten. Eine mögliche Kombination des Wettbewerbsansatzes (Porter) und des ressourcenorientierten Ansatzes könnte nach Windsperger wie folgt aussehen:

> "Eine strategische Theorie der Unternehmung zeigt die industriespezifischen Bedingungen ... und die firmenspezifischen Bedingungen ... auf, die die Wettbewerbsposition einer Unternehmung bestimmen (1,2). Wettbewerbsvorteile kommen in monopolistischen, Ricardianischen und Schumpeterschen Renten zum Ausdruck und bestimmen die Strategie der Unternehmung (3). Die Wettbewerbsstrategie zielt darauf ab, die Wettbewerbsposition der Unternehmung durch Aufbau von monopolistischen Marktstrukturen und firmenspezifischen Ressourcen und Fähigkeiten zu verbessern (4)." (S. 153)

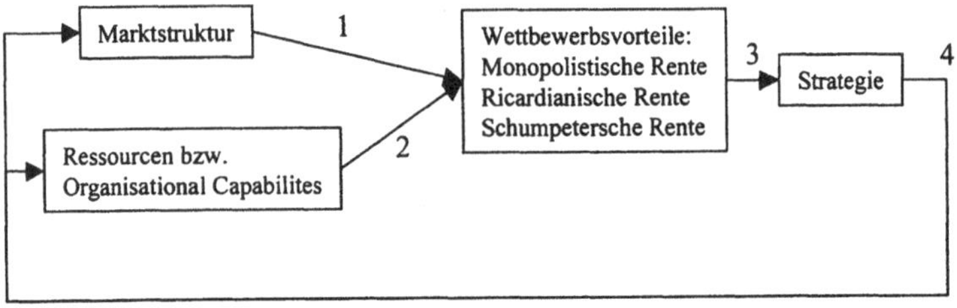

Abbildung 10: Elemente einer strategischen Theorie der Unternehmung (aus Windsperger 1999, S. 153)

3.3.2 Bestimmung der Beziehungen zwischen den Theorien

Nach der Einteilung der Theorien versucht Windsperger in einem zweiten Schritt, die Beziehungen zwischen diesen Theorien zu klären. Dazu macht er von der strukturalistischen Wissenschaftstheorie von Stegmüller (1973, 1979, 1986) und Balzer/Moulines/Sneed (1987) gebrauch. Einige Elemente dieser Theorie sollen hier ebenfalls kurz wiedergegeben werden, da sie ein nützliches Werkzeug zum Umgang mit der bisher beschriebenen Theorienvielfalt darstellen:

> "Nach der strukturalistischen Theorie besteht eine Theorie aus einem Kern (K) und einem intendierten Anwendungsbereich (I). ... Der intendierte Anwendungsbereich der Theorie (I) wird durch Angabe von paradigmantischen Beispielen bestimmt. Die Elemente von I sind als Realitätsausschnitte vorzustellen, die man 'durch die Brille der gegebenen Theorie betrachtet'. Ob eine Theorie einen empirischen Gehalt hat oder nicht, hängt davon ab, ob sich der intendierte Anwendungsbereich auf die reale oder eine ideale Wert bezieht. Hat eine Theorie

[1] Autoren sind z.B. Teece, Dosi, Eliasson, Grant, Pelikan

> keinen empirischen Anwendungsbereich, dann wird sie als reine Theorie bezeichnet." (S. 154)

Wissenschaftlicher Fortschritt kann auf zwei Arten entstehen: Erstens kann eine Theorie durch eine Ausdehnung des Kerns oder des Anwendungsbereiches erweitert werden. Wird der Kern erweitert, beinhaltet die erweiterte Theorie die ursprüngliche Theorie als Spezialfall, sie ist daher allgemeiner. Die Beziehung zwischen der ursprünglichen und der erweiterten Theorie wird als Spezialisierungsbeziehung bezeichnet. Zweitens kann die Theorie durch eine weitere, welche andere Grundaussagen beinhaltet, sich jedoch auf den selben empirischen Anwendungsbereich bezieht, verdrängt werden. Es kommt dabei zu einem Paradigmenwechsel. Die neue Theorie sollte alle gültigen Aussagen der alten Theorie als Spezialfälle enthalten.

Stehen sich jedoch zwei unvereinbare (inkommensurable) Theorien gegenüber, so wird dies (meiner Meinung nach etwas eigenartigerweise) nicht als Fortschritt gewertet.

Von den frühen zu den neueren mikroökonomischen Unternehmenstheorien stellt Windsperger jeweils Kernerweiterungen fest. Neuere Theorien beinhalten ältere als Spezialfall (z.B. die Agency-Theorie und die Managertheorie). Zwischen den neoinstitutionalistischen, strategischen und evolutionären Ansätzen bestehen jedoch komplexere Beziehungen. Zuerst kann der Property-Rights-Ansatz als Spezialfall der TKT betrachtet werden, da sich ersterer nicht mit der Effizienz unterschiedlicher Organisationsformen befasst, die TKT jedoch auch die Eigentumsverteilung und Meßprobleme mit einbezieht. Der evolutionäre und der ressourcenorientierte Ansatz stehen in einer Spezialisierungsbeziehung. Zwischen dem ressourcenorientierten Ansatz und dem Wettbewerbsansatz besteht eine komplementäre Beziehung, wie bereits oben angedeutet worden ist. Beide gehen von der Bedeutung organisationaler Routinen und Ressourcen aus. Ebenso sieht Windsperger zwischen der TKT und dem ressourcenorientierten Ansatz eine komplementäre Beziehung:

> "Der Transaktionskostenansatz versucht die Frage zu beantworten, was das effiziente Koordinationsdesign zur Ausnützung eines bestehenden Gewinnpotentials bei gegebenen firmenspezifischen Ressourcen und Fähigkeiten ist, d.h. er versucht, die Koordinationsfunktion der Unternehmung zu erklären. Andererseits versucht der ressourcenorientierte bzw. Organisational Capabilities-Ansatz, die Innovationsfunktion der Unternehmung zu erklären, d.h. die Frage zu beantworten, wie durch Aufbau von firmenspezifischen Ressourcen und organisationalen Fähigkeiten Wettbewerbsvorteile realisiert werden können." (S. 158)

Die Theorien ergänzen sich also dadurch, daß sie verschiedene Aspekte einer Organisation erklären: die Koodinationsfunktion (interne Effizienz) und die Innovationsfunktion.

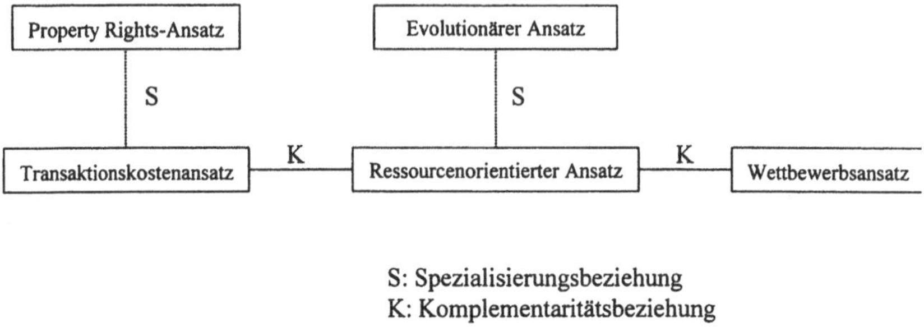

Abbildung 11: Beziehungen zwischen verschiedenen neoinstitutionalistischen Ansätzen (aus Windsperger 1999, S. 158)

Ein wesentlicher Unterschied der Klassifikation Windspergers im Vergleich zu der Williamsons liegt darin, daß die mikroökonomischen Theorien nach dem einheitlichen Kriterium der substantiellen Rationalität abgegrenzt werden. Dies macht sich bei der Einteilung besonders dadurch auffällig, daß der Agency-Ansatz nicht zu den neoinstitutionalistischen, sondern zu den mikroökonomischen Theorien gezählt wird.

Der mir plausibel erscheinenden Identifikation der Beziehungen unter den Theorien von Windsperger kann ich mich hier anschließen.[1] Dies hat auch für die Darstellung der Kritik der TKT Konsequenzen. Wir werden auf Kritiken, die die TKT der Unvollständigkeit bezichtigen, weil sie Themen wie z.B. die Bildung und den Erhalt von Kernkompetenzen, sowie organisationales Lernen vernachlässige, nicht genauer eingehen, weil sie weder den theoretischen Kern noch den intendierten Anwendungsbereich der TKT betreffen. Nichtsdestotrotz sind letztere Themen zweifellos essentiell und unabdingbar, um zu einer umfassenden Theorie der Firma zu gelangen. Einige Arbeiten, die sich mit dieser Problematik beschäftigen sind z.B. Conner/Prahalad (1996), Kogut/Zander (1996), Beije (1996), Dietrich (1994, 1996) und insbesondere Foss (1996, 1997, 1999ab).

3.4 Einteilung nach Favereau (1989)

Als letzte Klassifikation möchte ich diejenige von Favereau (1989) vorstellen, die vor allem mit dem Hintergedanken erstellt wurde, die französische Ökonomie der Konventionen[2] theoretisch zu lokalisieren. Ausgangspunkt ist die neoklassische Ökonomie, welche hier als 'Standardtheorie' bezeichnet wird. Arrow (1974, S. 1-3) zufolge sind die wesentlichen Grundbausteine der Neo-

---

[1] Dies gilt jedoch weniger für die Klassifikation der TKT als einer Theorie, die der Annahme der beschränkten Rationalität entspreche (vgl. II.2.1).

[2] vgl. Revue économique (1989), "L'Economie des conventions", 40 (2)

klassik die unbeschränkte Rationalität der Agenten und die Koordination der wirtschaftlichen Handlungen durch den Preis. Die allgemeine Gleichgewichtstheorie stellt das Musterbeispiel einer solchen Theorie dar. Es wird von ihr zwar nicht geleugnet, daß Unternehmen existieren, allerdings wird ihre interne Organisation ignoriert, bzw. ist nicht relevant dafür, wie der externe Markt funktioniert. Entsprechend der Betonung der vollständigen Rationalität und der Funktionsweise des externen Marktes wird die 'Neoklassik' in folgender Matrix links unten eingeteilt:

	substantielle Rationalität	prozedurale Rationalität
Fokus liegt auf dem internen Markt (Unternehmen)	'erweiterte Standardtheorie'	'Nicht-Standard-Theorie', Ökonomie der Konventionen
... auf dem externen Markt	'Standardtheorie', Neoklassik	'experimentelle Standardtheorie'

Abbildung 12: Externer/interner Markt - substantielle/prozedurale Rationalität (aus Favereau 1989, S. 281)

Theorien, die die Bedeutung der internen Organisation anerkennen und sich für die Funktionsweise der internen Organisation interessieren, werden in der Zeile "interner Markt" eingeordnet.

Die Dimension substantielle - prozedurale Rationalität entspricht der von Simon (1957, 1976) getroffenen Unterscheidung. Bei der prozeduralen Rationalität ist das Ergebnis des Entscheidungsvorgangs nicht unabhängig von der zur Entscheidungsfindung eingesetzten Methode. Das Ergebnis hängt weiters von den Fähigkeiten des Entscheidungsträgers zur Informationsaufnahme und Verarbeitung ab.

Die 'erweiterte Standardtheorie' behält die Annahme der substantiellen Rationalität bei und versucht gleichzeitig, Probleme interner Organisation zu behandeln. Zu dieser Theoriegruppe zählt Favereau (S. 280) Anreizmodelle wie von Laffont-Machin (1982), den Agency-Ansatz (Arrow 1985), die Kontrakttheorie (Hart/Holmstrom 1987), die New Information Economics (Stiglitz 1985, 1987) sowie Anwendungen der Spieltheorie auf Institutionen (Schotter 1981). Die von Windsperger genannten mikroökonomischen Unternehmenstheorien decken sich zum Großteil mit dieser Gruppe.

Die TKT Williamsons (1985) berücksichtigt die interne Organisation, nimmt aber bezüglich des Kriteriums der Rationalität laut Favereau nur eine Mittelposition ein und wird daher von ihm zwischen der 'erweiterten Standardtheorie' und der 'Nicht-Standard-Theorie' eingeordnet.

Zur 'Nicht-Standard-Theorie' zählt Favereau Arbeiten von Simon, sowie Simon/March (1985), Doeringer/Piore, Leibenstein sowie die Ökonomie der Konventionen.

Die 'experimentellen Standardtheorien' versuchen mit prozeduraler Rationalität, die Funktionsweise externer Märkte zu verstehen. Zu ihnen zählen Nelson/Winter (1985), Day (1981, 1983), Binmore (1987).

Favereau vermutet, daß bei der 'Standardtheorie' und der 'Nicht-Standard-Theorie' eine gewisse Korrespondenz zwischen Gegenstandsbereich (externer oder interner Markt) und der zum Verständnis des Gegenstandes einzusetzenden Rationalitätsannahme (substantielle oder prozedurale Rationalität) besteht. [1]

Er begründet dies wie folgt:

> "... die erweiterte Standardtheorie [z.B. Agency-Theorie] stellt ein Forschungsprogramm dar, daß manche gültige Aussagen liefert, jedoch im Vergleich zur Standardtheorie relativ inkohärent ist; letztere ist zwar kohärent, liefert aber keine [mit der realen Welt korrespondierenden und daher] gültigen Aussagen." (S. 274)

In der Neoklassik werden Regeln als Einschränkungen behandelt. In der erweiterten Standardtheorie werden einige der externen Bedingungen in Form von Verträgen endogenisiert. Verträge (und externe Bedingungen) bilden jedoch keine ausreichende Beschreibung der real vorhandenen und gültigen Regeln. Der Begriff der Konventionen soll Abhilfe schaffen, worauf hier jedoch nicht weiter eingegangen werden kann.[2]

---

[1] Favereau erkennt "*une sorte d'affinité structurelle*" (eine Art struktureller Affinität) (S. 282)

[2] Diese angedeutete konzeptionelle Lücke kann von der Ökonomie der Konventionen meines Erachtens nicht gefüllt werden. Es handelt sich bei dieser Strömung um eine Zusammenstellung der Arbeiten verschiedener in unterschiedlichem Maße heterodoxer Ökonomen, wobei ihre Forschungsinteressen und methodischen Vorlieben stark divergieren, so daß meiner Ansicht nach von einer einheitlichen "Schule" nicht gesprochen werden kann.

II. Kritik der Transaktionskostentheorie

Die Kritik an der TKT ist ein umfangreiches und weitläufiges Gebiet, welches nur wenig systematisiert worden ist. Wegen der großen Vielfalt an Kritikpunkten werden wir uns hier auf einige wenige, aber nichtsdestoweniger essentielle Themen konzentrieren. Nach einigen kurzen Bemerkungen zur Operationalisierung, zur Abgrenzung der Transaktionskosten von den Produktionskosten und zur Bestimmung der Höhe der spezifischen Investitionen (II.1), widmen wir uns der Kritik der Rationalitätsannahme (II.2.1) und der Opportunismusannahme (II.2.2). Erstere ist eng mit der Diskussion der Unsicherheit verbunden, letztere mit der Frage der Intensität des Eigennutzstrebens und des Egoismus der Akteure. Beide Annahmen sind Bestandteile des theoretischen Kernes der TKT, was eine genauere Auseinandersetzung mit diesen Annahmen rechtfertigt. Außerdem sind die beiden Annahmen wichtige Anknüpfungspunkte für die spätere Untersuchung der Beziehung der TKT mit dem soziologischen Neo-Institutionalismus. Daraufhin wird kurz analysiert, inwieweit Kritik auf die TKT übertragen werden kann, die am methodologischen Individualismus (II.3) und am Funktionalismus (II.4.1) getätigt worden ist.[1] Ein weiteres diskutiertes Thema ist, ob ein evolutionstheorethischer Rahmen mit der TKT vereinbar ist und wenn ja, welche Art von Selektionsprozessen darin wirksam sind (II.4). Abschließend werden kurz Machtaspekte (II.5) und die Rolle der institutionellen Umwelt (II.6) in der TKT angesprochen.

1. Operationalisierung, Bestimmung der Transaktionskosten und der spezifischen Investitionen

1.1 Kritik an der Operationalisierbarkeit

Obwohl anerkannt wird, daß eine wesentliche Innovation Williamsons im Vergleich zu Coase (1937) in einer verbesserten Operationalisierung besteht[2], bleibt auch diese Operationalisierung auf einem relativ abstrakten Niveau. In verschiedenen empirischen Studien, welche den TKA einsetzen, wurde die Operationalisierung allerdings weiter vorangetrieben[3], so daß Operationalisierungsfragen kein akutes Problem mehr zu sein scheinen.

Ebers/Gosch (1999, S. 243) wenden ein, daß die Beschreibung von idealisierten Organisationsformen wie Markt und Hierarchie wenig praxisbezogen erscheint, da diese Idealformen real nicht auftreten würden. Man könnte hier jedoch, wie Williamson es in einem anderen Zusammenhang tut (1985, S. 216), auf den

---

[1] Diese Frage wird später nochmals im Zusammenhang von Granovetter (1985) aufgegriffen werden.

[2] vgl. I.2.1

[3] vgl. z.B. Masten (1996) für einen ausführlichen Überblick

heuristischen Wert verweisen, den die Analyse idealisierter Formen bietet. Abgesehen davon wurden mittlerweile eine ganze Reihe verschiedener intermediärer Governance-Strukturen mit den Werkzeugen der Transaktionskostenanalyse bearbeitet. Dazu gehören z.B. Netzwerke, Joint-Ventures, strategische Allianzen, Franchise-Unternehmen, etc.

1.2 Kritik an der mangelnden Unterscheidung von Produktions- und Transaktionskosten

Als problematisch erweist sich auch die genaue Abtrennung von Produktions- und Transaktionskosten. Produktionskosten umfassen im alltäglichen Sprachgebrauch die zur Leistungserstellung anfallenden Kosten, wie eingesetzte Ressourcen (Maschienen- und Arbeitszeit, Rohmaterialien).

Unter Transaktionskosten werden Informationsbeschaffungs- und Auswertungskosten, Vertragserstellungs- und Verhandlungskosten verstanden. Weiter gehören dazu auch die Kosten für die Absicherung gegen opportunistisches Handeln bzw. die Kosten, welche als Folge opportunistischen Handelns entstehen können.

In der Alltagssprache oder bei anderen ökonomischen Fragestellungen werden Transaktionskosten in einem engeren Sinne als Transport- und Lagerkosten verstanden. Diese Art von Kosten sollen hier als logistische Transaktionskosten bezeichnet werden.

Windsperger (1998, S. 269) definiert Transaktionskosten in Anlehnung an Allen (1991) als Kosten, die "untrennbar mit unvollständiger Information über Umwelt, Transaktionsmerkmale und Verhalten verbunden" sind. Sie können daher "als Kosten des den Leistungsprozeß steuernden Informationsprozesses in der Anbahnungs- und Durchführungsphase der Transaktion bezeichnet werden. ... Ohne Informationsproblem, d.h. bei Sicherheit, treten keine Transaktionskosten, aber auf jeden Fall Produktionskosten auf" (S. 269-270). Dieser Transaktionskostenbegriff scheint die Transaktionskosten logistischer Art nicht zu beinhalten.

Es sollte beachtet werden, daß der im 'paradigmatischen Anwendungsbeispiel' (vgl. Abschnitt I.2.4) genannte Preis nicht den Produktionskosten entspricht, wenn die logistischen Transaktionskosten nicht zu den Produktionskosten gezählt werden. Wenn in diesem Beispiel angenommen wird, daß die spezifische Investition des Lieferanten geografischer Art ist (*site specificity*), dann verringert sich der Produktpreis im Vergleich zur allgemeinen Technologie durch die Einsparung der logistischen Transaktionskosten. Gleichzeitig erhöhen sich die Transaktionskosten, die aus potentiellem opportunistischen Verhalten entstehen können. Die Bedeutung von Transaktionskosten als Transport und Lagerkosten kann daher zu einiger Verwirrung führen. Eine genauere Klärung der Begriffsverwendung wäre wünschenswert. Die Verringerung der logistischen Transaktionskosten in diesem Beispiel, die mit der Erhöhung der

Transaktionskosten aus erhöhtem Opportunismus-Risiko einhergeht, welche wiederum durch die Einrichtung von Absicherungen (*safeguards*) verringert werden können, demonstriert die Vielzahl von Trade-offs, die bei einer tatsächlichen Entscheidung berücksichtigt werden müssen. Die Auswirkungen auf die Gesamteffizienz einer Entscheidungsalternative sind nicht immer offensichtlich.

Windsperger (1998, S. 269) weist weiters darauf hin, daß Produktionskosten und Transaktionskosten bei unvollständiger Information nicht unabhängig voneinander sind. Auch Williamson ist sich dessen bewußt (vgl. z.B. 1985, S. 34), es fehlt jedoch an einer genaueren Beschreibung, wie sich diese Interdependenzen gestalten.[1]

"Die Effizienz der Produktion ist", so Windsperger (1998, S. 270), "nicht von der Effizienz der Koordination unabhängig". Windsperger sieht den Zusammenhang darin, daß die Koordinations- bzw. Organisationsform die Informationsbasis für die Produktion bereitstellt.

> "Je vollständiger die Informationsbasis für die Produktionsplanung und -kontrolle ... ist, desto geringer sind die entgangenen Produktionskosteneinsparungen. Folglich gehen die vom Organisationsdesign abhängigen Produktionskosten in die [bei der Wahl der Organisationsform relevanten] Opportunitätskosten der Koordination ein. Diese Abhängigkeit besteht nur bei unvollständiger Information, bei vollständiger Information sind die Produktionskosten ausschließlich durch die Produktionstechnologie determiniert. Da bei unvollständiger Information der Leistungsprozeß und der den Leistungsprozeß steuernde Koordinationsprozeß ein nicht separierbarer Kombinationsprozeß sind, können daher die Produktionskosten nicht von den Transaktionskosten getrennt ermittelt werden." (S. 270)

Das Problem der Definition der Transaktionskosten ist ernstzunehmen, da "ohne eindeutige inhaltliche Abgrenzung ... der 'Kern' dieser Theorie unbestimmt" (S. 270) bleibt. Windsperger zieht bezüglich dieses Problems folgendes Fazit:

> "Transaktionskosten sind Aufwendungen und Opportunitätskosten der Koordination des Leistungsprozesses. Von den Produktionskosten können sie konzeptuell abgegrenzt, jedoch nicht empirisch getrennt ermittelt werden, weil der Leistungsprozeß und der diesen steuernde Koordinationsprozeß nicht separierbar sind (Chung 1998, 108)." (S. 270)

---

[1] "Das einfache Vertragsbildungs-Schema ... erleichtert die komparativ-institutionelle Analyse, indem hervorgehoben wird, daß Technologie [spezifische Ressourcen], Absicherungen und Preis vollständig interaktiv sind und simultan bestimmt werden" (Williamson 1985, S. 34)

1.3 Unklarheiten bei der Bestimmung der Höhe spezifischer Investitionen

Ebers/Gotsch (1999, S. 246) halten es für "unbefriedigend, das Niveau transaktionsspezifischer Investitionen ... einfach als gegeben anzunehmen, anstatt es zu erklären".

Das Problem kann anhand des paradigmatischen Anwendungsbeispiels erläutert werden: Es wurde bei der Vorstellung dieses Beispieles die Frage offengelassen, warum die Firma den Wunsch haben sollte, daß der Lieferant die spezielle Technologie einsetzt. Eventuell sind die mit der speziellen Technologie hergestellten Produkte günstiger, aber nicht notwendigerweise so sein muß. Ebenso wäre es denkbar, daß der Käufer individuell angepaßte Leistungen fordert. In diesem Fall kann der Preis bei Einsatz der speziellen Technologie höher sein, als bei der allgemeinen Technologie. Ein Beispiel für eine individuell angepaßte Leistung des Lieferanten wäre eine Anlieferung der Produkte nach dem Just-in-time Schema. Der Vorteil für den Abnehmer liegt unter anderem in einer Einsparung von Lagerkosten. Ein anderes Beispiel wäre ein Autohersteller, der von seinen Zulieferern individuell angepaßte Teile benötigt. Hier ist eine enge Koordination der Entwicklungsabteilungen des Abnehmers und des Lieferanten notwendig, wodurch auch spezifische Investitionen getätigt werden. Allerdings könnte dies in einer weiteren Perspektive auch als eine Art technischer Interdependenz betrachtet werden, was darauf hinweist, daß das Konzept technologischer Nicht-Trennbarkeiten in einer gewissen Beziehung zu der Höhe der spezifischen Investitionen stehen kann.

Betreffend der Strategie des Eingehens von spezifischen Investitionen wird im allgemeinen eine Firma, wie z.B. ein Zulieferunternehmen, bestrebt sein, ein Gleichgewicht zwischen dem Erfüllen individueller Kundenwünsche und der Befriedigung einer weiten Kundengruppe zu halten, um eine zu starke Abhängigkeit von einem besonderen Kundenkreis zu vermeiden.

2. Kritik an den Verhaltensannahmen

2.1 Rationalitätsannahme und Unsicherheit

2.1.1 Einleitung

"An economist by training thinks of himself as the guardian of rationality, the ascriber of rationality to others, and the prescriber of rationality to the social world." (Arrow 1974, S. 16 zit. nach Williamson 1996a, S. 12)

"Few textbooks contain a direct portrait of rational economic man ... He lurks in the assumptions leading an enlightened existence between input and output, stimulus and response. He is neither tall nor short, fat nor thin, married nor single. There is no telling whether he loves his dog, beats his wife or prefers pushpin to poetry. We do not know what he wants. But we do know that, whatever it is, he will maximize ruthlessly to get it." (Hollis/Nell 1975, S. 53-54 zit. nach Hodgson 1988, S. 73)

Die Debatte um die Adequatheit von Rationalitätskonzepten ist in den Sozialwissenschaften regelmäßig wiederkehrend und wird nicht nur im Rahmen der TKT geführt.

Im Bereich der Ökonomie vertritt die Neoklassik bekannterweise eine besonders strikte Rationalitätsvorstellung, die aber von heterodoxen Ökonomen angezweifelt wird. Letztere lassen sich teilweise dem alten Institutionalismus zuordnen, der grundlegende Kritik an der Neoklassik ausübte. Weiters ist die Rationalität im Zusammenhang mit der Theorie rationaler Erwartungen (Lucas, Fama) diskutiert worden, die stark vereinfacht davon ausgeht, daß sich Marktgleichgewichte deshalb einstellen, weil die Akteure von den anderen Akteuren annehmen, daß ihnen die Gesetze der Ökonomie allgemein bekannt sind[1] und diese rational befolgen, so daß über längere Perioden keine fundamentalen Abweichungen von den Gleichgewichtszuständen zu beobachten sein sollten.[2] In dieser Richtung wird teilweise von der Beobachtung von Irregularitäten und Ungleichgewichten auf die Existenz von Irrationalitäten der Akteure, institutionelle Unzulänglichkeiten oder Transaktionskosten geschlossen.

Eine theoretische Strömung, in der die Rationalitätsannahme im Mittelpunkt steht, ist die Rational Choice-Theorie. Vertreter der RC-Theorie, wie G. Becker oder J. Coleman, haben versucht, den neoklassischen Ansatz auf andere und insbesondere soziologische Gegenstandsbereiche zu übertragen, was teilweise als "ökonomischer Imperialismus" wahrgenommen worden ist. Es läßt sich nichtsdestoweniger zeigen, daß eine große Anzahl von Phänomenen, wie z.B. Eheschließungen oder Religionsausübung und Angehörigkeit, durch rationale Wahlentscheidungen der Akteure im Interesse individueller Nutzenmaximierung erklärbar sind. Diese Argumentationen müssen nicht zwangsläufig vollständig individualistisch und egoistisch ausgerichtet sein.

Die Kernannahmen bezüglich Rationalität in den RC-Ansätzen, der Theorie rationaler Erwartungen und auch der TKT werden unter anderem von Ökonomen in Frage gestellt, die dem alten Institutionalismus (Veblen, Commons) nahestehen. Sie vertreten eine prozessuale Vorstellung der Welt, in der sich kausale Wirkungen kumulieren und irreversibel sind. Es geht ihnen vor allem um die Einführung von Zeit, Geschichte und Historizität in die ökonomische Analyse. Weiters bestreiten sie die in vielen Modellen vorherrschende implizite

---

[1] Auch Williamson macht vergleichbare Überlegungen, wenn er das strategische Verhalten von Akteuren charakterisiert (vgl. Seite S. 33 dieser Arbeit).

[2] Der folgende Ausspruch, der auf Peter Albin zurückgeht, beschreibt die Eigenheit der Theorie rationaler Erwartungen recht treffend: *"The agents of the model have a model of the model"*

Ansicht, daß mit dem Fortschreiten der Zeit notwendigerweise Gleichgewichtszustände oder Effizienzmaxima erreicht werden würden.

Um die Bedeutung der Rationalitätsannahme von Williamson und deren Kritik besser beurteilen zu können, lohnt sich ein Blick auf einige der gennanten Debatten rund um das Rationalitätskonzept. Williamsons Rationalitätsannahme macht wie erwähnt Gebrauch (z.B. 1985, S. 45 oder 1975, S. 21ff) von Simons Konzept der beschränkten Rationalität. Dabei geht er allerdings selektiv vor, so daß das Verhältnis von Simons Rationalitätskonzept und dem Williamsons einer Erläuterung bedarf.

2.1.2 Übersicht

In einem ersten Schritt soll die allgemeine Kritik am neoklassischen Nutzenmaximierungsmodell vorgestellt werden, da diese – nach Ansicht einiger Kritiker – immer noch unwesentlich verändert in der TKT zu finden ist (2.1.3). Zuerst wird dazu nochmals das Maximierungsmodell kurz skizziert werden (2.1.3.1). Daraufhin soll die Kritik der alten Institutionalisten (insbesondere Hodgson 1988) an diesen Annahmen und dem damit verbundenen 'rationalen' Handlungskonzept vorgestellt werden (2.1.3.2). Einer Antwort von Vertretern der RC-Theorie soll danach kurz Raum gegeben werden (2.1.3.3).

Nach der allgemeinen Rationalitätsdiskussion wollen wir uns der speziellen Kritik des Williamsonschen Konzeptes widmen (2.1.4). Dazu wird die von ihm vertretene Position kurz wiederholt und auf gängige Kritik eingegangen (2.1.4.1). Bei der Kritik nach der alt-institutionalistischen Tradition wird auf Slater/Spencer (2000) und Pratten (1997) Bezug genommen (2.1.4.2). Dabei werden einige bereits von Hodgson erwähnte Gedanken wieder aufgegriffen. Wie sich herausstellen wird, ist ein zentraler Kritikpunkt die deterministische und geschlossene Sicht sozio-ökonomischer Vorgänge. Diese Kritik wird von Pratten mit Bezug auf Williamson vertieft. Seine Kritik der TKT fällt teilweise sehr schwerwiegend aus. Eine Verteidigung der TKT wird schließlich von Windsperger (1998) angeboten (2.1.4.3).

Auf die Kritik der Rationalitätsannahme aus sozial-konstruktivistischer Sicht wird hier nicht genauer eingegangen, da sie bei der Diskussion der TKT im Zusammenhang mit dem soziologischen Neo-Institutionalismus behandelt wird.[1]

2.1.3 Allgemeine Kritik neoklassischer Nutzenmaximierung

2.1.3.1 Das neoklassische Nutzenmaximierungsmodell

Das neoklassische Modell kennzeichnet sich durch die Annahme vollständiger Rationalität. Ziel der Akteure ist, unter Einhaltung von Nebenbedingungen ihren

[1] Mit Ausnahme von Hodgson (1988) unten, der die Rolle kognitiver Kategorien betont.

Nutzen zu maximieren. Die Bedingungen schränken die Zahl und Art der möglichen Aktionen ein. Beispiele für Einschränkungen sind z.B. Zeit, institutionelle Regeln, technologische Einschränkungen, beschränktes Einkommen, etc. Die Bewertung der verschiedenen Alternativen nach ihrem Nutzen ist in einer Präferenzstruktur vordefiniert. Die Auswahl der besten Handlungsoption erfolgt nach einem mathematischen Optimierungskalkül, z.B. nach der Methode der linearen Programmierung. Da diese Art der Entscheidungsfindung deterministisch und vorhersehbar ist, liegt die Komplexität des Verhaltens in der Präferenzstruktur und den Nebenbedingungen begründet. Die Präferenzstruktur muß jedoch auch einigen Rationalitätskriterien genügen. So hat sie z.B. transitiv, eindeutig und nicht-widersprüchlich zu sein. Ein zentraler im Maximierungsmodell enthaltener Mechanismus ist das Prinzip des Ausgleichs der Grenznutzen (2. Gossensche Gesetz). Es besagt kurz gefaßt, daß im Gleichgewicht die marginalen Nutzenzuwächse einer marginalen Ausweitung aller Handlungsalternativen (z.B. Konsum- oder Produktionsentscheidungen) gleich hoch sind.

Die empirische Bestimmung von Präferenzen gestaltet sich schwierig. Oftmals müssen Präferenzen mit Annahmen verbunden werden. Dabei besteht die Gefahr, daß die Annahmen vom Forscher so geformt werden, daß sich das gewünschte Handlungsresultat ergibt. Eine Theorie läßt sich dadurch immunisieren. Um dieses Problem zu vermeiden, schlugen Stiegler/Becker (1977) vor, daß Verhaltensänderungen nur durch Änderungen der Bedingungen, nicht aber durch Präferenzänderungen erklärt werden sollten. Am einfachsten ist es, die Präferenzen konstant zu halten, wenn sich diese, wie es z.B. bei den Modellen G. Becker häufig der Fall ist, auf allgemeine Nutzenkategorien, wie z.B. physische Gesundheit, soziale Anerkennung etc. beziehen. Wenn Präferenzänderungen aus dem genannten Grund ausgeklammert werden, stellt sich wiederum die Frage, wie tatsächliche Präferenzänderungen der Akteure erfaßt werden sollen. Mit diesem Problem haben sich Becker/Murphy (1988) befasst, wobei ihre Grundidee darin besteht, daß Präferenzänderungen durch bestimmte vergangene Verhaltensweisen oder Verhaltensresultate ausgelöst werden, was eventuell erlauben würde, Präferenzen zu individualisieren und zu historisieren.

RC-Modelle können auch bei der Annahme einer unsicheren Umwelt eingesetzt werden. Um die Wahl unter Unsicherheit abbilden zu können, müssen Präferenzstrukturen allerdings wesentlich komplexer werden. Dabei können auch die Anforderungen an die Quantifizierung von Nutzenwerten steigen (z.B. kardinale statt ordinale Nutzenwerte), was die praktische Anwendung und empirische Überprüfung der Theorie erschwert. Messung von kardinalen Präferenzen ist laut Voss/Abraham (2000, S.57), zwar theoretisch denkbar, gestaltet sich aber sehr aufwendig und in der Regel nur unter Laborbedingungen.

Eine sicherlich sehr vorteilhafte Eigenschaft von mathematischen Akteurmodellen ist, daß sich bei ihnen leichter eine konkrete Beziehung zwischen Mikro- und Makroebene aufstellen läßt.[1]

Auch die TKT besitzt Elemente, die mit der RC-Theorie assoziiert werden können. Das Spektrum der RC-Theorien hat heute allerdings ein beachtliches Ausmaß erreicht, so daß die Klassifizierung als 'RC-Theorie' eher wenig aussagt. Insbesondere einige neuere Arbeiten in der RC-Theorie haben sehr hohes Niveau erreicht, für welches einige der typischerweise aus dem soziologischen Lager kommende Kritiken nicht mehr gültig sind.[2]

2.1.3.2 Die Kritik der alten Institutionalisten

Hodgson (1988, S. 89ff) nennt gegen das rationale Handlungskonzept der Neoklassik drei Kritikpunkte: er wäre methodologisch inkohäerent, werde der radikalen Unsicherheit der Welt nicht gerecht und wäre psychologisch grob. Insbesondere die letzten zwei Kritikpunkte sind meines Erachtens wesentlich.

a) Inkohärenz

Die methodologische Inkonsistenz sieht Hodgson (S. 102) darin, daß Rationalitätsgrundsätze begründet werden müssen. Werden die Rationalitätsgrundsätze nicht rational begründet, ergibt sich eine Inkonsistenz, da ein nicht-rationales Element in das Verhalten und die erklärende Theorie eindringt. Wenn die Grundsätze rational begründet werden können, so stellt sich die Anforderung der rationalen Begründung auch an die Begründung der Begründung usw. Es folgt daraus, daß das Handeln einen willkürlichen Ausgangspunkt haben muß. Ein Ausweg aus diesem Dilemma ist, den Gültigkeitsbereich des Rationalhandlungs-Prinzips auf die Wahl der Mittel einzuschränken, und die Zwecke nicht weiter zu rationalisieren.[3]

b) Unsicherheit und Determinismus

Die Frage nach der Möglichkeit rationaler Handlungen ist eng mit der Frage nach der radikalen Unsicherheit oder der Determiniertheit der Welt verbunden. Dies gilt auch für die Abläufe im Geiste des Akteurs selbst. Wird – wie in der Neoklassik der Fall ist – eine vollständig deterministische Sicht angenommen, dann gibt es keine wirklichen Entscheidungen der Akteure mehr, da bei identischen Bedingungen und Präferenzstrukturen immer das gleiche Ergebnis resultieren würde.

---

[1] Hierbei kommt es wiederum darauf an, in welcher Art diese Beziehung konzipiert wird: als Einweg-Determination oder als Wechselbeziehung.

[2] vgl. z.B. Essers (1997) an die RC-Theorie Kritiker gerichtete Verteidigung mit dem treffenden Titel "Wie oft noch? Wie lange noch?"

[3] Im Prinzip ist dies in der Neoklassik meines Erachtens auch der Fall, weil die Präferenzen nicht weiter rational legitimiert werden.

> "Es macht für die neoklassische Theorie wenig Unterschied, ob der Entscheidungsträger ein Mensch, ein Computer oder eine Maschine ist." (S. 100)

Ist die Umwelt jedoch radikal unsicher und unberechenbar, so wäre auch ein noch so komplexes und leistungsfähiges deterministisches System nicht in der Lage, eindeutige und zielführende Handlungsanweisungen zu generieren. Deterministische Modelle können aus diesem Grund nicht den Anspruch erheben, der Komplexität einer unsicheren Welt gerecht zu werden.

c) Psychologische Grobheit bzw. Schlichtheit

Die psychologische Grobheit mache sich an folgenden Punkten bemerkbar: an vereinfachten Handlungsmotiven, der Vernachlässigung un- oder teilbewußter Handlungen, sowie von Willensschwächen und kognitiven Kategorien.

Zuerst zu den Handlungsmotiven. Die Handlung eines Akteurs entsteht immer aus vielfältigen Motiven und Gründen. Es kann nicht davon ausgegangen werden, daß alle diese Motive und Gründe untereinander konsistent und widerspruchsfrei sind.

Auch das Maß der Rationalität einer Entscheidung wird nicht immer gleich hoch gehalten. In der Praxis wird das Ausmaß der Rationalität vielmehr der Wichtigkeit einer Entscheidung und seiner Folgenschwere angepaßt. Bei trivialen Entscheidungen wird der Entscheidungsprozeß stark eingeschränkt und habitualisiert sein. Auch die Annahme, daß ein Handelnder verschiedene Alternativen nach dem Marginalprinzip abwiegt, trifft in der Realität oft nicht zu.

Die Neoklassik vernachlässige weiters unbewußte und nicht-intendierte Handlungen, welche ebenfalls in den Bereich wirtschaftlichen Handelns fallen können. Hodgson (S. 107) macht eine interessante Vermutung, warum dieser Punkt in der Neoklassik und bei Ökonomen im allgemeinen vernachlässigt worden sein könnte:

> "Wenn wir nicht Herrscher über unsere mentalen Vorgänge und Handlungen sind, wie kann die Idee von "Konsumentenherrschaft" [*consumer sovereignity*] ['der Kunde ist König'] in der Wirtschaft aufrechterhalten werden? Wie kann ein vereinbarter Vertrag als angemessener Ausdruck der Bedürfnisse zweier Parteien betrachtet werden, wenn er teilweise aus unbewußten Motiven und Trieben resultiert?"

Werbung und Marketing zeigen bekanntermaßen, daß Konsumentenverhalten keineswegs rational bestimmt ist, sondern sehr stark von unterbewußten Bedürfnissen gelenkt wird.[1]

---

[1] Williamson trifft dieses Argument weniger stark, da er den Hauptanwendungsbereich der TKT im Zwischenproduktmarkt und Business to Business Bereich sieht. Für den Konsumbereich gibt er die eingeschränkte Gültigkeit der TKT – allerdings aus etwas anderen Gründen – zu. (vgl. Williamson 1996, S. 29)

Ebenso wie anzunehmen ist, daß zwischen Bewußtsein und Unbewußtsein viele Zwischenstufen existieren, wie z.B. Routinehandlungen, ist es auch zweckmäßiger, von verschiedenen Rationalitätsgraden auszugehen. Akteure, so Hodgson, handeln gleichzeitig teilweise rational und irrational. Nicht alle Entscheidungen und Handlungen werden vor der Handlungsausführung geplant, sondern viele ergeben sich erst während dieser. Dies hat den Vorteil, daß sich Informationen, die sich als Feedback auf die ersten Handlungsschritte ergeben, in die Planung weiterer Handlungsschritte miteinbezogen werden können. Auch Handlungsintentionen müssen nicht vor der Handlung existieren, sondern können sich erst im Verlauf einer Handlung bilden.

Mit den Begriffen 'Routine' und *'tacit knowledge'* verwandt ist Giddens Konzept der *'practical consciousness'*. Viele Alltagshandlungen und Fähigkeiten können von den Akteuren zwar ausgeführt werden, aber von ihnen nicht explizit reflektiert, analysiert und geschildert werden. Gewohnheiten können nach Hodgson in unwillkürliche, automatische Vorgänge (wie z.B. die Atmung) oder in einfache Reaktionen eingeteilt werden.

Gewohnheiten könnten dadurch rationalisiert werden, daß Informationsbeschaffungs- und verarbeitungskosten eingespart werden, die anfallen würden, wenn bei jeder Handlung die Situation neu analysiert werden müßte. Folglich wären Gewohnheiten rational und effizient (vgl. Downs 1957 oder Kirchgässner 1992).[1]

Ein interessanter psychischer Aspekt, der auf eine Grenze des rationalen Handlungsmodells hinweist, ist der der Willensschwäche. Ein Akteur ist sich bewußt, daß eine andere Handlungsweise rationaler wäre, ist aber dennoch nicht fähig oder willig dazu, diese zu wählen. Dabei sind es nicht externe Bedingungen, die den Akteur einschränkten, sondern interne Einschränkungen psychologischer Natur. Beispiele für Willensschwäche sind Suchtverhalten trotz besseren Wissens oder das immer wiederkehrende Aufschieben von Arbeiten. Meist gewinnt der Akteur kurzfristig durch die Handlung einen Nutzen, und kann ihr nicht widerstehen, obwohl er sich der langfristig negativen Folgen bewußt ist. Auf Probleme der Willensschwäche wird später nochmals genau eingegangen (vgl. 2.1.4.1).

---

[1] Dieses Argumentationsmuster ist recht ähnlich mit dem Williamsons, wenn sich vormals als ineffizient betrachtete *'Non-Standard-Practices'* oder Governance-Strukturen als in Wirklichkeit effizient und transaktionskosteneinsparend herausstellen. In Anbetracht der Existenz von Transaktionskosten sollten diese Strukturen als effizient betrachtet werden, obwohl ihre Gesamteffizienz unter derjenigen eines unter unrealistischen Voraussetzungen entwickelten Idealmodels – also einem ohne Transaktionskosten – liegt.

Auch die Komplexität und Eigenart der menschlichen kognitiven Verarbeitung werde von der Neoklassik ungenügend berücksichtigt.[1] Das Problem besteht nicht nur im Informationsmangel, um eine fundierte Entscheidung treffen zu können. Oft wird der Akteur mit zuviel Daten (Sinneseindrücken) und zuwenig verwertbaren, schlüssigen Information konfrontiert. Um mit dem Datenüberfluß umgehen zu können, besteht "der wichtige Schritt ... [darin], daß auf der Basis von Erfahrung Konzepte geformt werden, die es erlauben, die Sinneswahrnehmungen zu kategorisieren und mit Bedeutung auszustatten" (S. 109). Auch in den einfachsten Wahrnehmungen sind kognitive Prozesse und Interpretationsvorgänge (*framing processes*) im Spiel. Konzepte sind notwendig, weil sie auf einer nur teilweise bewußten Ebene den Wahrnehmungen Bedeutung verleihen und dadurch Überlegungen auf höheren und abstrakteren Ebenen erst ermöglichen. Sie erlauben dem Gehirn, den Informationswert der Sinneswahrnehmungen zu komprimieren und auf höherer, abstrakerer Ebene effizient zu verarbeiten:

> "Es mag paradox erscheinen, aber nur indem zurückgewiesen wird, daß sich alle mentalen Prozesse auf dem gleichen Rationalitätsniveau befinden, können wir die Idee vertreten, daß manche Aktionen intendierten und überlegten Charakter haben. Wie ein Solipsist, der behauptet, daß das Leben ein Traum ist, das Konzept des Traumes entwertet, entleeren diejenigen, die behaupten, daß alle Handlungen intendiert und rational sind, diese Konzepte ihren Inhalts. Dies, so stellt sich heraus, ist das rationalistische Dilemma." (S. 115)

Die Wichtigkeit von kognitiven Kategorien und Annahmen über grundlegende Eigenschaften der Welt steht auch im Zusammenhang mit der Funktion von Vertrauen in dem Sinne, daß darauf gezählt wird, daß sich die Welt ungefähr so wie bisher weiterentwickelt und sich die dem Lauf der Dinge zugrundeliegenden Prinzipien nicht wesentlich ändern werden. Ohne dieses Vertrauen würden die kognitiven Kapazitäten des Menschen permanent überlastet werden.

2.1.3.3 Verteidigungen des Nutzenmaximierungsmodells

Eine klassische Verteidigung der Neoklassik ist diejenige, die im Kern bereits in Alchian (1950) erkennbar ist, und am bekanntesten von Friedman (1953) formuliert wurde. Es handelt sich dabei um den "methodologischen Irrealismus" (vgl. Brousseau 2000). Kurz gefaßt lautet das Argument, daß die Akteure nicht tatsächlich rational handeln müssen, sondern es ausreicht, wenn es im Ergebnis so erscheint, "als ob" sie es tun würden. Dieser Eindruck kann entstehen, weil aufgrund von Selektionsdruck nur diejenigen Akteure überleben, die rational handeln und die irrational handelnden nur kurzzeitig überleben können.

---

[1] Wie wir später sehen werden, betont der soziologische Neo-Institutionalismus einige der vernachlässigten kognitiven Vorgänge und Kategorien.

Voss/Abraham (2000, S. 55) weisen darauf hin, daß das Nutzenmaximierungsmodell über die einfache Wahl des besten Mittels für einen bestimmten Zweck hinausgeht, weil es dem Akteur auch erlaubt, in Konflikt stehende Ziele gegeneinander abzuwägen und einen optimalen Mittelweg zu finden (z.B. bei der Behandlung der Frage, ob mehr verdient oder mehr Freizeit genossen werden soll).

Weiters soll Rationalität und das Bewußtsein, rational zu handeln, unterschieden werden:

> "Die Regeln von Rational-Choice-Verhalten können technisch gesehen ziemlich komplex sein. Zu sagen, daß die Akteure in Übereinstimmung mit RC handeln, bedeutet nicht anzunehmen, daß diese Regeln bewußt angewendet werden. Analogerweise sind die Regeln einer natürlichen Sprache komplex. Dies bedeutet jedoch nicht, daß die Akteure fähig wären, diese Regen bewußt anzuwenden. Wenn dies so wäre, könnten Kleinkinder keine Sprache lernen." (S. 55)

Der relativ mechanistische Charakter des Modells, so schreiben Voss/Abraham (S. 54), sollte nicht mißverstanden werden:

> "Es sollte beachtet werden, daß dieser Ansatz nicht als psychologische Theorie der Kognition, Motivation und Handlung interpretiert werden sollte. Sie ist sicherlich eine einfache und fast sicher eine psychologisch inadequate Theorie." (S. 54)

Statt dessen habe das Modell heuristischen und hypothesengenerierenden Wert.

Hodgson (1988) interpretiert gewiß das neoklassische Maximierungsmodell teilweise so, als wäre es als ein psychologisches, kognitives oder motivationales Modell gedacht. Trotzdem sind seine Überlegungen auch für ökonomische Modelle wertvoll, weil die Einsatzmöglichkeiten simplistischer Modelle für die Beschreibung komplexer Akteure in unsicheren Umwelten – auch wenn sie überraschend weit ausdehnbar sind – beschränkt sind.

2.1.4 Spezielle Kritik an der Rationalitätsannahme bei Williamson

Ebers/Gotsch (1999, S. 243) betrachten die Annahme der beschränkten Rationalität bei Williamson als eine der Annahmen, die "wenig problematisch" scheint, weil sie "in der Organisationsforschung und über diese hinaus üblich, weithin akzeptiert und bewährt" (S. 243) ist. Dieser Meinung schließe ich mich hier allerdings nicht an, da die folgenden Ausführungen zeigen werden, daß es sich sehr wohl um eine problematische Annahme handelt.[1]

---

[1] Es sei z.B. auf die Klassifikation von Favereau verwiesen (vgl. S. 74 dieser Arbeit), der die Rationalitätsannahme Williamsons als eine Zwischenform von substantieller und prozeduraler Rationalität betrachtet.

2.1.4.1 Weitsichtigkeit, Organisationale Trägheiten und Kooperationsprobleme

a) Einsparen kognitiver Kosten führt zu organisationalen Trägheiten

Williamson unterscheidet, wie erwähnt (vgl. S. 38), zwischen drei Arten von Rationalität: der einfachen Nutzenmaximierung, der begrenzten Rationalität und der organischen Rationalität. Erstere und letztere Varianten sind Extremformen, bei denen Rationalität vollständig vorhanden oder überhaupt verzichtbar ist. Den Einsatz von Extremformen hält Williamson für problematisch:

> "Übertreibungen von Rationalität – von welchen vier Arten unterschieden werden können: übermäßige Vereinfachung, Maximierung, natürliche Auslese und Hyperrationalität – sind ein chronisches Problem." (1996a, S. 12)

Er vertritt daher – in einer eigenen Abwandlung – die Annahme der beschränkten Rationalität, welche eine Zwischenform darstellt. Akteure versuchen zwar, rational zu handeln, es gelingt ihnen jedoch nicht, weil ihre Fähigkeiten eingeschränkt sind und die Umwelt komplex und schwer vorhersehbar ist.

Da die kognitiven Kapazitäten knapp sind, versuchen die Akteure, diese sparsam und wirtschaftlich einzusetzen, und zwar idealerweise dort, wo ihr Einsatz die höchsten Erträge bringt.[1] Williamson (1985, S. 46) vermutet daher, daß Organisationsformen, die die gleichen organisatorischen Probleme mit geringerem kognitiven Einsatz lösen, ceteris paribus gegenüber anderen bevorzugt werden.

In dieser Aussage ist die Annahme enthalten, daß Organisationsformen kognitive Einsätze in unterschiedlichem Ausmaß einsparen können. Fusionieren beispielsweise ein Abnehmer und sein Lieferant, so können Kosten, die mit der Suche nach möglichen Anbietern und Abnehmern des Gutes verbunden sind, eingespart werden. Zur Einsparung der Kosten, z.B. für den Abnehmer, ist eine Fusion nichteinmal vonnöten, da dieser ganz einfach sich auf einen Lieferanten festlegen kann und auf kontinuierliche Preis- und Leistungsvergleiche verzichtet. Es können nicht nur, wie von Keynes betont worden ist, Preise in Bezug auf Veränderungen der Marktlage starr sein, sondern auch die Reaktionen auf Änderungen relativer Preise träge. Williamson würde die Sichtweise angreifen, solche Beziehungsträgheiten als wettbewerbsverzerrend und als monopolähnliche Praktiken zu deuten, und darauf verweisen, daß die Trägheiten effizient sind, weil sie Transaktionskosten einsparen. Die Trägheit ist auch nicht speziell in den individuellen Eigenschaften des konkreten Abnehmers und Lieferanten begründet, sondern es handelt sich um eine generelle Systemeigenschaft, nämlich der allgemeinen Verbreitung beschränkter Rationalität und der daraus entstehenden Transaktionskosten. Das Beispiel illustriert also, wie das Einsparen kognitiver Kosten zu organisationalen Trägheiten führen kann.

[1] Das 2. Gossensche Gesetz wird also auf den Einsatz kognitiver Kapazitäten angewandt.

b) Weitsichtigkeit und empirische Anwendbarkeit

In diesem Abschnitt schneiden wir kurz die Frage an, wie stark die Akteure der TKT mit Rationalität ausgestattet werden sollten und welche Auswirkungen sich dadurch für die empirische Anwendbarkeit der Theorie ergeben.

Simon (1978, S. 8) empfiehlt bei der Erstellung von Akteurmodellen mit Rationalität sparsam umzugehen. Akteure sollten nur mit soviel Rationalität ausgestattet werden, wie es für die Analyse notwendig sei. Dies ist eine Empfehlung, die sich schwer mit dem Einsatz einfacher mathematischer Werkzeuge vereinbaren läßt.[1] Weil Williamson auf den Einsatz dieser Werkzeuge nicht verzichten möchte, kann er sich dieser Empfehlung Simons nicht anschließen:

> "Während es einfach ist zuzustimmen, daß *Satisficing* weniger anspruchsvolle [anmaßende] Annahmen trifft als die Maximierung, ist es im Vergleich zur Maximierungsmethode unvollständig und umständlich. Wenn das gleiche Ergebnis durch die Satisficing-Annahme erreicht werden kann, wie mit der Maximierungsannahme, und die letztere viel einfacher einzusetzen ist, dann können Ökonomen als analytische Satisficer betrachtet werden: sie verwenden eine Abkürzung in der Analyse [*a short-cut form of analysis*], welche einfach umzusetzen ist. ... Vereinfachte und wissentlich falsche Modelle [*counterfactuals*] sind oft erhellend, und es gibt keinen Zweifel daran, daß die Fiktionen der Gleichgewichtstheorie und der Abwesenheit von Transaktionskosten [der Neoklassik] produktiv gewesen sind." (1996a, S. 13)

Letzterem Argument Williamsons könnte man eines von Windsperger (1999) entgegenhalten, wenn dieser Theorien, die mit Bezug auf eine ideale Welt formuliert werden, stark abwertet und ihnen einen empirischen Anwendungsbereich abspricht:

> "... besteht zwischen den mikroökonomischen Ansätzen der Unternehmenstheorie und den neoinstitutionalistischen, strategischen und evolutionären Ansätzen eine unüberbrückbare Kluft [da erstere versuchen, eine ideale Welt mit unbegrenzt rationalen Unternehmungen zu erklären]. Letztere haben einen empirischen Anwendungsbereich, erstere nicht. Folglich kann die mikroökonomische Unternehmenstheorie keine Entscheidungshilfen für die Unternehmenspraxis zur Verfügung stellen. Als reine Theorie hat sie auch gar nicht dieses Ziel." (S. 160)

Kurz darauf relativiert allerdings Windsperger (1999) diese Aussage etwas:

> "Dies bedeutet aber nicht, daß mit Hilfe der mikroökonomischen Unternehmenstheorie [als Theorie, die sich auf eine ideale Welt bezieht] keine unternehmenspolitischen Maßnahmen formuliert werden können. Solche können abgeleitet werden, sie sind jedoch sehr idealisierte Handlungsempfehlungen. Wird diese Unternehmenspolitik als praxisorientierte Entscheidungshilfe gelehrt, dann besteht die Gefahr, daß die Lücke zwischen empirischen und idealisierten Anwendungen nicht aufgedeckt und dadurch die eingeschränkte Gültigkeit dieser

---

[1] Möglicherweise schafft der Einsatz probablistischer Modelle hier eine Abhilfe.

Idealisierungen nicht erkannt wird. Unternehmenspolitik als Formulierung von empirisch relevanten Handlungsempfehlungen kann daher nur auf der Basis einer empirischen Unternehmenstheorie erfolgen. Die neoinstitutionalistischen, strategischen und evolutionären Ansätze stellen dafür ein erfolgversprechendes Theoriegebäude zur Verfügung." (S. 161)

Auffällig ist bei diesen Überlegungen Windspergers unter anderem, daß er die neoinstitutionalistischen Theorien, zu denen vor allem die TKT gehört, aufgrund ihrer Annahme beschränkter Rationalität aus dieser Kritik herausnimmt und lediglich die mikroökonomischen Theorien angreift. Wie sich zeigen wird, ist jedoch die Rationalitätsannahme der TKT durchaus strittig und es ist zweifelhaft, daß die Annahme beschränkter Rationalität konsistent beibehalten wird. Wenn sich herausstellt, daß auch in der TKT zumindest teilweise starke Rationalitätsannahmen getroffen werden, gilt die von Windsperger oben geschilderte Gefahr bei der Ableitung praktischer Handlungsempfehlungen auch für die TKT. Genau diesen Punkt haben Goshal/Moran (1996) sehr deutlich herausgearbeitet (vgl. II.2.2.2), worauf noch eingegangen wird.

c) Kritik der Weitsichtigkeit

Lindenberg (1996, S. 130) glaubt, daß der TKT ähnliche Vorwürfe gemacht werden können wie der Agency-Theorie. Die Agency-Theorie (vgl. S. 65) nimmt vollständige Rationalität an und fragt sich, wie antizipierbare ex-post auftretende Probleme bereits ex-ante durch komplexe Vertragsregelungen vermieden werden können.

Williamson verweist öfters darauf, daß die TKÖ von den Akteuren annimmt, daß sie 'weitsichtig' und vorrausschauend sind, d.h. in der Lage sind, mögliche Probleme (hazards) ex-ante zu erkennen und die Governance-Strukturen entsprechend auszuwählen oder zu gestalten. Einem Akteur rät Williamson (1993, S. 129),

> "... vorauszusehen und, wenn er potentielle Probleme ausmachen kann, diese Probleme zu berücksichtigen und die Vertragsbeziehung [entsprechend] neuzugestalten, oftmals indem *ex-ante* Absicherungen eingerichtet werden, welche *ex-post* Opportunismus unterdrücken werden."

'Weitsichtigkeit' ist aus methodologischer Sicht nützlich, wie Williamson (1993, S. 129) schildert:

> "Ohne 'Weitsichtigkeit' könnte die TKÖ nicht auf einen der wichtigsten 'Tricks' der Ökonomen [*one of the most important 'tricks' in the economist's bag*] zurückgreifen, nämlich die Annahme, daß die ökonomischen Akteure die Fähigkeit haben, vorauszusehen, mögliche Probleme und Aussichten auszumachen, und diese bei der organisationalen oder vertraglichen Gestaltung zu berücksichtigen."

Lindenberg (1996, S. 131) stellt dazu folgende Diagnose:

> "Tatsächlich [*As a matter of fact*] wird die beschränkte Rationalität zuerst verwendet, um sich von der Standardtheorie abzugrenzen, dann aber harmlos

gemacht, um Zugang zu den 'Tricks' der Standardtheorie zu erhalten. Beschränkte Rationalität ist anscheinend gerade groß genug, um (komplexe, langfristige) Verträge unvollständig zu machen, aber nicht groß genug, um 'Weitsichtigkeit' davon abzuhalten, die mit der Unvollständigkeit verbundenen Probleme ex-ante zu lösen."

d) Ursachen von Nicht-Kooperation

In seinem äußerst interessanten Artikel sieht Lindenberg eine von der ökonomischen Organisation stark vernachlässigte Problemquelle in der *kurzfristigen* Nutzenorientierung ökonomischer Akteure. Damit wird das von Hodgson (1988, S. 111) beschriebene Problem der Willensschwäche angesprochen (vgl. II.2.1.3.2). Lindenberg bezieht sich dazu zuerst auf das von Williamson behandelte Problem einer Vertragsneuverhandlung. Wenn Opportunismus abwesend wäre, so überlegt Williamson, würde eine *'joint-profit-maximisation'* - Klausel eingehalten werden, und kostspielige Verhandlungen (*haggling*), die der Verfolgung des individuellen Vorteils dienen, wären hinfällig (vgl. S. 42). Lindenberg glaubt nun, daß es weniger der Opportunismus, sondern die kurzfristige Nutzenorientierung ist, die die kollektiv bessere Lösung verhindert. Würden die beteiligen Akteure rational und langfristig denken, so würden sie erkennen, daß die kostspieligen Verhandlungen nur gegen ihre eigenen langfristigen Interessen gehen.

Neben dem Problem der Willensschwäche ist diese Problematik auch mit derjenigen bei der Entstehung von Kooperation in einem Gefangenendilemma (GD) verwandt. Obwohl das Gefangenendilemma hinlänglich bekannt ist, soll es wegen seiner Wichtigkeit trotzdem nochmals kurz wiederholt werden. Wie bekannt ist das GD eine Situation, in der zwei Gefangene für ein gemeinsam begangenes Verbrechen angeklagt werden. Jeder Gefangene hat die Wahl, den anderen der Tat zu bezichtigen oder die Tat zu leugnen. Ihre Handlungen können jedoch nicht untereinander abgestimmt werden. Leugnen beide, so müssen sie mangels Beweisen entlassen werden. Dies wäre die günstigste Situation aus "gesamtgesellschaftlicher" Sicht. Bezichtigen einander beide, so werden für beide die Strafen hoch (die Gewinne gering) sein. Eine für das Auftreten des GD zentrale und nicht ganz offensichtliche Bedingung ist, daß die individuellen Gewinne beim Bezichtigen des anderen höher sind, als in der Situation, in der beide leugnen. Das Gericht (oder das Gefängnis) setzt Anreize für nichtkooperatives Verhalten unter den Gefangenen und für kooperatives Verhalten mit dem Gericht (Diese Anreizform wird als "Kronzeugenregelung" bezeichnet). Wären die Gewinne beim Verraten geringer als beim gemeinsamen Leugnen, so käme es sehr wohl zu kooperativem Verhalten unter den Gefangenen.

In folgender Situation 1 tritt das GD *nicht* auf ...

		Gefangener 2	
		leugnen	den anderen bezichtigen
Gefangener 1	leugnen	(6, 6)	(0, 4)
	den anderen bezichtigen	(4, 0)	(0, 0)

Abbildung 13: Gefangenendilemma Situation 1

(N1, N2) ... N1 = Nutzen des Gefangenen 1, N2 = Nutzen des Gefangenen 2
Der Nutzen ist umgekehrt proportional zur Dauer der Strafe.

... während es in der Situation 2 auftritt:

		Gefangener 2	
		leugnen	den anderen bezichtigen
Gefangener 1	leugnen	(3, 3)	(0, 4)
	den anderen bezichtigen	(4, 0)	(0, 0)

Abbildung 14: Gefangenendilemma Situation 2

Was kann daraus gefolgert werden?

Lindenberg fragt sich folgendes:

> "Warum würden die Parteien [bei der Vertragsneuverhandlung] sich betrügen [opportunistisch handeln], wenn der langfristige Vertrag für beide die beste Alternative wäre?" (S. 131)

Die Antwort Lindenbergs läßt sich meines Erachtens gut an diesen zwei Spielsituationen erläutern. Bei Williamsons Problem der Nicht-Kooperation (unter den Akteuren) muß implizit angenommen werden, daß der individuelle Gewinn bei Nicht-Kooperation größer ist, als der individuelle Gewinn bei Kooperation, weil ansonsten Kooperation zustande kommen würde. Warum aber keine Kooperation zustandekommt, liegt in der Unterscheidung kurz und langfristiger Gewinne.

Lindenbergs Begründung für das Auftreten der Nicht-Kooperation läßt sich nun als Umwandlung der kooperativen Spielsituation 1 in die nicht-kooperative Spielsituation 2 deuten. Diese Umwandlung findet deswegen statt, weil die kollektiven, aber erst langfristig auftretenden Gewinne in der Situation 1 (im Beispiel (6,6)) aufgrund einer Präferenz für kurzfristige Gewinne in der Situation 2 stark abdiskontiert werden (im Beispiel (3,3)), während die individuellen Gewinne kurzfristig verfügbar sind und deswegen gleich hoch bleiben.

Lindenberg argumentiert daher dafür, daß die kurzfristige Nutzenorientierung stärker im Konzept der beschränkten Rationalität berücksichtigt werden sollte:

> "Wenn Kurzsichtigkeit ein reales Phänomen ist, dann sollte beschränkte Rationalität mehr sein, als eine Frage der Information [*information impactedness*]. Sie sollte auch eine kurzsichtige Tendenz beinhalten, welche ihrerseits zu einer ernsthafteren Form von Opportunismus führt: gegen seine eigenen langfristigen Vorteile wird der Versuchung nachgegangen, den Vertrag aufgrund kurzfristiger Vorteile zu brechen und einander über diesen Bruch zu täuschen. ... [Wenn dies berücksichtigt wird] wäre 'Weitsichtigkeit' die Fähigkeit, Versuchungen vorherzusehen und entsprechende Maßnahmen zu treffen, um diesen Versuchungen nicht zu verfallen. Dies ist die Geschichte von Ulysses und den Sirenen. Klarerweise ist 'Weitsichtigkeit' in diesem Sinne nicht das Gegenteil von Kurzsichtigkeit, sondern eher ihre Erkenntnis." (S. 132)

e) Das Problem der Willensschwäche und organisationale Trägheiten

Akerlof (1991) zeigt, daß das Problem der 'Willensschwäche' auch mit einem nur geringfügig veränderten rationalen Nutzenmaximierungsmodell nachvollziehbar ist. Ein Akteur, der eine Präferenz für kurzfristige Gewinne hat bzw. kurzfristige Kosten überbewertet, überlegt, ob er eine Aufgabe heute oder morgen erledigen sollte. Die Aufgabe kann bis zum Erreichen einer Deadline erledigt werden, zu der noch R Tage verbleiben. Nach der Erledigung fällt pro Tag ein relativ kleiner Gewinn in der Höhe G an. Für die Erledigung der Aufgabe fallen die einmaligen relativ hohen Kosten C an. Würde er kurzfristige Kosten nicht überbewerten, ginge er dabei folgendermaßen vor:

- er ermittelt die Nettokosten (K1), wenn die Aufgabe heute erledigt werden würde:
  $K1 = C - R \cdot G$
- er ermittelt die Nettokosten (K2), wenn die Aufgabe morgen erledigt werden würde (die Anzahl der verbleibenden Tage R wird um 1 verringert): $K2 = C - (R-1) \cdot G$
- er vergleicht die heutigen mit den morgigen Kosten: $K1 - K2 = - G$

Da er also pro Tag G Geldeinheiten verliert, wird er die Aufgabe am ersten Tag erledigen.

Führt man in das selbe Kalkül einen Überbewertungs- bzw. Diskontfaktor (d) ein, durch den die heutigen Kosten erhöht werden, ergibt sich folgende Situation:

- er ermittelt die Nettokosten (K1), wenn die Aufgabe heute erledigt werden würde:
  $K1 = C \cdot (1+d) - R \cdot G$
- er ermittelt die Nettokosten (K2), wenn die Aufgabe morgen erledigt werden würde:
  $K2 = C - (R - 1) \cdot G$

- er vergleicht die heutigen mit den morgigen Kosten: $K1 - K2 = d \cdot C - G$

Die morgigen Kosten sind niedriger als die heutigen, wenn gilt $d \cdot C > G$. Dies ist in der Regel der Fall, da die einmaligen Kosten C größer sind, als der geringe für einen Tag anfallende Gewinn G. Da die heutigen Kosten größer sind als die morgigen, ist es rational, die Aufgabe auf morgen zu verschieben. Bis zu einem mathematisch genau bestimmbaren Zeitpunkt ergibt sich am nächsten Tag genau die selbe Entscheidungssituation, so daß das Verschieben wiederum die (kurzfristig) rationale Entscheidung ist.

Die Bedingung für das Auftreten solcher Situationen beschreibt Akerlof (1991, S. 6) wie folgt:

> "Ein klarer Schluß aus dem [*procrastination*] Modell ist, daß zeitinkonsistentes Verhalten besonders wahrscheinlich dann auftritt, wenn gewisse Fixkosten bestehen, ... um die Tätigkeit zu beginnen, die 'Zeitperioden' [in welchen die Entscheidung neu überlegt wird] kurz sind, und die Kosten einer Verzögerung pro Periode gering sind."

Akerlofs Überlegungen[1] bieten auch eine Erklärung für oben angesprochene organisationale Trägheiten, z.B. die Beendigung eines fehlgeschlagenen Projektes: "Die Kosten einen Fehler heute zuzugeben, sind groß im Vergleich dazu, einen möglicherweise etwas größeren Fehler morgen zuzugeben" (S. 7).

Sie zeigen auch, daß organisationale Trägheiten nicht nur wie oben beschrieben zur Einsparung von Transaktionskosten entstehen können, sondern auch aus *kognitiven und irrationalen* Gründen.[2] Es stellt sich dann aber die Frage, inwieweit die Folgen aus diesen kognitiven und irrationalen Fehlern im Vergleich zur Transaktionskosteneinsparung als 'effizient' bezeichnet werden kann. Offensichtlich handelt es sich bei diesen Trägheiten um Ineffizienzen.

Für die Rolle des Managements folgert Akerlof: "In Arbeitssituationen, wo äußere Kontrolle möglich ist, besteht eine Hauptfunktion des Managements darin, Terminpläne zu bestimmen und die Zielerreichung zu überprüfen, um Aufschiebung zu verhindern" (S. 7).

Im Gegensatz zu Akerlof sieht Lindenberg (1996, S. 137ff) die Lösung dieses Problems weniger in Kontrolle und Überwachung, als in der Erhöhung der Selbstdisziplin (*self command capital*) der Beteiligten. Da dieses jedoch hauptsächlich in der Kindheit erworben werde, wäre eine schnelle und direkete

---

[1] Akerlofs Überlegungen können auch dazu dienen, zuversichtliches, positives Denken ökonomisch zu rechtfertigen. Werden Aufgaben in einer positiven Perspektive gesehen, so verringert dies den Überbewertungsfaktor der Fixkosten, die zum Beginn einer Tätigkeit notwendig sind. Organisationale Personalentscheidungen, die 'zuversichtliche' Menschen bzw. 'Macher-Typen' bevorzugen, können damit gerechtfertigt werden.

[2] Diese Gründe werden, wie wir später sehen werden, auch von den soziologischen Neo-Institutionalisten betont.

Einflußnahme auf diesen Faktor nurmehr schwer möglich und bedürfe weitreichender Veränderungen auf gesellschaftlicher und kultureller Ebene, insbesondere im Bereich der Pädagogik.

Als wichtigstes Ziel kurzfristigen Nutzenstrebens sieht Lindenberg den Erhalt sozialer Anerkennung (*social approval*). Da das Geben und Erhalten sozialer Anerkennung wenig kostspielig ist, eignet es sich sehr als Sanktion oder Anreiz, um Kooperationsverhalten herzustellen. "Soziale Anerkennung kann als 'Bestechungszahlung' [*side payment*] in einem laufenden Spiel betrachtet werden" (S. 134).[1]

2.1.4.2 Kritik aus dem Lager der alten Institutionalisten

a) Determinismus und sozial generierte Unsicherheit

Slater/Spencer (2000, S. 61ff) machen zwei verwandte Schwierigkeiten in der TKT aus: Erstens, wie ist es möglich, daß beschränkt rationale Akteure effiziente Governance-Strukturen auswählen oder entwickeln und die daraus resultierenden Strukturen effizient sind? Zweitens, wie erklärt es sich, daß sich langfristig effiziente Strukturen durchsetzen?

Die erste Frage richtet sich an das bereits angesprochene und z.B. von Lindenberg (1996) genannte Problem. Slater/Spencer zeigen jedoch, wie sich Williamsons Argumentation entwickelt hat und warum er in späteren Arbeiten stärker die 'Weitsichtigkeit' der Akteure betont. Der Wandel in der Argumentation Williamsons wird z.B. auch von Groenewegen/Vroomen (1996) beobachtet:

> "In Williamson (1975, 1985) wird eingestanden, daß sich die TKÖ darauf verlässt, daß im Hintergrund Selektionskräfte allgemeiner Art wirksam sind. Wir interpretieren dies so, daß obwohl beschränkt rationale Akteure sich bei der Wahl effizienter Governance-Struktur irren können, die wettbewerbliche Marktselektion bewirkt, daß die effizienten Strukturen die weniger effizienten aus dem Markt drängen. In neueren Arbeiten scheint Williamson die Darstellung zu verändern [*to redress the issue*]. Er argumentiert jetzt, daß beschränkt rationale Akteure wissend und weitsichtig sind, anstellte von wenig informiert und kurzsichtig." (Groenewegen/Vromen 1996, S. 370)

Williamson muß zuerst zugute gehalten werden, daß er nicht den Anspruch erhebt, daß die Akteure die absolut optimale Lösung finden, sondern lediglich die relativ bessere unter verschiedenen alternativen Lösungen. Dies stellt geringere Anforderungen an die Rationalität:

> "[Die TKÖ] beruht auf Kosteneinsparungs-Argumenten [*economizing arguments*] (was die Analyse diszipliniert und 'gegenüber Bezichtigungen auf Maximierung Einspruch erhebt' [*which disciplines the analysis and appeals to*

[1] vgl. dazu auch die Besprechung von Dow 1993 im Abschnitt II.4.5 über den Zusammenhang zwischen der Möglichkeit der Zahlung von *side-payments* und der Umsetzung effizienter Strukturen.

maximizers]) und ersetzt Optimierungsvorgänge durch komparativ-institutionelle Prozesse." (Williamson 1993 zit. nach Pratten 1997, S. 794)

Slater/Spencer betrachten allerdings bereits diese Anforderung an die kognitiven Kapazitäten als zu hoch. Denn es werde immerhin angenommen, daß die Akteure *unter den verfügbaren, alternativen* Strukturen die absolut effizienteste auswählen können: "... es wird angenommen, daß 'intendiert' rationale Vertragsparteien sich immer auf das *effizienteste* Arrangement einigen" (S. 69).[1] Es sei unklar, woher die Akteure wissen sollten, welche opportunistische Verhaltesweisen und Probleme auftreten werden und welche Absicherungen voraussichtlich notwendig wären. Erst mithilfe dieser Informationen wäre es möglich, die Effizienz einer Governance-Struktur zu beurteilen. Loasby (1998, S. 10 zit. nach Slater/Spencer S. 70) bringt das Problem auf den Punkt: "Obwohl sie [die Akteure] nicht wissen, wissen sie die Effekte des Nichtwissens".

Williamson scheint hier gleichzeitig zwei widersprüchliche Positionen vereinbaren zu wollen. Slater/Spencer vermuten, daß Williamson, um diesem Problem zu entgehen, in neueren Arbeiten die Akteure in der TKT mit einer gewissen Weitsichtigkeit ausstattet. Williamson (1996c, S. 6 zit. nach Slater/Spencer S. 70) wandelt eine "beschränkte, aber intendierte Rationalität" in eine "unvollständige, aber weitsichtige Vertragsbildung" um.

Williamsons Verweis darauf, daß die Akteure, obwohl sie beschränkt rational sind, sehr wohl in gewissem Maße Vorhersagen treffen können, also 'weitsichtig' sind, macht den Ansatz für die Kritik jedoch nur noch angreifbarer. Slater/Spencer gehen sogar so weit, daß sie Williamsons Ansatz aufgrund der Annahme der 'Weitsichtigkeit' in die gleiche Kategorie stellen wie z.B. die von Windsperger (1999) genannten mikroökonomischen Theorien, welche auf substantieller Rationalität basieren:

> "Im wesentlichen hat sich Williamson daher nicht vom Walrasschen Ansatz entfernt. Die Antizipation der zukünftigen Folgen der Vertragsgestaltung findet außerhalb der Ökonomie und implizit *vor* jeder tatsächlichen wirtschaftlichen Aktivität statt. ... Die Allokation der Transaktionen auf Firmen und Märkte folgend ihrer Attribute wird dann nicht mehr, als eine statische Gleichgewichtsverteilung." (S. 72)

Diese Kritik geht, wie an den Bezügen auf die Gleichgewichtstheorie erkennbar ist, nicht sehr schonend mit der TKT um.

Nach der Interpretation von Slater/Spencer (S. 73ff) vertritt Williamson eine besondere, eigene Vorstellung von Unsicherheit. Er verbindet die Existenz von Unsicherheit eng mit der Existenz von beschränkter Rationalität. Wären die

[1] Das Problem liegt allerdings nicht in der Auswahl der effizientesten Struktur, wenn die Effizienzwerte aller Strukturen explizit bestimmt worden sind, da dies auch bei geringsten Rationalitätsansprüchen möglich ist, sondern in der Bestimmung der Effizienzbewertungen der verschiedenen Strukturen.

Akteure unbeschränkt rational, so gäbe es auch keine Unsicherheit. Slater/Spencer schließen daraus, daß Williamson implizit eine deterministische Sicht von Unsicherheit vertritt, was bedeutet, daß diese zwar praktisch aufgrund der kognitiven Einschränkungen Probleme bereitet, theoretisch jedoch mithilfe größerer kognitiver Kapazitäten bewältigbar wäre. "Die eigentlichen Ereignisse sind bereits vorkonstruiert, wie Williamsons Behauptung, daß unbeschränkte Rationalität eine umfassende Vertragsgestaltung ermöglichen würde, zeigt" (S. 73). Williamson ist sich zwar der Unterscheidung zwischen Komplexität und Unsicherheit bewußt, er hält sie aber für praktisch nicht relevant: "... das Ergebnis der Unsicherheit [bzw. Komplexität], was auch immer ihre Quelle, das gleiche ist: bei der Entscheidungsfindung muß Exaktheit durch Näherung ersetzt werden" (Simon 1972, S. 170, zit. nach Williamson 1975, S. 23).

Slater/Spencer weisen darauf hin, daß Williamson sogar selbst diese Ansicht später revidiert und in einer Fußnote als "etwas extrem" bezeichnet hat: "Simon hat die etwas extreme Position eingenommen, daß die Unterscheidung zwischen deterministischer Komplexität und Unsicherheit unwesentlich sei" (Williamson 1985, S. 57).

Um sein Konzept der Unsicherheit auszubauen, führt Williamson das Konzept der Verhaltensunsicherheit ein. Verhaltensunsicherheit ist eine Quelle von Unsicherheit, die dadurch entsteht, daß die in Interaktion befindlichen Akteure die Interpedendenzen ihrer Handlungen nicht vorhersehen können. Diese Unsicherheit lasse sich auch nicht durch Detailwissen ausgleichen, da "die Fähigkeit für Neuheit [*novelty*] im menschlichen Geist weit über das Vorstellbare hinausgeht" (1985, S. 58). Williamson ergänzt auch, daß Ereignisse, die Neuheit involvieren, nicht durch eine Wahrscheinlichkeitsverteilung beschrieben werden können.

Aber auch mit diesen Ergänzungen geben sich Slater/Spencer nicht zufrieden. Williamson verändere trotz der Einführung von Verhaltensunsicherheit die grundlegende Vorgehensweise bei der Wahl von Governance-Strukturen nicht: "Opportunismus wird nun eine Rolle bei der Erzeugung von Unsicherheit zugespielt. Trotzdem setzt Williamson exakt den gleichen Ansatz fort, indem er Verhaltensunsicherheit zu einem Problem der [deterministischen] Komplexität macht" (S. 75).

Obwohl Williamson diese Zugeständnisse macht und in einigen wichtigen Punkten mit seinen Kritikern übereinstimmt (z.B. über die Bedeutung der Kreativität des Verhaltens von Vertragspartnern und die dadurch erzeugte Unsicherheit), lautet der Vorwurf von Slater/Spencer, daß die grundlegende Mechanik des Modells, nämlich daß mögliche Probleme antizipiert werden können und die ex-ante Wahl bzw. Gestaltung der effizienten Governance-Strukturen nicht verändert wird. Verhaltensunsicherheit könne daher (zu einem gewissen Grad) durch eine günstige Governance-Struktur verringert werden.

Ein weiteres Problem sehen Slater/Spencer in der individualistischen Ausrichtung des Ansatzes:

> " ... dies vernachlässigt die wichtige soziale Basis für Unsicherheit: ihre Entstehung im Zusammenhang von sich überlappenden und voneinander abhängigen Entscheidungsprozessen. Williamsons Ansatz ist wesentlich beschränkter, da er die Aufmerksamkeit auf bilaterale Situationen der marktlichen Vertragsgestaltung beschränkt." (S. 76)

Slater/Spencer betonen hingegen, daß Individuen in soziale Netze eingebunden sind und ihre Einstellungen im Laufe der Zeit z.B. aufgrund von sozialem Einfluß verändern.[1] Vorhersagen zu treffen wäre unmöglich, da die Interdependenzen zu hoch und Wissen, daß zu einer informierten Entscheidungsfindung notwendig wäre, noch gar nicht existiert, sondern erst entstehen wird: "Was zur heutigen Entscheidungsfindung zu wissen wäre, wird erst bekannt werden, wenn sich die Effekte dieser Entscheidung manifestieren" (Kregel 1980, S. 37 zit. nach Slater/Spencer S. 76).[2] Für Slater/Spencer bleibt daher der tatsächliche Entwicklungspfad der Realität unsicher in einem radikalen Sinn. Der Umstand, daß Akteure über kein sicheres oder relevantes Wissen zur Entscheidung verfügen können, stellt, so Slater/Spencer weiter, das gesamte Modell der rationalen Entscheidungsfindung in Frage. Eine nicht deterministische Zukunft macht Weitsichtigkeit und die Gestaltung von optimalen Governance-Strukturen unmöglich.

"Williamson", so Slater/Spencer, "bietet, der orthodoxen Methode folgend, keine Einsichten in die wichtige Rolle sozialen Verhaltens als kreativer Faktor und Motor der Geschichte" (S. 79). Williamsons Konzept wird Zeitlosigkeit und Ungeschichtlichkeit vorgeworfen.

Falls z.B. durch Lernvorgänge doch Weiterentwicklungen in der von der TKT vorgestellten Welt stattfinden sollten, so bewege sich die Welt laut Slater/Spencer in Richtung eines stabilen Idealzustandes, in dem eine optimale Verteilung der Transaktionen auf verschiedene Governance-Strukturen erreicht wäre.

Zusammenfassend stellen Slater/Spencer folgende Diagnose:

> "[Williamson] ist gezwungen anzunehmen, daß die Einschränkungen der beschränkten Rationalität gebrochen werden können, um seine Argumente bezüglich effizienter Organisation durchzusetzen. Da dies seiner der [theoretischen] Welt Geschlossenheit aufzwingt, neigt er dazu, zeitliche und geschichtliche Vorgänge zu vernachlässigen. Unsicherheit kann nicht existieren, wenn die Vordeterminiertheit zukünftiger Weltzustände für die Erreichung eines minimalen Transaktionskosten-Gleichgewichts vorausgesetzt wird. Wenn im Gegensatz dazu Handlungen [*agency*] als sich gegenseitig konstituierend ver-

---

[1] vgl. IV.2.1

[2] vgl. die ähnliche Argumentation von Brousseau in Bezug auf Selektionsmechanismen (II.4.3).

standen werden und umfassende Unsicherheiten über die Ausgänge von Entscheidungen produzieren, wird Raum für Indeterminiertheit geschaffen, was nicht notwendigerweise mit organisationaler Effizienz einhergeht." (S. 62)

Aus letzterem Punkt folgt für die Autoren, daß der von der TKT geschaffene Eindruck, daß sich langfristig effiziente Strukturen durchsetzen, ebenso wie die dafür angebotene Erklärung unrichtig sind. Da Williamsons Ansatz die radikale Unsicherheit sowie soziale und historische Interdependenzen vernachlässige, plädieren sie dafür, den komparativ-institutionellen Ansatz zu verwerfen, weil er einer dynamischen und evolutionär orientierten Organisationsanalyse im Weg stehe (S. 81).

b) Determinismus und Geschlossenheit

Pratten (1997) bringt eine grundlegende wissenschaftstheoretische Kritik vor, die an der Kritik der Neoklassik Lawsons (1995, 1997) anknüpft, welche wiederum auf der Strömung des Kritischen Realismus (Bhaskar 1978, 1986, 1989ab) basiert.

Lawson glaubt, daß sich die verschiedenen Strömungen im neoklassischen Projekt nicht hauptsächlich durch Annahmen, wie die der beschränkten Rationalität oder der Tendenz zum Erreichen von optimalen Gleichgewichtszuständen unterscheiden, sondern daß die wesentliche Gemeinsamkeit in der Methodologie zu finden ist.[1] Lawson glaubt nun, daß "während verschiedene (substantive) Theorien kommen und gehen, ... eine zugrundeliegende Zugehörigkeit zu einer deduktionistischen Konzeption der Erklärung [verbleibt], die letztlich in Ergebnissen des Positivismus verwurzelt ist" (S. 787). Unter der deduktivistischen Methode versteht Lawson unter anderem eine zu deterministische Erklärungsweise, in denen Folgen eindeutig durch das Eintreten eines Kreises von Bedingungen ausgelöst werden. Um diese Art von Kausalität zu ermöglichen, wird das analysierte System "geschlossen", d.h. es wird von weiteren Einflußfaktoren abstrahiert. Zu dieser Methode gehört die "ceteris paribus" Klausel, der sich Williamson ebenso wie auch andere Ökonomen häufig bedient. Weiteres Kennzeichen dieser Methode ist eine bestimmte philosophisch-ontologische Weltsicht, die, so Lawson, auf den Positivismus zurückgeht. In dieser Ontologie wird die Realität mit direkten Erfahrungen gleichgesezt, weil Erfahrungen die einzige Informationsquelle über die Realität darstellen. Dadurch wird der Einfluß des Menschen auf seine Wahrnehmungen an den Rand gedrängt.

Die deduktivistische Methode setzt typischerweise ein kontrolliertes Experiment ein. Insbesondere in den Naturwissenschaften ist es möglich, in einer Experimentalsituation das System zu einem hohen Grade zu "schließen" und nur

---

[1] Wie wir schon vorher gesehen haben, baut Windsperger (1999) seine Trennung der mikroökonomischen Unternehmenstheorien von den neoinstitutionalistischen auf der Annahme verschiedener Rationalitätskonzepte auf.

bestimmte Vorgänge isoliert zu betrachten. In den Sozialwissenschaften fehlt diese Möglichkeit häufig, da die Komplexitäten und Interdependenzen zu hoch sind. Als eine Art Ausweg sieht der Kritische Realismus die Suche und Aufstellung von transfaktualen Aussagen, die wesentlich weniger konkret sind. Es geht dabei darum, Mechanismen aufzuzeigen, die wirksam sind, jedoch nicht eindeutig von einem Satz bestimmter Faktoren ausgelöst werden müssen, sondern auch durch andere Faktoren beeinflußt werden können (S. 789). Die Resultate dieser Mechanismen müssen nicht zwingend beobachtbar sein. Gesetze sollen auf einer höherliegenden (und dadurch auch wohl hypothetischeren) Ebene aufgestellt werden, als die der konkret beobachtbaren Regelmäßigkeiten von Ereignissen.[1] "Der Fehler des Deduktivismus", so führt Pratten aus, "(in seiner Ausprägung als Mainstream-Ökonomie) ist, diesen Spezialfall [wo ein einzelner Mechanismus isoliert und empirisch analysiert wird,] in einen Kontext zu übertragen, [nämlich den eines offenen Systems], in dem er so gut wie keine wissenschaftliche Bedeutung mehr hat" (S. 789).[2]

Die besondere Schwierigkeit bei der Anwendung der deduktivistischen Methode auf soziale Systeme bestehe darin, daß sie das menschliche Verhalten mechanisiert.

> "Wenn sich strikte Ereignisregularitäten ergeben sollen, müssen die Individuen der Analyse einer Bedingung unterworfen werden, die als die *intrinsische Bedingung für Geschlossenheit* bezeichnet werden kann. Die Anforderung, die hier gestellt wird, ist, daß das Individuum zu einem gegebenen Stimulus immer in der gleichen Art reagiert. Jedes System, welches einen Akteur enthält, der komplex genug ist, um Aktionen zu initiieren, die nicht vollständig durch seine unmittelbare Umgebung bestimmt sind, wird ein offenes System. ... Das Ziel kontrollierter Ereignisregelmäßigkeiten und geschlossener Systeme kann nicht durch Annahmen erreicht werden. In der sozialen Welt verhindern die strukturierte Natur der menschlichen Akteure und die Interaktionen sozialer Systeme die Erfüllung dieser Bedingungen. ... Die soziale Welt ist offen und kann auch nicht lediglich temporär die künstliche Abschottung in einem Experiment bieten, wie es im Bereich der Natur möglich ist." (S. 790)

---

[1] Diese Überlegungen scheinen mir aus mehrfacher Hinsicht fraglich: Kann eine solche Theorie nicht einfacher immunisiert werden? Wie aussagekräftig ist eine solche Theorie? Wenn Gesetze auf einer abstrakteren Ebene aufgestellt werden sollen, gelangt man dann nicht wieder bei idealisierten mathematischen Modellen?
Der alte Institutionalismus (z.B. von Veblen) scheint vom Kritischen Realismus dadurch abzuweichen, daß er nicht nach a priori Aussagen sucht, sondern eine stärker empirische und deskriptive Ausrichtung annimmt. Möglicherweise wird der Kritische Rationalismus von den zeitgenössischen alten Institutionalisten deshalb unterstützt, weil er dazu verhelfen könnte, eine atheoretische, deskriptive Ausrichtung zu vermeiden, die den alten Institutionalisten vorgeworfen wurde.

[2] vgl. das Zitat von Windsperger auf S. 90 und die Kritik von Goshal/Moran (1996) im Abschnitt II.2.2.2.

TKT und Neoklassik haben die Übernahme der deduktivistischen Methode gemeinsam. Allerdings, so Pratten, und dies mache Williamson besonders interessant, "scheint er mit den Folgen ..., die aus der Annahme einer solchen methodologischen Position entstehen, nicht zufrieden zu sein" (S. 791).

So hat Williamson das weitere institutionelle Umfeld in einer (eingeschränkten) Weise einbezogen. Kulturell verschiedene Opportunismusneigungen können so z.B. Auswirkungen auf die Wahl von Governance-Strukturen in verschiedenen Ländern haben. Die institutionelle Umwelt wird jedoch als Satz exogener und im Hintergrund stehender Parameter begriffen. Wechselbeziehungen zwischen dem institutionellen Umfeld und der Realisierung von Governance-Strukturen werden z.B. nicht charakterisiert. "Abgesehen von Rückkoppelungsmechanismen (welche in der Transaktionskostenanalyse unterentwickelt sind), wird das institutionelle Umfeld als Quelle von Parameterveränderungen [*shifts*] betrachtet" (Williamson 1993, S. 112-3). Beziehungen und Abhängigkeiten zwischen Strukturen und Handlungen werden nicht berücksichtigt, woraus Pratten folgert, daß "die intrinsische, dynamische Natur sozialer Prozesse ignoriert wird" (S. 792).

Williamson legt zwar Wert auf eine möglichst realitätsnahe Darstellung der Akteure, entscheidet sich jedoch trotzdem zugunsten von Annahmen, mit welchen Theorien einfach und praktisch formuliert werden können.[1] Williamson gehe eine Art Mittelweg zwischen realistischen und praktisch einfach einsetzbaren Annahmen. Die Annahme beschränkter Rationalität führe zu keiner grundlegenden Änderung des orthodoxen Analyserahmens, sondern erweitere lediglich die Grenzen des ökonomischen Ansatzes.

Zusammenfassend vermutet Pratten, daß Williamson die orthodoxe Ökonomie für erweiterungs- und anschlußfähig hält, was jedoch der falsche Weg sei, da die orthodoxe Methodologie die Analyse sozialer Phänomene grundlegend einschränke. Williamsons Konzeption der beschränkten Rationalität charakterisiert Pratten wie folgt:

> "Williamson ist hin und hergerissen zwischen der Übernahme einer Konzeption menschlichen Verhaltens, welches sich per Annahme der Probleme interner Komplexität entledigt und dadurch die Bedingung intrinsischer Geschlossenheit erfüllt und dem Verwerfen einer solchen Ansicht, was mit der Akzeptanz der Folgen verbunden ist, z.B. in Form seltener Ereignisregelmäßigkeiten. Seine Behandlung der beschränkten Rationalität erscheint dabei als unglücklicher Kompromiß, der im wesentlichen einen intern unstrukturierten Akteur beibehält und die Existenz solcher internen Komplexitäten bloß andeutet ... " (S. 795)

Meines Erachtens scheint die Kritik der Geschlossenheit Prattens jedoch für sehr viele Modelle menschlichen Verhaltens zu gelten und es ist schwierig, sich eine Theorie vorzustellen, die solche Schwierigkeiten vermeiden könnte und trotz-

---

[1] vgl. S. 90 dieser Arbeit

dem als Theorie gelten könnte. Es scheint gerade ein Merkmal von Theorien zu sein, nur ausgewählte Zusammenhänge in den Vorgängen der Welt in bezug auf eine bestimmte Frage deutlich zu machen. Wird ein Modell zusätzlich noch formalisiert, so werden Relativierungen und Einschränkungen in den Hintergrund gedrängt und die deterministische Mechanik wird noch deutlicher sichtbar. Gerade die alten Institutionalisten, aus dessen Umfeld die hier besprochenen Autoren stammen, wird bekanntermaßen Theorielosigkeit vorgeworfen (vgl. Coase 1984, S. 230).

2.1.4.3 Verteidigung der Rationalitätsannahme Williamsons

Windsperger (1999) bietet eine interessante und wie gewohnt etwas eigenwillig, aber präzise formulierte Verteidigung der Rationalitätsannahme Williamsons an, weshalb diese hier fast vollständig zitiert werden soll:

> "Unvollständige Information aufgrund der begrenzten Rationalität der Wirtschaftssubjekte ist die logische Voraussetzung für das Auftreten von Transaktionskosten. Dies bedeutet aber nicht, daß die Wirtschaftssubjekte bei der Entscheidung über die Koordinationsform die minimalen Transaktionskosten explizit bestimmen. Unter dem Wirtschaftlichkeitskriterium gehen sie jedoch als implizites Wissen in das Bewertungsmodell des Organisationsdesigners ein. Das implizite Wissen stellt die generativen Strukturen des ökonomischen Entscheidungsverhaltens dar (Polanyi 1985). Diese sind den Entscheidern nicht bewußt, werden aber erfolgreich angewandt, ähnlicher der generativen Struktur (Tiefenstruktur) einer Sprache (Chomsky 1965, 1968). In der TKT wird dieses implizite Wissen aufzudecken versucht, d.h. es wird das Bewertungsmodell des Organisationsdesigners rekonstruiert, indem die Einflußfaktoren der Koordinationskosten explizit gemacht werden. Die Kritik, der Organisationsdesigner sei aufgrund der begrenzten Rationalität nicht in der Lage, die minimalen Koordinationskosten zu bestimmen, ist daher nicht haltbar. Sie wäre nur dann gerechtfertigt, wenn die TKT von begrenzt rationalen Wirtschaftssubjekten ausginge und gleichzeitig annähme, diese könnten das Koordinationskostenminimum explizit ermitteln. Damit liegt hier eine inkonsistente Argumentation vor, weil nicht zwischen theoretischem Wissen als rekonstruiertem bzw. Metamodell des Organisationsdesigners und Alltagswissen unterschieden wird. Das Alltagswissen betrifft die situative Organisationserklärung sowie die Ableitung von praktischen Handlungsempfehlungen aus der internen Beobachterperspektive. Läge dem Organisationsdesigner das Organisationsbewertungsmodell als explizites Wissen vor, könnte dieses Modell als Entscheidungsunterstützungssystem eingesetzt werden." (S. 270-271)

Windsperger weist hier einen Kritikpunkt an Williamsons Rationalitätsannahme mithilfe eines im wesentlichen gleichen Arguments zurück, wie Voss/Abraham (2000, S. 55) oben (vgl. 2.1.3.3, S. 87) zur Verteidigung der neoklassischen Nutzenmaximierungsannahme vorgebracht haben.

Seine Argumentation erscheint mir teilweise berechtigt. So würde ich zustimmen, daß die Akteure nicht notwendigerweise die Effizienz verschiedener

Alternativen explizit zu bestimmen haben und sich ihrer Vorgehensweise auch nicht voll bewußt sein müssen. Windspergers Zurückweisung betrifft aber nur einige, nicht alle Kritikpunkte an der Rationalitätsannahme. Sie wäre z.B. gültig für die Kritik an der Vernachlässigung einiger psychologischer Aspekte und dem Widerspruch zwischen beschränkter Rationalität und der vorausschauenden Bewertung alternativer Strukturen. Es bleiben aber trotzdem einige andere Argumente der Kritiker, welche durch diese Verteidigung nicht gedeckt werden, wie z.B. die soziale Natur der radikalen Unsicherheit und die *'theoretical closure'* bzw. Geschlossenheit der Theorie.

Auch wenn die TKT durch die Argumentation Windspergers in Schutz genommen werden kann, bleibt meiner Meinung nach die Beschäftigung mit psychologischen Aspekten des Verhaltens (wie z.B. bezüglich unbewußter Motive, der Problematik der Willensschwäche, kognitiver Kategorien, Gewohnheitshandlungen und Satisficing-Verhalten) von Interesse, weil sie eventuell zu einer Erweiterung und Verbesserung institutionenökonomischer Theorien führen könnte.

2.2 Opportunismus und Streben nach Eigennutzen

2.2.1 Einleitung

2.2.1.1 Die zentrale Rolle der Opportunismusannahme

Williamson nennt wiederholt drei zentrale Elemente der TKÖ: beschränkte Rationalität, spezifische Investitionen und Opportunismus. Die letztere Annahme, auf die wir uns hier konzentrieren wollen, ist deshalb zentral, weil es bei ihrer Abwesenheit, nämlich der Annahme, daß die Menschen nicht opportunistisch handeln, den Großteil der von Williamson betrachteten Probleme ökonomischer Organisation nicht gäbe. Dies deshalb, weil die Akteure sich dann an ex-ante festgelegte Vertragsregelungen halten würden, und zwar auch dann, wenn sich durch Umweltveränderungen Möglichkeiten ergeben, unbemerkt auf Kosten des anderen zu profitieren (vgl. I.2.3.3, II.2.1.4.1). Würde opportunistisches Verhalten nicht auftreten, so müßten an Governance-Strukturen (ebenso wie im Falle unbeschränkter Rationalität) keine besonderen Anforderungen gestellt werden und die Akteure könnten ex-ante von einer problemlosen Vertragsabwicklung ausgehen.

Wie die Annahme der beschränkten Rationalität steht auch die Annahme des Opportunismus in Beziehung mit dem Grad der Unsicherheit. Mit steigender Verhaltensunsicherheit steigt opportunistisches Verhalten quasi per Definition, mit steigender Umweltunsicherheit ergeben sich mehr Möglichkeiten für opportunistisches Verhalten.

2.2.1.2 Definition von Opportunismus

Williamsons Definition von Opportunismus wurde bereits früher vorgestellt.[1] Ein paar Details sollen aber trotzdem nochmals besprochen werden. Gelegentlich bezeichnet Williamson Opportunismus als eine Art nicht-triviale Nutzenmaximierung. Nicht-trivial ist sie deshalb, weil der Akteur bei seinen Bestrebungen Eigennutzen zu erhöhen, *strategisch* vorgeht, was u.a. bedeutet, daß der Akteur versucht, bei seinen Handlungen die Reaktionen seiner Interaktionspartner einzuplanen. Wenn es aufgrund psychologischer oder materieller Kosten keine Nutzeneinbußen bringt, so handelt der Akteur auch durchaus hinterhältig und heimtückisch. Der Einsatz von List ist ein Kennzeichen opportunistischen Handelns.

2.2.1.3 Schwierigkeiten mit der Opportunismusannahme

Die Opportunismusannahme ist nach der Einschätzung von Ebers/Gotsch (1999, S. 243) diejenige Annahme, zu der am meisten Kritik geäußert wurde. Die Annahme des opportunistischen Handelns, die von Williamson deutlich veranschaulicht wurde, erscheint vielen Kritikern als überzogen. Menschen, so das Gegenargument, würden nur selten opportunistisch handeln, ansonsten werde ihr Handeln durchaus auch von moralischen und ethischen Werten bestimmt. Der bei Williamson stets präsente Verdacht, daß Akteure bei jeder Gelegenheit rücksichtslos ihren Eigennutzen verfolgen, erscheint indes als etwas überzogen.

Von opportunistischem Handeln wird häufig angenommen, daß es im Zuge der Erreichung monetärer Gewinne eingesetzt wird. Menschen streben aber auch nach Anerkennung, Status, Verantwortung, etc. Auch bei ihren Bemühungen, diese Ziele zu erreichen, kann Opportunismus eingesetzt werden.

2.2.1.4 Überblick

Die Kritik und einige Erweiterungen an der Opportunismusannahme möchte ich anhand von vier beispielhaften Artikeln diskutieren. Der erste (Goshal/Moran 1996) gehört zu den Klassikern der Kritik der TKT (II.2.2.2). Der zweite (Noorderhaven 1996) spricht sich für den Einbezug von Vertrauen aus und illustriert dies anhand eines einfachen Modells, in welchem die Akteure im Kern opportunistisch und vertrauenswürdig zugleich sind (II.2.2.3). Karpik (1998) verweist auf die Notwendigkeit von Vertrauen zum Treffen von Entscheidungen angesichts von radikaler Unsicherheit, inkommensurablen Präferenzen und vielfältigen, widersprüchlichen Wissensbeständen (II.2.2.4). Im vierten besprochenen Artikel (Lindenberg 2000) wird zuerst Mißtrauen von Vertrauen unterschieden (II.2.2.5). Mißtrauen und Vertrauen werden mit zwei verschiedenen Arten opportunistischen Handelns in Verbindung gebracht, welche

[1] vgl. I.2.3.2, S.40

anschließend zusammen in einem integrativen Modell berücksichtigt werden können.

2.2.2 Goshal/Moran (1996): Kritik an den normativen Implikationen der Opportunismusannahme und ein Erweiterungsvorschlag

Goshal/Moran (1996)[1] kommen aufgrund ihrer Kritik zu dem Schluß, daß die Verwendung der TKT als Basis für die Ableitung von Handlungsempfehlungen in der Praxis ungeeignet und sogar kontraproduktiv sein kann. Schuld an dieser sehr kritischen Einschätzung der TKT wäre die in dieser Theorie vertretene Opportunismusannahme und die mit ihr verbundene Weltsicht. Die grundlegende Idee ihrer Kritik besteht darin, daß stärkere Schutzmechanismen gegen opportunistisches Verhalten (z.B. durch ausgebaute hierarchische Strukturen und Kontrollen) genau dieses Verhalten hervorrufen und fördern könnten. Der dabei in Gang kommende Prozeß ähnelt der einer selbsterfüllenden Prophezeiung.

2.2.2.1 Handelt es sich bei der TKT um eine normative Theorie?

Bevor Goshal/Moran beginnen, mögliche normative Empfehlungen aus der TKT zu kritisieren, fragen sie sich, inwieweit die Theorie überhaupt als normativ konzipiert wurde und ob sie nicht nur als positiv-beschreibende Theorie intendiert sei. Diese Frage ist für sie schnell geklärt, da "alle positiven Theorien der Sozialwissenschaften auch normative Theorien sind, unabhängig davon, ob dies intendiert ist oder nicht" (S. 2). Auch wenn eine Theorie als positiv gedacht sei, wäre es trotzdem möglich, normative Schlüsse daraus abzuleiten. Goshal/Moran verweisen z.B. auf Masten (1993), der beispielsweise Managern nähergelegt hat, stärker Ergebnisse der TKT in ihre Entscheidungen einzubeziehen. Während positive Theorien durch Vereinfachungen von Verhaltensannahmen profitieren können und dadurch einfacher zu handhaben sind, sollten normative Theorien von möglichst realistischen Annahmen ausgehen. Goshal/Moran sind der Ansicht, daß die Verhaltensannahmen in der TKT zu unrealistisch sind.

Im Gegensatz dazu hält Windsperger (1999, S. 161) die neoinstitutionalistischen Theorien und auch die TKT zumindest im Vergleich zu den mikroökonomischen Unternehmenstheorien als geeignete Grundlage für Handlungsempfehlungen (wenn auch mit Vorbehalten).

---

[1] Goshal/Moran (1996), "Bad for practice: A critique of the transaction cost theory". Die hier genannten Seitenzahlen beziehen sich nicht auf die gedruckte Version in der Academy of Management Review, sondern auf einen Ausdruck aus der Volltext-Datenbank EBSCO Host.

2.2.2.2 Die mangelnde Berücksichtigung der Opportunismusneigung bei Williamson

Erster Kritikpunkt Goshal/Morans ist, daß Williamson nicht zwischen der opportunistischen Einstellung bzw. Neigung des Menschen und dem tatsächlichen Auftreten dieses Verhaltens unterscheide. Eine Einstellung kann sich nur dann in Verhalten äußern, wenn entsprechende Bedingungen gegeben sind, die dieses Verhalten erlauben.

Goshal/Moran behaupten allerdings nicht, daß Williamson diese Unterscheidung gänzlich ignoriere. So läßt Williamson implizit zu, daß Individuen unterschiedliche Opportunismusneigungen haben können. Da diese Unterschiede jedoch in der Praxis nicht oder nur sehr schwer festgestellt werden können, muß nach Williamson bei der Gestaltung einer Governance-Struktur vom schlimmsten Fall ausgegangen werden. Die Wahrscheinlichkeit, daß die Neigung auch im Verhalten zum Ausdruck kommt, wird durch einige wenig präzisierte situationale Faktoren beeinflußt. So zeigt z.B. die Diskussion der Transaktionsatmosphäre, daß Williamson diese als situationale Einflußgröße auf das opportunistische Verhalten sieht und sich die grundsätzlich opportunistische Einstellung nicht immer manifestieren muß. Es fehle jedoch "... die Unterscheidung zwischen Opportunismus als Einstellung und verwirklichter Verhaltensweise in Williamsons formellen Überlegungen" (S. 5).

Opportunismus als Neigung wäre erst dann zufriedenstellend berücksichtigt, wenn auch die Neigung situational verschieden sein kann. Die Forderung, sowohl die Neigung, als auch die Verhaltensmanifestationen vom Kontext abhängig zu machen, belegen Goshal/Moran mit Erkenntnissen aus der Psychologie: "Literatur ... aus der Psychologie ... bietet unstrittige Beweise dafür, daß Einstellungen und Verhalten als getrennte Konzepte existieren und beide von der individuellen Disposition ebenso wie von der Situation beeinflußt werden, die die Wahrnehmungen und Handlungsintentionen [*instrumentalities*] des Individuums formen" (S. 6).

Zum situationalen Einfluß gehören auch die Einstellungen und das Verhalten anderer Personen. Die Einstellung bzw. Neigung wird außerdem durch die Sozialisation und vorherige Erfahrungen vorgeprägt.

2.2.2.3 Eine Erweiterung der Opportunismusannahme

Goshal/Moran bilden – inspiriert von der Theorie überlegten Handelns [*theory of reasoned action*] (Olson & Zana 1993, S. 131) – ein Modell des Opportunismus, daß die Einflußfaktoren auf die Einstellung und das Verhalten verdeutlichen soll.

Die Wahrscheinlichkeit opportunistischen Verhaltens wird bei Williamson, wie in untenstehender Abbildung dargestellt, positiv beeinflußt durch den Nutzen des Verhaltens (welcher z.B. bei hoher Transaktionsspezifizität groß ist) und negativ über eine Erhöhung der Kosten dieses Verhaltens durch Kontroll- und Überwachungsmechanismen.

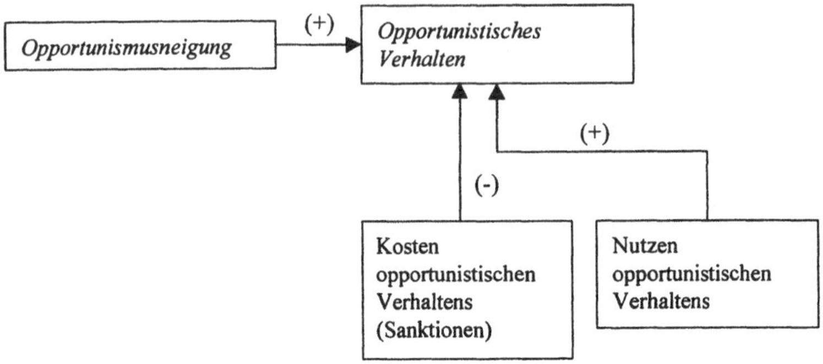

Abbildung 15: Die Opportunismusannahme bei Williamson (aus Goshal/Moran 1996, S. 19)

Dieses Modell wird von Goshal/Moran zu folgendem erweitert:

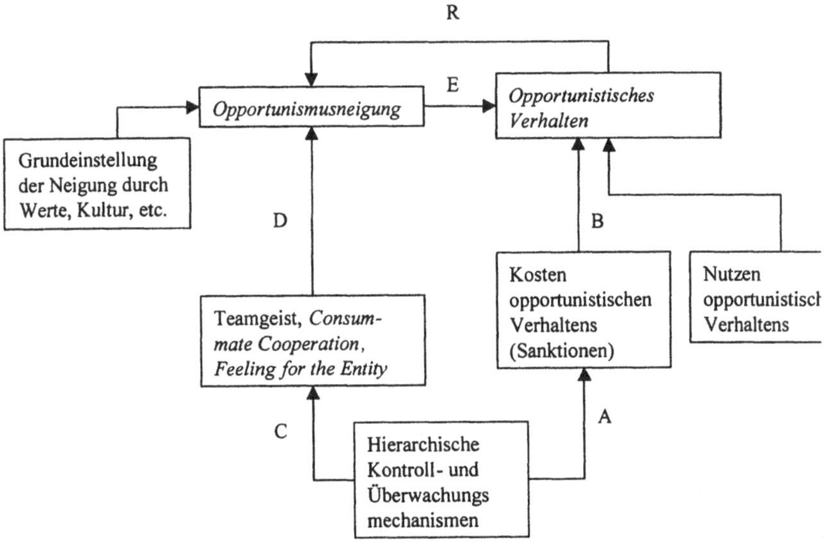

Abbildung 16: Eine erweiterte Opportunismusannahme (modifiziert aus Goshal/Moran 1996, S. 22)

Die im Modell dargestellten Zusammenhänge sollen anhand eines Beispieles, nämlich einer Erhöhung des Einsatzes von Kontrollmechanismen, erläutert werden. Eine Verstärkung der Kontrollmechanismen erhöht nicht nur die Kosten des opportunistischen Verhaltes (über den Pfad A-B), sondern verringert auch den Teamgeist, bzw. die *consummate cooperation* oder das "*feeling for the entity*" (die Identifikation mit der Organisation), was die situationale Opportunismusneigung erhöht und damit auch die Wahrscheinlichkeit für reales Auftreten von opportunistischem Verhalten (Pfad C-D-E).

Die Gesamtwirkung einer Intensivierung der hierarchischen Kontrolle hängt von der Differenz der entgegengesetzten Teilwirkungen ab und bleibt im Modell offen. Der Gesamteffekt wirkt (unabhängig davon, ob er positiv oder negativ ausfällt) über eine Rückkopplungsschleife (R) auf die Opportunismusneigung ein. Dies wird damit begründet, daß die Einstellung dem realisierten Verhalten angepasst wird, um kognitive Dissonanzen, d.h. wahrgenommene Widersprüche zwischen Einstellung und Verhalten, zu verringern.

2.2.2.4 Die negativen Auswirkungen der Hierarchie

Es stellt sich nun die Frage, ob nicht bei einer auf der Basis der TKT durchgeführten Organisationsgestaltung, von welcher vermutet wird, daß sie häufig einen verstärkten Einsatz von Kontrollmechanismen und hierarchischen Strukturen favorisieren wird, die negativen Gesamteffekte dominieren werden. Goshal/Moran erinnern daran, daß trotz des Einsatzes von Überwachungs- und Kontrollmechanismen insbesondere in Arbeitsbeziehungen (auf welche sich ihr Artikel hauptsächlich zu beziehen scheint) eine breite Palette von Möglichkeiten existiert, opportunistisch zu handeln. Wie Alchian/Demsetz (1972) schon erwähnt haben, hängt die Breite dieses Handlungsspektrums von der Einfachheit ab, mit der Überwachung möglich ist. Letztere ist bei anspruchsvollen, intellektuellen oder kreativen Tätigkeiten wesentlich geringer als z.B. bei handwerklichen Tätigkeiten. Ist die Breite groß, so kann der Akteur, wenn eine bestimmte opportunistische Handlungsweise durch einen Schutzmechanismus unterbunden worden ist, leicht auf eine andere Art opportunistischen Verhaltens ausweichen. "Erhöhte Opportunismusneigung ... bringt die Individuen dazu, das 'System' in anderen wichtigen, aber weniger kontrollierbaren, Bereichen auszutricksen" (S. 8).

Einem Arbeitnehmer signalisiert der Einsatz von Kontrolle, daß ihm nicht vertraut wird und daß er als unfähig betrachtet wird, die Arbeit ohne Kontrolle selbständig auszuführen. Dies verringert, wie Studien gezeigt haben, die intrinsische Motivation der Mitarbeiter. Goshal/Moran zitieren beispielsweise Bahn et al (1988), die auf eine Reihe von Studien verweisen, welche zeigen, daß intrinsische Motivation durch Erhöhung der extrinsischen Anreize gefährdet werden kann.[1] Kontrolle und Überwachung kann dazu führen, daß leicht meßbare Tätigkeiten fokussiert und weniger leicht messbare Tätigkeiten vernachlässigt

[1] Bei der Diskussion der Transaktionsatmosphäre weist auch Williamson (1975, S. 38) mit dem Blutspende-Beispiel auf dieses Problem hin.

werden.[1] Es kommt damit zu einer "Dienst nach Vorschrift"-Mentalität (*perfunctory cooperation*) anstelle einer engagierten, selbständigen Mitarbeit (*consummate cooperation*).

Der Überwacher kann aus dem der erhöhten Kontrolle folgenden, weniger kooperativen und opportunistischeren Verhalten schließen, daß die Verstärkung der Kontrolle gerechtfertigt war, aber noch nicht ausreichend ist und deswegen noch weiter erhöht werden muß. Damit ergibt sich ein Teufelskreis, in dem "Vertrauen und Vertrauensfähigkeit [schrittweise] zusammenbrechen" (Enzle/Anderson 1993, S. 263 zit. nach Goshal/Moran 1996, S. 9).

Die bisher angesprochen Kontrollmechanismen werden von Goshal/Moran (S. 9) unter "*rationaler Kontrolle*" zusammengefasst, was von "*sozialer Kontrolle*" zu unterscheiden ist. Diese Unterscheidung wird in Anlehnung an Ouchi (1979) getroffen, welcher in ähnlicher Weise zwischen relationaler und sozialer Kontrolle unterscheidet. Soziale Kontrolle bezieht sich nicht auf formelle und administrativ-hierarchische Mittel, sondern auf informelle gruppendynamische Vorgänge. Soziale Kontrolle kann, so Goshal/Moran (S. 9), direkt auf opportunistisches Verhalten wirken, aber auch über eine Einstellungs- bzw. Neigungsänderung. Die Einstellungsänderung ist die tiefgreifendere und wirksamerere Form, bei der Werte und Normen der Organisation internalisiert werden. Goshal/Moran kritisiert an Ouchi, daß er ähnlich wie in früheren soziologischen Internalisierungstheorien, die Einstellungsänderung zu direkt und unkonditionell einführt, so daß Mitglieder der Gruppe überhaupt keine opportunistischen Neigungen mehr zu besitzen scheinen.

Der Einsatz sozialer Kontrolle wird erschwert, wenn eine Organisation neu aufgenommene Mitglieder nicht ausreichend genau selektieren kann. Dies, so Goshal/Moran, "wird die Einsetzbarkeit von alternativen sozialen Kontrollen stark einschränken und sie [die Unternehmen] dazu bringen, rationale Kontrollen zu verwenden" (S. 10).

Die nachteilige Wirkung eines stark von Opportunismus geprägten Klimas macht sich auch dadurch bemerkbar, daß "die vielversprechendsten Individuen in einer [solchen] Firma ... , wahrscheinlich diejenigen sein werden, die am geschicktesten ihre eigenen Interessen rücksichtslos durchsetzen können" (S. 10).

Die Möglichkeiten für rationale Kontrolle sind dann groß, wenn das Verhalten bzw. dessen Ergebnisse eindeutig gemessen und beurteilt werden können. Die Messung wird erschwert, wenn die Beziehung zwischen Verhalten und Ergebnissen unklar ist. Dies ist z.B. bei steigender Umweltunsicherheit der Fall. So ist es in turbulenten Umwelten schwerer feststellbar, ob ein Manager entscheidend

[1] Goshal/Moran übertragen später diese Überlegung von der individuellen Ebene auf die Wahl der Tätigkeiten von Unternehmen.

zum Unternehmenserfolg beigetragen hat, oder ob es sich um günstige Umwelteinflüsse gehandelt hat. Goshal/Moran vermuten, daß Organisationen, die auf rationaler Kontrolle basieren, sich sichere und stabile Umwelten suchen werden, in welchen die Meßbarkeit einfacher fällt. "Großvolumige, reife Sektoren mit relativ standardisierten Produkten und Prozessen mit 'programmierbaren' Aktivitäten werden sich als die Sektoren ihrer Wahl herausstellen. Allerdings ist es, wie von Hill (1990) argumentiert wurde, genau für solche Sektoren wahrscheinlich, daß Märkte überlegenere Effizienzcharakteristiken besitzen, als Organisationen" (S. 11).[1]

Mit letzterem Punkt würde Williamson (1985, S. 80) übereinstimmen, da er ebenfalls vermutet, daß mit der zunehmenden Reife und Stabilität einer Industrie auch die Spezifizität der Transaktionen sinkt und deswegen Markttransaktionen zunehmen werden.

2.2.2.5 Die spezifischen Vorteile von Organisationen

Nach Goshal/Moran liegt ein Hauptvorteil von Organisationen nicht in der Möglichkeit der Unterdrückung von Opportunismus mithilfe von hierarchischer Kontrolle, sondern in der Ermöglichung spezifischer Arten von Kooperation und Kontrolle (nämlich *consummate cooperation* und soziale Kontrolle).

Die Vorstellung, daß Organisationen zur Eindämmung von Opportunismus entstanden sind, sei irreführend. Diese Hypothese, so Goshal/Moran, folge aus dem Ansatz des Marktversagens und der Beobachtung, daß Märkte nicht über genügend Mechanismen zur Eindämmung des Opportunismus verfügen. Der Nachteil des Marktes muß jedoch nicht der Vorteil der Organisation sein. Dies, so vermuten Goshal/Moran, sei der Fehler Williamsons:

> "Wo er [Williamson] und seine Anhänger sich irren, ist die Annahme, daß Organisationen wegen ihrer Fähigkeit, Opportunismus abzuschwächen, existieren – eine Annahme, die direkt aus ihrer Anhängerschaft zum Modell [*framework*] des Marktversagens folgt. ... Heute wissen wir, daß der Rat, eine Firma so zu betreiben, als ob es sich um einen Markt handelt, nicht fundiert ist. Firmen ersetzen Märkte, wenn nichtmarktliche Koordinationsformen ... überlegen sind" (S. 13)

Die Marktlogik zeichnet sich durch die Verwendung des Preises als Koordinationsinstrument aus. Sind die Bedingungen für die ideale Funktionsweise des Marktes erfüllt, so kommt es zu einer effizienten Ressourcenallokation, ohne

---

[1] Mit der Reife einer Industrie verändert sich häufig auch die optimale Firmengröße. Die Produktstandardisierung erlaubt Massenproduktion und die Ausnutzung von Skaleneffekten. Dadurch steigt die optimale Betriebsgröße an. Aus diesen Überlegungen läßt sich die Hypothese ableiten, daß Firmen, in denen die Leistungsmeßbarkeit einfacher fällt, durchschnittlich größer sind als solche, in denen sie schwer fällt. Dies scheint meiner Einschätzung nach mit der Realität zu korrespondieren (z.B. ist der durchschnittliche Industriebetrieb vermutlich größer als der durchschnittliche Dienstleistungsbetrieb).

daß dazu eine zentrale Koordination notwendig ist. Marktkoordination, so Goshal/Moran, "... bewegt sich entlang eines evolutionären Pfades, der durch die heutige relative Effizienz geleitet wird und unabhängig von der Effizienz zukünftiger Stadien ist" (S. 14). Anders ausgedrückt verhalten sich Märkte kurzsichtig.

Goshal/Moran stellen die Hypothese auf, daß Märkte und Organisationen unterschiedlich geeignet sind, zwei wesentliche Aufgaben der wirtschaftlichen Weiterentwicklung zu erfüllen, nämlich die Erhöhung der Effizienz und die Anpassung an veränderte Umstände. Märkte und Organisationen können zur Erfüllung dieser Ziele unterschiedlich gelagerte Beiträge leisten. Dabei besteht keine klare und eindeutige Aufgabenteilung. Die Aufteilung der Transaktionen auf verschiedene Strukturen ist unscharf. So zeigen Studien (z.B. Coase 1988), daß gleichartige Transaktionen für längere Zeit sowohl im Markt, als auch intern abgewickelt werden. Allerdings scheinen Märkte tendenziell zur Verbesserung der Effizienz des Bestehenden geeignet, während sich Organisationen mehr für innovative Aktivitäten eignen.[1]

> "Die Fähigkeit, Marktkräfte (zumindest zeitweise) auszuschalten, erleichtert es, in Organisationen Innovationsaktivitäten zu verfolgen." (S. 15)

> "Weil innovative Aktivitäten oft durch fehlende Preisverhältnisse (oder Märkte), durch hohe Unsicherheit und durch hohe Ambiguität gekennzeichnet sind, sind Märkte alleine relativ ungeeignet, um Informationen und Wissen in ausreichender Qualität und Quantität zu vermitteln und um die Ausführung der effizientesten [d.h. innovativen] Transaktionen zu sichern." (S. 16)

Die Effizienz eines Systems, muß nach Schumpeter (1942, S. 83) unter der Berücksichtigung des Zeithorizontes beurteilt werden. Ein kurzfristig ineffizientes System kann langfristig überlegen sein, z.B. weil es Investitionen tätigt. Um in einer sich verändernden Umwelt zu überleben, sind Innovationen unentbehrlich. Goshal/Moran stellen fest, daß "Anweisungen ineffektiv für die Förderung von Initativen, Kreativität oder Leadership sind, welche ex-ante schwer von Opportunismus zu unterscheiden sind" (S. 16).

Die Logik der Organisation zeichnet sich außerdem durch die Verfolgung eines gemeinsamen Zweckes aus. Die Tatasche, daß die Mitglieder sich mit einem gemeinsamen Zweck identifizieren, erleichtert die Koordination durch Anpassung. Schon Barnard (1938, S. 137) sprach von einer "zweckgerichteten Anpassung". Anstelle des Einsatzes der rationalen Kontrolle sehen Goshal/Moran die Lösung in der Erzeugung einer Atmosphäre von "Identifikation, Vertrauen und Verbindung zur Organisation" (S. 16). Weiters sei es

---

[1] Williamson (1985, S. 141) gibt zu, daß die Berücksichtigung von Innovationen komplexe Probleme aufwirft, die über den Rahmen seiner Theorie hinausgehen.

"letztendlich diese Transformation des [internen] institutionellen Kontextes, in welchem die sozialen Beziehungen eingebettet sind und durch welche die Präferenzen der Akteure beeinflusst werden, der es dem organisationalen Anpassungsprozeß erlaubt, sich ohne Marktanreize in einer zweckgerichteten und quasiautonomen Art zu entwickeln, ohne daß verstärkte rationale Kontrollen benötigt werden." (S. 17)

Zusammenfassend schreiben Goshal/Moran, daß "in einer Theorie von Organisationen und Märkten, Lernen und Vertrauen den selben Platz einnehmen könnten, wie Effizienz und Opportunismus" (S. 20). Die Kritik Goshal/Morans an der TKT fällt also insgesamt sehr scharf aus. Sie glauben, daß der Kern der Theorie fundamentale Eigenschaften von Organisationen nicht begreift und daher ungeeignet ist, um eine Organisationstheorie zu bilden.

Meiner Meinung nach überschätzen Goshal/Moran den Einsatz hierarchischer Kontrolle in der TKT als Mittel gegen Opportunismus etwas und vergessen, daß die Hierarchie anderweitige Vorteile bietet. So ermöglicht die Hierarchie, schnelle Anpassungen durchzusetzen und kostspielige Verhandlungen (*haggling*) zu vermeiden. Zwar entstehen diese Verhandlungen nach Williamson hauptsächlich aufgrund von opportunistischem Verhalten, was aber nicht andere Ursachen für solche Anpassungsprobleme ausschließt. So können, wie von Williamson (1975, S. 31-33) erläutert, auch unterschiedliche Sichtweisen von Problemen oder verschiedenartige Informationsausstattungen der beteiligten Personen, auch wenn sie die gleiche Zielsetzung haben, zu langwierigen und kostspieligen Verhandlungen führen. In diesen Fällen tritt kein opportunistisches Verhalten auf, der Einsatz von Hierarchie ist aber dennoch von Nutzen.

Weiters schießt meines Erachtens die Kritik Goshal/Morans etwas über das Ziel hinaus, da sie die TKT für die Vernachlässigung von Phänomenen wie Lernen und Innovation kritisiert, deren Erklärung komplementären Theorien (wie z.B. dem Resource-Based View oder dem Organizational Capabilites-Ansatz) zufällt.

2.2.3 Noorderhaven (1996): Ein einfaches 'Split-Core'-Modell zur Berücksichtigung von Vertrauen

Während Goshal/Moran eine interessante Erweiterung der Opportunismusannahme vorgestellt haben, die TKT letztlich aber für wenig brauchbar und erweiterungsfähig halten, versucht Noorderhaven (1996)[1] in einem – allerdings sehr einfachen – Modell Vertrauen etwas expliziter in die TKT einzubauen. Dazu untersucht er die Frage, inwieweit es möglich ist, Vertrauen in einem relativ kalkulatorischen Konzept wie z.B. Reputation zu erfassen. Da sich dieses Konzept als recht begrenzt herausstellt, hält Noorderhaven die Einführung einer Unterscheidung von situationalem und personalem Vertrauen für eine brauchba-

[1] Noorderhaven (1996), "Opportunism and Trust in Transaction Cost Economics"

re Ergänzung. Schließlich wird untersucht, welche Bedingungen zur Entstehung von personalem Vertrauen führen können.

2.2.3.1 Reputation und Vertrauen

Das Konzept der Reputation ist recht nützlich, um Vertrauen (oder dem Vertrauen verwandte Vorgänge) auf einer leicht rational erfassbaren Ebene zu erklären. Reputation im Alltagssprachgebrauch bezieht sich auf Informationen über moralische Qualitäten oder Leistungseigenschaften, die einem größeren Kreis von Personen bekannt sind. Vertrauen bezieht sich dagegen gängigerweise auf Zwei-Personen-Beziehungen. Nach dem Reputationskonzept würden rationale Akteure nicht opportunistisch handeln, weil durch den Verzicht darauf eine positive Reputation aufgebaut werden kann, die sich für das weitere Geschäft als förderlich erweist. Opportunistisches Verhalten wäre dann darauf zurückzuführen, daß der Zeithorizont des Akteurs so kurz ist, daß sich die Gewinne von Reputation nicht realisieren können oder daß der Akteur nicht ausreichend rational ist, um Reputationswirkungen abzuschätzen.

Eine Erklärung dafür, daß Akteure konsequent moralisch handeln, ist, daß der Schaden an der Reputation durch ein einmaliges Vergehen sehr groß sein kann und den Vertragspartnern die Vermutung nahelegt, daß der Akteur nicht grundsätzlich vertrauenswürdig und prinzipientreu handelt, sondern nur eine Art von kalkulatorischem Vertrauen verfolgt.

> "Wenn von einem Akteur vermutet wird, daß er lediglich einer [oberflächlichen] Regel für vertrauenswürdiges Verhalten folgt, ohne tatsächlich vertrauenswürdig zu sein, so wird das Vertrauen in diesen Akteur beschränkt sein. Als nicht-instrumentelles Vertrauen wahrgenommenes Vertrauen ist wesentlich überzeugender." (S. 111)

Ein Problem des Reputationskonzeptes ist, daß im Rahmen dieser Konzeption opportunistisches Verhalten nicht erklärbar ist, welches unmöglich erkannt werden kann und daher auch die Reputation nicht negativ beeinflussen wird.[1]

Das Reputationskonzept erklärt weiters nur unbefriedigend, warum sich Reputation als Signalisierungsmechanismus in einer Gesellschaft überhaupt entwickelt.

---

[1] Dies kann allerdings z.B. dadurch erklärt werden, daß die Akteure kognitive Kosten einsparen, wenn sie sich die kostspielige Überlegung sparen, ob eine opportunistische Verhaltensweise in einer bestimmten Situation jetzt und in Zukunft sicher nicht aufgedeckt werden kann. Als Folge dieser Einsparung werden sie konsequent moralisch Handeln (vgl. den 'low cost view of moral principles' von Kirchgässner 1992).
Noorderhaven verweist später auf einen ähnlichen Zusammenhang: "... aufgrund der Beschränkungen der menschlichen kognitiven Kapazitäten sind viele Verhaltensweisen nicht vollständig intentional. ... Durch Wiederholung, ... kommt es zur Gewöhnung. Gewöhnung in einer Austauschbeziehung führt zu einander entsprechenden Erwartungen, reduziert Unsicherheit und schützt Verhalten vor der rationalen Verfolgung von Eigeninteressen. Dies kann zum selben Effekt führen wie Vertrauen ..." (S. 114)

Aufgrund dieser Einwände hegt Noorderhaven Zweifel, daß die alleinige Berücksichtigung von Reputationseffekten ausreichen würde.

2.2.3.2 Situationales und personales Vertrauen

Noorderhaven ist der Ansicht, daß Vertrauen in der TKT nur insofern Platz hat, als es sich mit dem eigennützigen Verhalten deckt. Nur beim Einsatz entsprechender Schutzmechanismen kann ein Akteur darauf "vertrauen", daß sein Partner nicht opportunistisch handeln wird. Diese Art des Vertrauens nennt Noorderhaven "situationales Vertrauen" (*situational trust*), was er von personalem Vertrauen (*character trust*) unterscheidet. Letztere Art von Vertrauen bildet sich in einem Interaktionsprozeß und basiert auf den Charaktereigenschaften des Transaktionspartners.

Das Problem mit situationalem Vertrauen liegt darin, daß es nur für eine bestimmte, definierte oder dank der 'Weitsichtigkeit' auch für eine antizipierte Situation gültig ist. 'Weitsichtigkeit' ist aber ein strittiges Konzept[1] und hat seine Grenzen.

Im Gegensatz dazu ist personales Vertrauen relativ stabil, da es an bestimmte Personen gerichtet ist, und auch in einer unsicheren, dynamischen Umwelt ohne weiteres möglich ist, weil weniger große Ansprüche an Weitsichtigkeit gestellt werden.

Zand (1972, S. 230 zit. nach Noorderhaven S. 109) hat Vertrauen definiert als "Bereitschaft, seine eigene Verletzlichkeit gegenüber jemand anderen zu erhöhen, dessen Verhalten nicht unter [direkter] Kontrolle steht". Noorderhaven definiert Vertrauen analog als "die Bereitschaft, ohne entsprechende Absicherungen Transaktion abzuwickeln".

Von einem niedrigerern als dem erwarteten Niveau der Schutzmechanismen könne man daher auf die Existenz von Vertrauen schließen.[2] Dieser Schluß ist jedoch nicht eindeutig, da die Abwesenheit von Schutzmechanismen eine Reihe von anderen Ursachen haben kann.

Unter personalem Vertrauen versteht Noorderhaven genauer "... die Neigung eines Akteurs, seinen impliziten und expliziten Zusagen gerecht zu werden, bzw. diese zu erfüllen" (S. 112). Die Erfüllung dieser Zusagen kann auch die Zurückstellung der eigenen Interessen beinhalten. Die Einhaltung von Zusagen muß jedoch nicht unter allen Umständen stattfinden, denn "eine vertrauenswürdige Person zieht vor, Versprechen einzuhalten, jedoch nicht notwendigerweise zu jedem Preis" (S. 112). Noorderhaven nimmt also an, daß Menschen im Kern

---

[1] vgl. II.2.1

[2] Die Verwendung des Ausdrucks "als erwartet" deutet an, daß Personen, die vertrauen, von einer gewissen Norm abweichen.

sowohl vertrauenswürdig als auch opportunistisch sind, wie in der untenstehenden Abbildung symbolisiert wird:

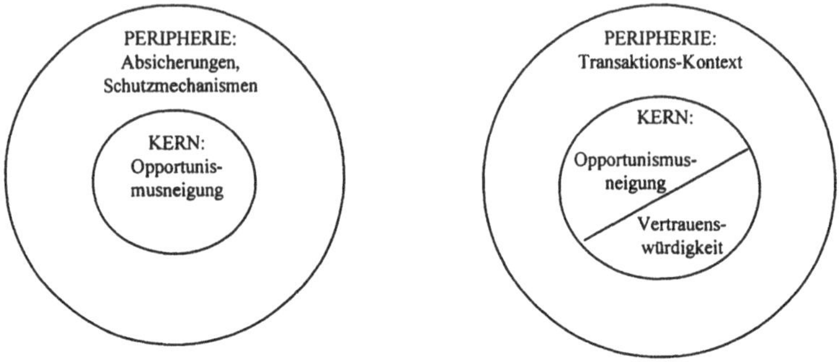

Abbildung 17: Ein einfaches 'Split-Core' Modell der 'menschlichen Natur' (aus Noorderhaven 1996, S. 107 und S. 112)

2.2.3.3 Bedingungen, die zu Vertrauen führen

Noorderhaven unterscheidet zwei Möglichkeiten, wie sich das Vertrauensniveau in einer Beziehung verändern kann. Einerseits bezieht sich Noorderhaven auf Forschungsergebnisse aus der Soziologie (Lindenberg 1988, Liegthart/Lindenberg 1994), die die Tendenz unterstreichen, daß bei Personen im Austausch mit Bekannten Gefühle für Solidarität und Gerechtigkeit dominieren, während die individualistischere Nutzenmaximierung in der Interaktion mit Fremden wesentlich stärker ausgeprägt ist. "Folglich kann der Interaktionsprozeß die Vertrauenswürdigkeit einer Partei steigern, wenn er dazu führt, daß die Beziehung als eine zwischen Freunden oder Bekannten wahrgenommen wird" (S. 116). Vertrauen kann durch die Gewinnung von Informationen über das Verhalten des anderen gesteigert werden. Dies gilt insbesondere für den hohen Informationswert von nonverbaler Kommunikation.

Butler (1991) hat eine Aufstellung verschiedener Charakteristiken vorgeschlagen, von deren Präsenz in einem Interaktionsprozeß auf das Vorhandensein von Vertrauen geschlossen werden kann. Diese Eigenschaften können auch als Bedingungen verstanden werden, deren Erfüllung zu Vertrauen führt. Es werden folgende Merkmale genannt: Verfügbarkeit, Konsistenz, Diskretion, Fairneß, Integrität, Loyalität, Offenheit, Erfüllung von Versprechen und Empfänglichkeit. Es kann angenommen werden, daß Individuen diese Dimensionen beachten, wenn sie auf die Vertrauenswürdigkeit einer Person schließen.

2.2.4 Karpik (1998): Die Unzulänglichkeit kalkulatorischer Ansätze und die Notwendigkeit von Vertrauen

Ähnlich wie Noorderhaven kritisiert Karpik (1998)[1] die Unzulänglichkeit von kalkulatorischen Vertrauensbegriffen. Seine Analyse unterscheidet sich aber dadurch, daß er nicht nur das personale Vertrauen betont, sondern auch die Bedeutung des Vertrauens "in den Lauf der Dinge".

Williamson gehe es im Grunde um die Frage, wie unvollständige Verträge in solche, die durch Credible Commitments abgesichert sind, umgewandelt werden können. Williamson setze Vertrauen im wesentlichen mit kalkulatorischem Risiko gleich. Vertrauen entspricht dem Risiko, das jemand eingeht, wenn er sich von der Leistung oder einer bestimmten Handlungen eines anderen abhängig macht. Das Eingehen des Risikos ist nur dann gerechtfertigt, wenn die Gewinne die antizipierten Kosten übersteigen.

Karpik versucht an zwei wesentlichen Punkten zu zeigen, daß Vertrauen nicht durch kalkulatorische Begriffe ersetzbar ist und in einem nicht-idealisierten Markt notwendig ist. Diese zwei Punkte sind der Vorwurf an die TKT, ähnlich wie es die Neoklassik macht, einen vereinheitlichten Kalkulationsraum und eine gemeinsame Beobachtungswelt zu unterstellen.

2.2.4.1 Ein vereinheitlichter Kalkulationsraum

Unter einem gemeinsamen bzw. vereinheitlichten Kalkulationsraum versteht Karpik die Annahme in neoklassischen Nutzenmaximierungsmodellen, daß verschiedenartige Bedürfnisse und Ziele mit einem einheitlichen Nutzenmaßstab bewertet und in eine gemeinsame Präferenzstruktur übertragen werden können. Seine Kritik schildert Karpik an einem Beispiel, das auf Coleman (1990) zurückgeht.

In einem Dorf leben zwei Bauern, als eines Tages dem einen Bauern der Traktor ausfällt. Er bittet seinen Nachbarn um Hilfe, welcher ihm seinen Traktor leiht, ohne dafür eine Leihgebühr zu verrechnen.

Beide Bauern, welche sich, abgesehen von dem Ausfall des Traktors, in einer ähnlichen Situation befinden (so hat z.B. keiner der Bauern einen Reservetraktor), leisten in unterschiedlichem, aber verwandten Sinne Vertrauen.

Der Bauer, der die Hilfe leistet, tut dies, weil er glaubt, daß er irgendwann auch Hilfe benötigen würde. Er vertraut insofern, als er sich nicht sicher sein kann, daß der andere sich revanchieren wird und reziprok handeln wird.

Auch der Bauer, der sich helfen läßt, leistet in gewissem Sinne Vertrauen. Indem der Bauer darauf verzichtet, sich einen Reservetraktor zu beschaffen und dadurch seine Abhängigkeit von anderen zu reduzieren, geht er ein gewisses

[1] Karpik (1998), "*La confiance: réalité ou illusion ? Examen critique d'une thèse de Williamson*"

Risiko ein, und vertraut darauf, daß sich diese anderen im Bedarfsfall ihm hilfreich zu Seite stehen werden. Fehlen ihm z.B. die Mittel, einen Reservetraktor zu beschaffen, so hat er gar keine andere Wahl, als zu vertrauen. Da er sich aber auch nicht sicher sein kann, daß der Reservetraktor nicht ausfällt, ist der Akteur in jedem Falle gezwungen, ein gewisses Risiko einzugehen. Diese Art von Vertrauen, im Unterschied zum Vertrauen in die Handlungsweisen anderer Personen, kann als Vertrauen "in den Lauf der Dinge" bezeichnet werden.

Karpik vermutet, daß Williamson eine solche Situation anders interpretieren würde. Wenn Probleme absehbar sind und mit statistischer Regelmäßigkeit auftreten, und es absehbar ist, daß das Auftreten von Problemfällen ernsthafte Schwierigkeiten mit sich bringen wird (so könnte z.B. der Nachbar versuchen, die Notlage des anderen opportunistisch auszunützen, indem er einen exorbitanten Leihpreis verlangt), wird die rationale Lösung darin bestehen, die Transaktion durch eine entsprechende Governance-Struktur abzusichern. Diese Governance-Struktur, die durch die Gemeinschaft der Bauern gebildet wird, verspricht eine nicht-profitorientierte Hilfe und setzt Sanktionen gegen diejenigen, die gegen diese Regelung verstoßen (S. 1048). Karpik hält diese Theorie für eine "eigenartige Bastelei" aus funktionalistischer Theorie und *homo oeconomicus*, die nicht besonders realistisch sei.

So könne ein Helfer auch im Wissen, daß seine Leistung nicht revanchiert werden wird, eine Hilfeleistung anbieten. Ein möglicher Grund dafür könnten das Beibehalten und Fortsetzen einer Tradition sein. Es wäre umgekehrt denkbar, daß jemand auf eine kostenlose Hilfeleistung verzichtet, weil er seine Unabhängigkeit beibehalten möchte und sich lieber einer professionellen Lösung bedient. Karpik betont, daß jedes Individuum "über eine Vielzahl von Orientierungsprinzipien bzw. Handlungsgrundsätzen" verfügt und deren relative Wichtigkeit je nach den involvierten Ressourcen oder der Situation variieren kann.

Im neoklassischen Modell werden aber alle Wünsche, Ziele und Bedürfnisse in einem gleichartigen Kalkül erfasst. Jemand, der vor der Entscheidung steht, ob er die Hilfe in Anspruch nehmen möchte oder lieber seine persönliche Unabhängigkeit bewahren möchte und finanziell mehr ausgibt, hat eine Entscheidung zu treffen, die nicht ausschließlich in einem monetären Kalkül erfaßt werden kann. Er hat dabei monetäre und nicht-monetäre Ziele gegeneinander abzuwägen. Zwar können auch nicht-monetäre Größen in einem Nutzenkalkül eingebunden werden. Das Problem liegt jedoch nicht in der Durchführung des Kalküls, sondern in der Bestimmung der Präferenzstruktur. Die tatsächliche Entscheidung findet bereits bei der Bewertung von schwer quantitativ erfaßbaren Größen statt (Wichtigkeit von Status, Unabhängigkeit, etc.). Dieser Vorgang könne besser als Urteilsfähigkeit beschrieben werden, da er höchst subjektiv ist und nicht durch ein verallgemeinertes Kalkül ersetzbar ist. Im Prozeß der Urteilsbildung wird versucht, aufgrund subjektiver Einschätzung ansonsten in objektiver Weise unvergleichbare Maße und Bewertungskriterien gegeneinander abzuwägen. Dies zeigt, daß die Entscheidung, Vertrauen zu leisten, nicht zufriedenstellend als kalkulatorisches Risiko erfasst werden kann.

2.2.4.2 Eine gemeinsame Beobachtungswelt

Unter einer gemeinsamen Beobachtungswelt versteht Karpik die Annahme der Existenz eines eindeutigen, allgemein verfügbaren und bekannten Wissens- oder Regelbestandes. Dies wird erneut anhand eines Beispieles erläutert: Ein Mädchen, das sich von einem auf einer Party gerade neu kennengelernten Mann nach Hause begleiten läßt, wird auf dem Weg durch einen dunklen Wald von diesem vergewaltigt. Williamson (1993b) analysiert diesen Fall folgendermaßen: Die Entscheidung des Mädchens war deshalb unglücklich, weil sie ex-ante die Vor- und Nachteile der Entscheidung, den Mann zu begleiten, falsch bewertet hat. Das Problem ließe sich also auf ein nicht gründlich durchgeführtes Kalkül zurückführen (S. 1051). Williamson schlägt vor, daß eine rationale Entscheidungsregel, welche Abhilfe schaffen könnte, z.B. so lauten könnte: "Gehe nicht mit Fremden im Wald spazieren!".

Diese Regel, die auf den ersten Blick ganz vernünftig klingt, ist jedoch unvollständig. So ist bekannt, daß Vergewaltigungen nicht nur durch Fremde, sondern häufiger auch durch Bekannte und Verwandte auftreten. Regeln können sehr vielgestaltig sein und können sich auf verschiedenste soziale Erfahrungswelten beziehen. In der sozialen Welt gäbe es wenige eindeutige und allgemein verfügbare Wissensbestände. Im Gegensatz dazu wird dies in der Neoklassik sehr wohl angenommen. Dies ist z.B. in der Annahme der Bekanntheit der Eigenschaften der standardisierten Produkte erkenntlich.[1] Es gibt eine Vielzahl verschiedener sozial verfügbarer und verbreiteter Wissensbestände, die alle als Grundlage für eine "rationale" Empfehlung dienen könnten. Die Vielzahl von Handlungsregeln weist darauf hin, daß eine Handlung niemals auf völlig rationalen Grundlagen aufgebaut werden kann:

> "Ohne Vertrauen können [die Akteure] die Unbestimmtheit, die in der Vielzahl der Entscheidungsgrundsätze und der Vielzahl der sozialen Wissensbestände liegt, nicht überwinden ..." (S. 1054)

> "Das Urteil kann daher nur auf einem logischen Sprung basieren, der es erlaubt, den mit der Unsicherheit verbundenen Rest zu überwinden: Dies ist die Aufgabe des Vertrauens." (S. 1057)

[1] Die Anzahl der Produkte läßt sich im neoklassischen Modell auch ohne Probleme erhöhen, da die kognitiven Kosten keine Rolle spielen. Falls die Informationen und Produktbeschreibungen komplex ausfallen sollten, so wird dies durch die unbeschränkte Rationalität ausgeglichen.

Dies gilt auch für einen realen, nicht idealisierten Markt, auf welchem kalkulatorische Methoden zwar wichtig sind, aber dennoch die gennanten Faktoren (soziale Wissensbestände, Vertrauen, Urteilsfähigkeit) eine Rolle spielen.

Karpik schließ zusammenfassend zuerst von der Ungültigkeit der Annahme eines gemeinsamen Kalkulationsraumes auf die Inadäquatheit des Konzeptes des kalkulatorischen Risikos. In einem zweiten Schritt deutet er aufgrund der Vielfältigkeit und Widersprüchlichkeit von 'rationalen' Entscheidungsregeln auf die Notwendigkeit von Vertrauen zum Fällen von Urteilen.

2.2.5 Lindenberg (2000): Framing als integrativer Ansatz

2.2.5.1 Die Unterscheidung von Vertrauen und Mißtrauen

Lindenberg (2000)[1] analysiert Williamsons kalkulatorische Sichtweise von Vertrauen anhand des Pfand- bzw. Hostage-Modells sowie des damit verbundenen Konzepts der Credible Commitments. Wie bereits früher geschildert (Abschnitt I.2.5.1), lautet die Ausgangssituation dieses Modells wie folgt: Ein Käufer kann seinem Lieferanten den Einsatz einer allgemeinen oder einer speziellen Technologie nahelegen. Während die Investitionen in der ersten Periode anfallen, bestätigt der Käufer seine Bestellung erst in der zweiten Periode, nachdem die konkreten Nachfragemengen bekannt wurden.

Wenn der Käufer sich für die spezielle Technologie entscheidet, aber nicht in der Lage ist, ein Pfand anzubieten, dann sind Versprechungen, die Ware auch bei niedriger Nachfrage abzunehmen, nutzlos, weil sie für den Lieferanten nicht kredibel sind. Ein solches Versprechen steht in offensichtlichem Gegensatz zu den Eigeninteressen des Käufers. In derartigen Fällen ist das Mißtrauen des Lieferanten berechtigt. Da jeder vernünftige Vertragspartner in einer solchen Situation Mißtrauen zeigen würde, ist das Mißtrauen beziehungsneutral, d.h. es kann nicht als ein für die konkrete Identität des Vertragspartners spezifisches Phänomen gedeutet werden. Der Mißtrauende kann sein Mißtrauen relativ leicht legitimieren und entsprechende Abhilfen fordern. Berechtigtes Mißtrauen ist in der Regel dann gegeben, wenn eine eindeutige vorhersehbare Opportunismusgefahr existiert. Allerdings, so behauptet Lindenberg in Anlehnung an Schelling (1960), ist für den Umgang mit solchen Situationen die Kenntnis der Branchenregeln und Sitten wichtiger, als die Weitsichtigkeit (S. 12). Berechtigtes Mißtrauen kann durch Anpassung der Anreize (d.h. die Anreize werden so verändert, daß beide Partner überwiegend interessiert sind, im gemeinsamen Interesse zu arbeiten) gemildert bzw. abgebaut werden. Credible Commitments sind eine Möglichkeit, dies zu erreichen und können daher als eine Maßnahme zur Reduktion von Mißtrauen betrachtet werden.

---

[1] Lindenberg (2000), "It Takes Both Trust and Lack of Mistrust: The Workings of Cooperation and Relational Signaling in Contractual Relationships"

Die Abwesenheit von Mißtrauen ist jedoch von der Anwesenheit von Vertrauen zu unterscheiden. Letztere werden mit kalkulatorischen Ansätzen unzureichend erfasst:

> "Die neoklassische Theorie der Ökonomie und die Spieltheorie können die Funktionsweise von *Mißtrauen* relativ gut erklären, wenn die Annahme vollständiger Information aufgegeben wird. Wenn im neoklassischen System Probleme 'echten' Vertrauens überhaupt von Mißtrauens-Problemen getrennt werden können, so geschieht dies meist durch ihre Behandlung als Neigung bzw. Disposition." (S. 16, mH)

Die Unterschiedlichkeit von Vertrauen und Mißtrauen wird auch durch ein empirisches Indiz unterstützt:

> "Wenn man Vertrauen und Mißtrauen in einen Topf wirft, wie es die TKÖ macht, so müßte man auch einen Substitutionseffekt zwischen vertrauensbildenden und mißtrauensreduzierenden Maßnahmen feststellen können. Blumberg (1997) hat in seiner Studie jedoch praktisch keine Beziehung zwischen sozialer Einbettung der Partner und mißtrauensreduzierenden Maßnahmen in den Verträgen gefunden." (S. 27)

Bei Williamson wird Vertrauen als Abwesenheit von Mißtrauen aufgefaßt bzw. die beiden Begriffe werden nicht klar getrennt.[1]

In der Sichtweise Williamsons wird weiters zwischen kurz- und langfristigen Interessen der Parteien nicht unterschieden. Lindenberg weist darauf hin, daß "überwältigende Hinweise existieren, daß Personen kurzfristige Aspekte wesentlich stärker über langfristige dominieren lassen, als es in irgendeinerweise rational genannt werden könnte" (S. 14). Die Vorhersehbarkeit von Ereignissen hängt außerdem weniger von den kognitiven Kapazitäten ab, als von der Strukturiertheit zukünftiger Abläufe, was wiederum stark durch deren Institutionalisierung bestimmt wird. Die Betonung von Weitsichtigkeit führt nach Lindenberg dazu, daß zwar Mißtrauensprobleme, nicht jedoch Vertrauensprobleme behandelt werden können. Dies deshalb, weil im zweiten Fall kurzfristige "Verlockungen" eine wesentliche Rolle spielen.

Lindenberg schildert an einem zweiten Beispiel die Rolle von Vertrauen im Gegensatz zu Mißtrauen. Ein Produzent steht unter Zeitdruck und könnte, um den Auftrag rechtzeitig zu erfüllen, unbemerkt die Qualitätskontrolle auslassen. Der Abnehmer zählt jedoch darauf, daß sie durchgeführt wird. Vertrauen besteht dann, wenn vom Vertrauten erwartet werden kann, daß dieser Verlockungen und Gelegenheiten widerstehen wird, opportunistisch zu handeln. Dabei handelt es sich jedoch nicht um die gleiche Art opportunistischen Handelns, wie beim Mißtrauen, sondern um eine kurzfristige, myopische Form. Sie ist dadurch gekennzeichnet, daß sie nicht ex-ante langfristig und strategisch geplant wurde,

---

[1] "Aspekte, die sich auf die Behandlung von ex-post Problemen, welche trotz ex-ante Schutzvorkehrungen auftreten, beziehen, erhalten kaum Aufmerksamkeit ..." (S. 14).

und auch nicht im langfristigen Eigeninteresse des opportunistisch Handelnden ist. Lindenberg unterscheidet in diesem Sinne zwischen strategischem und myopischem opportunistischen Handeln. Kurzfristige Versuchungen ergeben sich meist aufgrund von zufälligen Umständen, die schwer durch 'Weitsichtigkeit' vorhergesehen werden können. Die Zufälligkeit hat ihre Wurzeln in der radikalen Unsicherheit zukünftiger Ereignisse. Aus der schwierigen Vorhersehbarkeit ergibt sich auch, daß Anreizanspassungen keine Lösung sind. Nicht-Vorhersehbarkeit und Vertrauen sind daher ähnlich wie bei Karpik (1998) verknüpft. Ein weiterer Grund, warum myopisch opportunistisches Handeln schwer vorhersehbar und beherrschbar ist, ist daß es auch gegen die langfristigen Interessen des opportunistisch Handelnden geht und daher als irrational erscheint.

2.2.5.2 Nicht-kalkulatorische Konzeptionen von Vertrauen

In der bestehenden Literatur wird nach Lindenberg Vertrauen, abgesehen von der kalkulatorischen Sichtweise, auf zwei Arten konzeptionalisiert.

Die erste ist die Auffassung von Vertrauen als Frage der persönlichen Neigung. In diesem Fall ist eine zentrale praktische Frage, wie vertrauenswürdige Personen von solchen unterschieden werden können, die dies nicht sind. Dabei kann eine Beschreibung von Charakteristiken, Signalen und Mechanismen, die in Interaktionen mit vertrauenswürdigen Personen auftreten, hilfreich sein.[1]

Die zweite häufig vertretene Auffassung sei, daß Vertrauen durch soziale Beziehungen und Sympathie entsteht. "Hier erzeugen einige psychologische Mechanismen (wie informelle Interaktionen, Ähnlichkeit in Werten, gemeinsame Erlebnisse etc.) eine positive Veränderung der Präferenzen bezüglich des Wohlergehens des anderen" (S. 15).[2] Lindenberg stimmt zu, daß diese psychologischen Mechanismen bei der Vertrauensbildung wichtig sind, bemängelt aber, "daß die Annahme stabiler Präferenzen die Dynamik der Emotionen des Mögens und des Nicht-Mögens, welche für den Erhalt einer positiven emotionalen Einstellung zum anderen notwendig ist, verschleiert" (S. 15).

Zusammenfassend stellt Lindenberg fest, daß bei diesen, meines Erachtens recht verwandten, Konzeptionen von Vertrauen situationale Faktoren vernachlässigt werden, welche mit dem nachfolgend vorgestellten Framing-Konzept besser erfassbar wären.

2.2.5.3 Framing

Lindenberg schlägt vor, psychologisch orientierte Konzepte des Vertrauens mit kalkulatorischen Überlegungen zur Überwindung von Mißtrauen zu integrieren

[1] Noorderhaven (1996) vertritt z.B. einen solchen Ansatz.
[2] Auch dies wird von Noorderhaven (1996) betont.

und zwar anhand eines von ihm früher entwickelten Framing-Modells (Lindenberg 1988, 1993). Das Framing-Modell hat unter anderem den Vorteil, daß es die Situationsabhängigkeit des Vertrauens deutlich macht.

Während Mißtrauensprobleme mit Informationsmangel verbunden sind, haben Vertrauensprobleme eher mit Informationsüberschuß zu tun, in dem Sinne, daß Akteure kognitive Kosten einsparen müssen und gezwungen sind, einfache Entscheidungsregeln (z.B. Gewohnheiten) einzusetzen.

Framing ist verwandt mit einer Reihe von bereits existierenden Konzepten vor allem aus der kognitiven Psychologie, so z.B. denen der selektiven Wahrnehmung, kognitiven Kategorien, mentalen Modellen, Midsets oder Orientierungsrahmen.

Die Grundidee liegt darin, daß eine Person anhand von relationalen Signalen oder sonstigen Merkmalen einer bestimmten Situation einen Deutungsrahmen bestimmt, mithilfe dessen die weiteren Wahrnehmungen in dieser Situation interpretiert werden (z.B. als kooperativ oder als wettbewerblich). Der Deutungsrahmen oder Frame bewirkt eine selektive Wahrnehmung, so daß vor allem solche Verhaltensweisen oder "Ziele, Dinge, Wörter, Bedeutungen, Aspekte, Charakteristiken, Beziehungen etc." (S. 17) wahrgenommen werden, die mit der eingeschlagenen Interpretationsweise übereinstimmen. Weiters ist ein Frame in der Regel mit einem dominanten Handlungsziel verbunden. Neben dem aktuellen, ausgewählten bzw. im Vordergrund befindlichen Frame, existieren eine Reihe anderer Frames, deren Ziele und Interpretationsweisen nicht völlig ausgeblendet, aber stark unterdrückt werden. Der Unterschied im Verhältnis der Dominanz des Vordergrund-Frames zu denen im Hintergrund stehenden Frames kann variieren. Weiter determiniert der Rahmen die Handlungen des Akteurs nicht vollständig, sondern ein bestimmter Rahmen macht lediglich bestimmte Handlungsweisen oder Sichtweisen wahrscheinlicher. Ein Frame ist relativ stabil und wird hauptsächlich durch deutlich entgegengesetzte Signale oder durch die Erreichung des mit dem Frame verbundenen Zieles gewechselt.

Als Beispiel beschreibt Lindenberg einen Manager, der gerade dabei ist, ein Kosteneinsparungsprogramm durchzuführen. Sein dominantes Ziel dabei ist, die Kosten zu reduzieren. Die eingesetzte Vorgangsweise ist rational-kalkulatorisch bestimmt. Plötzlich erhält er einen Anruf eines Freundes, der ihn um Hilfe bittet. Das Ziel ebenso wie der dazugehörige 'Frame' werden dadurch verändert. Sein neues Ziel besteht darin, den Freund zu unterstützen. Kosten/Nutzen-Überlegungen werden dabei in den Hintergrund gedrängt.

Lindenberg hebt drei 'Frames' hervor, die sich durch ihre Allgemeinheit und ihr häufiges Auftreten auszeichnen. Diese sind:

- Gewinn-Frame: Das Ziel ist hier, den Eigennutzen bzw. das Nutzenniveau zu erhöhen. Die Vorgehensweise ist rational-kalkulatorisch.

- Verlustabwendungs-Frame: Das dominante Ziel ist, einen Verlust zu vermeiden. Studien scheinen zu bestätigen, daß entgangener Nutzen aus Verlusten stärker bewertet wird, als ein entsprechender positiver Nutzen bei Gewinnen. Verluste oder potentielle Verluste werden weiters mit starken Gefühlsregungen und Emotionen begleitet. Die Handlungsorientierung ist in diesem Frame kurzfristig auf Verlustvermeidung oder Überwindung ausgelegt.
- Normativer Frame: Das Ziel ist hier, "'angepaßt zu handeln' oder 'das richtige zu tun'" (S. 20). Beim normorientierten Handeln werden Kosten/Nutzenüberlegungen des Handelns in den Hintergrund gestellt. Die Nutzenüberlegungen werden aber nicht vollständig ausgeblendet, sondern lediglich stark abgeschwächt.

Lindenberg schlägt eine a-priori Reihung der typischen Intensität (Dominanz) der drei Frames vor. Der Verlust-Frame dominiert dabei den Gewinn-Frame, welcher vom normativen Frame gefolgt wird. Begründet wird dies damit, daß die starken emotionalen Regungen des Verlust-Frames ihn dominierend machen. Konformitätsmotive sind insbesondere dann, wenn sie nicht mit den Zielen und Handlungen, die sich aus anderen Frames ergeben, übereinstimmen, nur schwach. Sie können daher leicht verdrängt werden. Der Gewinn-Frame mit seinen Eigennutzenüberlegungen nimmt eine Mittelstellung ein. Weiters hebt Lindenberg hervor, daß rationale Vorgehensweisen und Rationalität nicht nur auf den Gewinn-Frame beschränkt sind, sondern diese relativ neutrale Mittel sind, die auch zur Verfolgung von mit anderen Frames verbundenen Zielen eingesetzt werden können.

2.2.5.4 Frames, Vertrauen und strategisch bzw. myopisch opportunistisches Handeln

Den Gewinn-Frame assoziiert Lindenberg typischerweise mit strategisch opportunistischem Handeln, weil eine rationale, geplante Vorgehensweise eingesetzt wird. Um strategisch opportunistisches Verhalten zu unterbinden, können konkrete kalkulatorisch bestimmbare Maßnahmen, wie z.B. Credible Commitments eingesetzt werden.

In einer vertrauensvollen Geschäftsbeziehung befinden sich beide Partner in einem normativen Frame. Der normative Frame kann im Regelfall myopisch opportunistisches Verhalten unterdrücken (vgl. S. 21).

Treten jedoch unerwartete Gelegenheiten für opportunistisches Handeln auf, so kann der Verlust-Frame ausgelöst werden, da die Nicht-Nutzung dieser Gelegenheit einem Verlust gleichkäme. Läßt sich der Partner dadurch vom normativen Frame abbringen, so kann er myopisch opportunistisch handeln.

Das Interesse, in einer kooperativen Beziehung und Einstellung zu bleiben, rechtfertigt sich auch durch die potentiell hohen negativen Konsequenzen, die sich dadurch ergeben, daß der Partner in einen Verlust-Frame wechselt. Wenn dies geschieht, könnte er sich in einer emotionalen Art für den Vertrauensbruch rächen. "Wenn nichts getan werden kann, um den Verlust wiedergutzumachen, dann wäre 'auf gleich kommen' eine – allerdings nicht sehr produktive – Möglichkeit, den Verlust auszugleichen" (S. 22). Zur Illustration wird eine Studie von Uzzi (1997, S. 59) zitiert, in welcher ein CEO folgendes äußert: "*If you screw a guy like that, he'll stay in business just long enough to get even*". Beide Partner sind daher interessiert, einen Zusammenbruch der Vertrauensbeziehung zu vermeiden und einen einmal etablierten normativen Frame beizubehalten.

Unter der Verwendung des Framing-Konzepts läßt sich auch die Kritik von Goshal/Moran (1996) zusammenfassen: Manager, die sich der TKT als normativer Richtlinie bedienen, werden in einen Gain-Frame gelenkt, und erschweren dadurch ihren Mitarbeitern, Kollegen und Partnern, in einem normativen Frame zu handeln, da sie Gefahr laufen, ausgebeutet zu werden. Kooperation, die dann am effektivsten wäre, wenn beide Partner in einem relativ stabilen normativen Frame sind, wird nur auf oberflächlicher Ebene erreicht werden (*perfunctory cooperation*).

2.2.5.5 Relationale Signale

Gruppen haben eine besondere Bedeutung sowohl bei der Unterstützung der Stabilität normativer Frames, als auch bei der Bestimmung der Regeln und Konventionen (d.h. des Inhalts) dieses Frames. Solche Gruppen sind in der Wirtschaft typischerweise Berufsverbände, Vereine und bedeutende Firmen und Organisationen eines Industriezweiges.[1] Die Konventionen haben eine große Bedeutung bei der Bestimmung, wie das Verhalten der Partner interpretiert werden soll, und wann ihr Verhalten z.B. als opportunistisch verstanden werden kann.

Lindenberg glaubt, daß Normen insbesondere das Verhalten in fünf typischen und immer wiederkehrenden Problemsituationen regulieren. Diese sind (S. 24):

- die Produktion eines öffentlichen Gutes, wo Trittbrettfahrerverhalten möglich wäre
- die Aufteilung eines gemeinsamen Gewinnes, wo es darum geht, einen "fairen" Anteil zu bestimmen
- Situationen, in welchen vom Partner uneigennützige Hilfe erwartet wird
- Situationen, wie sie bereits als kurzfristige "Gelegenheiten" für opportunistisches Verhalten beschrieben worden sind und

[1] In der Betonung von Frames, einem mit kognitiven Kategorien verwandten Konzept, und des Einflusses der genannten Gruppen bei der Bildung von Normen und Konventionen, kommen Lindenbergs Argumente denen des soziologischen Neo-Institutionalismus recht nahe.

- Situationen, in denen ein unpassendes Verhalten gewählt oder ein Fehler begangen wurde und der Partner eine Klarstellung und Entschuldigung erwartet.

Die Akteure können die ständige Überwachung, ob sich der Partner in einem normativen Frame befindet, dadurch vereinfachen, in dem sie das Verhalten in den genannten Situationen besonders genau beobachten: "Wenn die Signale 'OK' sind, müssen die Qualitäten und Quantitäten [der Leistung] nicht ständig überprüft werden" (S. 25). Wie der Partner in diesen verschieden Situationen reagiert, läßt sich jedoch nur nach einiger Erfahrung feststellen, was unterstreicht, daß die Vertrauensbildung Zeit benötigt.

Die Wichtigkeit von Regeln und Konventionen in diesem Konzept verdeutlichen auch die Kulturabhängigkeit von dem, was z.B. als opportunistisches Verhalten gedeutet wird, oder was als adäquate Hilfeleistung oder Gewinnaufteilung beurteilt wird.

2.2.6 Reaktionen Williamsons auf die Kritik der Opportunismusannahme

Für Williamson ist Vertrauen kein besonders bedeutendes Konzept, da es sich durch andere präzisere, quantifizierbare und operationalisierbare Begriffe ersetzen lasse, wie z.B. Credible Commitments. Williamsons Vertrauenskonzept könnte meiner Meinung nach als "rationales Vertrauen" bezeichnet werden. Die Gewährung von "rationalem Vertrauen" kann mit der Prüfung der Kreditwürdigkeit in einer Bank verglichen werden. Je mehr Indizien der Kreditwürdigkeit die Bank erkennen kann und je mehr Sicherstellungen sie erhält, umso geringer wird sie das Risiko und den Zins veranschlagen. Die Bank würde also nur insofern Vertrauen leisten, als es die Indizien sehr unwahrscheinlich machen, daß die Bank ausgebeutet wird.

Auf die Kritik der Realitätsnähe der Opportunismusannahme antwortet Williamson unter anderem mit der Frage, ob komplexe Annahmen wirklich notwendig wären. Zweifellos sei die Annahme vereinfachend. Reiche sie jedoch für die Erklärung der in den Anwendungsbereich der TKT fallenden Probleme aus und gebe die Theorie ausreichende Anregungen zur Hypothesenbildung, so erfülle die Annahme ihre Aufgabe. Die TKT wurde in einer Vielzahl von empirischen Studien erfolgreich eingesetzt und hat viele weitere Arbeiten inspiriert. Sicherlich hat die TKT mit ihrer Opportunismusannahme die Aufmerksamkeit und den Blick für die Schattenseiten menschlichen und organisatorischen Verhaltens in der Ökonomie gefördert. Indem auch die negativen Seiten der menschlichen Natur erkannt und anerkannt werden, sei es möglich, den dadurch entstehenden Gefahren ins Auge zu sehen und diese zu vermeiden. Williamson (1996b) spricht sich dabei für eine ehrliche, realistische und ausgeglichene Sicht des Menschen aus ("*human nature as we know it*").

Die Empfindung einer übermäßig stark ausgeprägten Opportunismusannahme ergibt sich vor allem dadurch, daß Opportunismus als unbedingter, fester und stets vorhandener Kern der menschlichen Natur angenommen wird. Zwar können Individuen unterschiedlich zu Opportunismus geneigt sein, da sich das Ausmaß der Neigung jedoch ex-ante nicht feststellen läßt, soll nach Williamson vom schlimmsten Fall ausgegangen werden.[1]

Williamson (1985, S. 122) räumt auch ein, daß opportunistisches Verhalten in Abhängigkeit des betrachteten Kulturraumes unterschiedlich häufig auftreten kann. Dies wird allerdings eher auf Unterschiede in institutionellen Schutzmechanismen zurückgeführt ("*institutional checks*"), welche Opportunismus stärker unterdrücken, als auf eine tatsächlich niedrigere Opportunismusneigung. Williamson macht aber nur sehr vereinzelt Bemerkungen zu diesem Thema.

Der kulturelle Faktor wird in seinen neuen Arbeiten (Williamson 1993) in das exogene institutionelle Umfeld verlagert. Daß Kontroll- und Schutzmechanismen nicht ausreichend wären, um Mitarbeiter und Vertragspartner zu engagiertem (die eigenen Interessen gelegentlich auch hinter die Ziele der Gemeinschaft zurückstellenden) Kooperationsverhalten zu erreichen, wird von Williamson ohne weiteres anerkannt.[2]

Ein Aspekt, der bei der Diskussion opportunistischen Verhaltens manchmal übersehen wird, ist, daß auch die hierarchisch übergeordnete Instanz sich unaufrichtig verhalten kann. In Arbeitnehmer-Arbeitgeber Beziehungen bestehen z.B. zahlreiche Möglichkeiten für solche Handlungen. So kann, wie Ebers/Gotsch aufzählen,

> "... ein Arbeitgeber die Beschäftigten über die Ertragslage oder die Geschäftsrisiken der Unternehmung täuschen, um Gehalts- und Lohnforderungen abzuwehren; oder er kann das Ergebnis der Mitarbeiterleistung unvollständig oder unrichtig darstellen; ebenso kann er es unterlassen, Mitarbeiter über gesundheitsgefährdende Arbeitsbedingungen aufzuklären, oder er kann Karriereaussichten von Mitarbeitern überzogen darstellen." (S. 222)

Der Gegenpol eines opportunistisch handelnden Akteurs ist einer, der seinem Geschäftspartner vertraut und selbst Wort hält. Daß unbedingtes Vertrauen allen Parteien gegenüber nicht die Lösung sein kann, ist jedoch offensichtlich. Unbedingtes Vertrauen kann mit Naivität gleichgesetzt werden und führt früher oder später zur Ausnützung und zu Mißbrauch.

Es erscheint mir durchaus möglich, die einfach gehaltene Opportunismusannahme Williamsons weiterzuentwickeln. Werden die Ergebnisse solcher

---

[1] Ebers/Gotsch (1999, S. 244) bringen dies mit dem "kaufmännischen Vorsichtsprinzip" in Verbindung.

[2] "... Mitarbeiter, die dazu 'gezwungen' werden, ungünstige Konditionen anzunehmen, können die [Arbeits]Qualität zum Nachteil ihres Arbeitgeber anpassen." (1985, S. 262 oder Williamson 1975, S. 69)

Arbeiten in die TKT integriert, so könnte die Erklärungskraft der Theorie ausgedehnt werden. So kann durch eine genauere Analyse, warum Menschen opportunistisch handeln und unter welchen Umständen sie trotz einer Gelegenheit darauf verzichten, zu einem besseren Verständnis davon führen, wie Kooperation auf einem moralisch höheren und weniger instrumentellen Niveau erreicht werden kann. Der Ansatz Lindenbergs, der versucht zu bestimmen, in welchem Maße und in welchen Situation Mißtrauen angebracht ist, weil opportunistisches Verhalten erwartet werden kann und in welchen anderen die Herausbildung und Kultivation von Vertrauen möglich ist, scheint mir daher sehr vielversprechend.

3. Kritik am methodologischen Individualismus

3.1 Die klassische Form des methodologischen Individualismus in der Ökonomie und ihre Kritik

Methodologischer Individualismus hat vielfältige Ausprägungen, zeigt sich aber im allgemeinen in einem Bestreben, gesellschaftliche Phänomene durch individuelle Handlungen zu erklären.

Zum Beispiel wird in volkswirtschaftlichen Theorien, die dem methodologischen Individualismus verpflichtet sind, versucht, das Verhalten der Gesamtwirtschaft aus dem aggregierten Verhalten einzelner Akteure zu bestimmen.

Bei diesem Vorgehen wird oft nicht berücksichtigt, daß zwischen dem Ganzen (der Gesellschaft) und dem Teil (dem Individuum) eine Rückkoppelung besteht, z.B. was die Formung der Präferenzen und Motive der Akteure angeht. Der methodologische Individualismus favorisiert eine vom Individuum zur Gesellschaft gerichtete Erklärung. So zitiert Hodgson (1988, S. 56) von Mises (1949, S. 42): "ein soziales Kollektiv hat keine Existenz und Realität außerhalb der Aktivitäten der einzelnen Mitglieder". Wenn Einflüsse der Gesellschaft oder der Umwelt auf Individuen berücksichtigt werden sollten, so wäre eine wechselseitige Erklärungsweise, welche Feedback-Mechanismen enthält, vonnöten.

Ein von v. Mises (1949, S. 11) postuliertes Prinzip lautet, daß die ökonomische Analyse von der Annahme des zielgerichteten und sinnhaften Handelns der Akteure ausgehen muß. Methodologische Individualisten gehen weiters davon aus, daß auf der Grundlage von intendiertem, individuellem Handeln eine ausreichende Erklärung sozialer Phänomene erreicht werden kann. So schreibt von Mises z.B.: "Als eine *a priori* Kategorie ist das Handlungsprinzip dem Kausalitätsprinzip gleichwertig" (1960, S. 14). Hodgson sieht in dieser Aussage ein klares Zeichen dafür, daß die methodologischen Individualisten bei ihren Analysen intendiertes Handeln nicht weiter hinterfragen wollen und sich nicht für die motivationalen Ursprünge des Handelns interessieren.

Sollten dennoch individuelle Präferenzen oder Handlungsgründe genauer untersucht werden, so wird auf die Psychologie verwiesen, mit der Begründung, daß diese Fragen nicht mehr in den Bereich der Ökonomie fallen. Dieses Position wird als Psychologismus bezeichnet (vgl. z.B. Popper 1945). Allerdings greift diese Argumentation zu kurz, wie Hodgson (1988, S. 61) deutlich macht:

> " ... indem die Erklärung kognitiver Aspekte bewußter Handlungen außerhalb der Grenzen der Ökonomie verlegt wird, ist dem Ziel des methodologischen Individualismus offensichtlich gedient. ... Allerdings funktioniert dies nicht wie vorgesehen. Die moderne Psychologie hat ein starkes sozialpsychologisches Element, welches zum Angriff der Position des methodologischen Individualismus verwendet werden kann ... es wäre falsch, Wissenschaften wie Psychologie oder sogar Biologie als im wesentlichen asozial aufzufassen." (S. 61)

Die Psychologie ist andererseits immer noch stark individualistisch und naturwissenschaftlich geprägt, so daß sie alleine zur Behandlung sozialer und institutioneller Phänomene bestimmt nicht ausreichend sein wird.

3.2 Präferenzen und wechselseitige Beeinflussung von Individuum und Struktur

Institutionen sind nicht nur externe Einschränkungen oder Parameter, sondern spielen bei der Formung von Zielen und Präferenzen eine Rolle. Eine Extremform dieses Arguments lautet, daß die sozialen Strukturen, in welchen sich die Individuen befinden und befunden haben, die Handlungen der Individuen vollständig vorherbestimmbar machen.[1]

Eine Verteidigung der Position des methodologischen Individualismus lautet, daß Individuen über einen freien Willen verfügen und ihre Aktionen daher nicht vorausbestimmt werden können. Es gibt im menschlichen Handeln sicherlich ein Element der Spontanität und Kreativität, das es unvorhersehbar macht. Andererseits geht damit nicht einher, daß es keine institutionellen oder strukturellen Einflüsse auf das Handeln gäbe oder nicht möglich wären:

> " ... Arbeiten in den Sozialwissenschaften machen es sehr wohl plausibel, daß Institutionen und Lebensbedingungen einen wesentlichen Einfluß auf menschliches Verhalten haben und daß dies akzeptiert werden kann, während gleichzeitig spontane und unbestimmte Elemente betont werden, [und] ohne daß in eine Variante des [strukturellen] Determinismus verfallen werden muß." (S. 63)

Akzeptiert man, daß sich Institutionen und Individuen wechselseitig beeinflussen, so ergeben sich dennoch einige weitere Erklärungsprobleme. So stellt sich die Frage, wann ein soziales Phänomen unter Berücksichtigung dieser wechselseitigen Effekte ausreichend erklärt ist und die "letzten Ursachen" erreicht sind:

---

[1] Eine sehr einprägsame filmische Illustration dieses Arguments findet sich in Lars von Triers Film "*The Element of Crime*".

"Die Ziele eines Individuums können teilweise durch die relevanten Institutionen, durch die Kultur etc. erklärt werden. Diese wiederum können durch andere Individuen erklärt werden. Deren Ziele jedoch können dann teilweise durch soziale und kulturelle Faktoren erklärt werden etc. ..." (S. 64). Es ergibt sich also beim Versuch, der Erklärungskette nachzufolgen, ein infiniter Regreß. Die Erklärungskette kann, wie Hodgson bemerkt, bei Versuchen verschiedene Phänomene zu erklären, immer bei einem bestimmten Typ von Erklärungselement (Individuum oder soziale Struktur) beendet werden. Dies ergibt dann den Eindruck, daß alle Phänomene entweder ausschließlich durch Individuen oder ausschließlich durch soziale Strukturen bestimmt sind. Die Wahl der Beendigung dieser Kette ist jedoch willkürlich.[1] Es geht, so Hodgson (S. 66), darum, einen Mittelweg zwischen dem "voluntaristischen Individualismus auf der einen und dem strukturellen Determinismus auf der anderen Seite" (S. 66) zu finden.

Diese allgemeine an der Neoklassik ausgerichtete Kritik kann ebenso auf die TKT Williamsons übertragen werden. Der Ursprung der Präferenzen der Entscheidungsträger wird in dieser Theorie nicht thematisiert:

> "Individuen handeln nicht nur als kostenminimierende Automaten auf der Basis gegebener Präferenzen. Präferenzen entstehen nicht nur ... aus dem Inneren der Individuen; soziale Institutionen wirken sich nicht nur durch die Kosten, die sie aufzwingen, auf die Individuen aus." (Hodgson 1996, S. 250)

Der Einfluß von Strukturen auf individuelles Handeln wird in der TKT in kalkulatorisch-instrumenteller Art berücksichtigt. Diese Art der Einflussnahme, wie z.B. mithilfe monetärer Anreizstrukturen, ist wenig subtil und verändert in der Regel nicht die Präferenzen und Neigungen der Akteure.[2]

4. Effizienz und Selektionsmechanismen

4.1 Funktionalistische Erklärungen

4.1.1 Allgemeines

Eine Erklärung wird funktionalistisch genannt, wenn sie die Entstehung oder das Vorhandensein eines Teiles des Systems aufgrund der Funktion, die das Teil für das Ganze ausübt, erklärt. Kurz gefaßt ist ein Systemteil vorhanden bzw. entstanden, weil es für das Systemganze eine bestimmte notwendige oder nützliche Funktion erfüllt.

---

[1] Einen ähnlichen Fall sieht Hodgson in der Marxschen Wertlehre, nach der sich der Wert aller Güter auf Arbeit zurückführen lasse, zum Erhalt der Arbeitskraft jedoch auch Güter benötigt werden.

[2] Die unterschiedlichen Einflüsse von Institutionen werden von Scott (1995) in eine regulative, normative und kognitive Dimension unterteilt, wie in Kapitel III.3.1.3 erläutert werden wird.

Zwischen funktionalistischen Erklärungen und solchen auf der Basis des methodologischen Individualismus besteht ein gewisser Gegensatz. Individualistische Erklärungen betonen die Ähnlichkeiten unter den Individuen, da alle Individuen nach gleichen Prinzipien handeln, d.h. im wesentlichen homogen sind. Speziellen Funktionen einzelner Elemente des Systems wird dabei wenig Beachtung geschenkt.

Folgendes Zitat von Angyal (1941, S. 256, zit. nach Hodgson 1988, S. 69, mH) macht diese Idee des Funktionalismus deutlich und kann gleichzeitig als Kritik am methodologischen Individualismus verstanden werden:

> "... wenn eine Anzahl von Teilen ein Ganzes bilden, dann gehen die Teile eine solche Verbindung *nicht aufgrund ihrer inhärenten Qualitäten ein, sondern mittels ihrer* Position und *Funktion im System*. 'Die Bildung eines Ganzen ist daher nicht die summatorische Aggregation der Teile, sondern etwas von einer gänzlich anderen Ordnung."

Aber auch der Funktionalismus (z.B. in Form von funktionalistischen Erklärungen in der Soziologie Parsons) sieht sich ernsthafter Kritik ausgesetzt. Ein Kritikpunkt liegt z.B. darin, daß bestehende Elemente (Institutionen, Organisationen) eines Systems ex-post recht einfach dadurch rationalisiert werden können, indem für sie Funktionen gefunden werden. Weiters sind funktionalistische Erklärungen wenig geeignet, Veränderungen und Wandel zu erklären, da viele Veränderungen schwierig mit veränderten Funktionen in Verbindung gebracht werden können.

4.1.2 Die Position der TKT zwischen Funktionalismus und methodologischem Individualismus

Williamsons Position bezüglich des Funktionalismus und des methodologischen Individualismus kann aus verschiedenen Blickwinkeln betrachtet werden. Es herrscht nicht immer Klarheit darüber, wie die Stellung der TKT eingeschätzt werden sollte.

So könnte eine Argumentation funktionalistischer Art darin erkannt werden, daß die Funktion von Institutionen und Governance-Strukturen in der Verringerung der Transaktionskosten und der Effizienzsteigerung gesehen wird.

Williamsons Ansatz folgt aber auch ganz klar dem methodologischen Individualismus, da es informierte, zielgerichtete Handlungen einzelner Akteure sind, die die Umsetzung einer bestimmten Art von Governance-Struktur bestimmen. So glaubt beispielsweise Vromen (1994, S. 130), daß die Kritik an funktionalistischen Elementen nicht gerechtfertigt sei, weil in der TKT intendierte Handlungen im Vordergrund stehen würden.

4.2 Effizienz und Selektionsmechanismen

Williamson versteht unter Effizienz, wie bereits erwähnt worden ist[1], nicht Effizienz im absolut optimalen Sinne, sondern nur daß vergleichsweise effiziente Strukturen ausgewählt werden und sich durchsetzen. Nach der TKT (in der Form von Williamson 1985) wird diese erste Annäherung an einen effizienten Zustand im Zeitlauf durch einen langfristig im Hintergrund wirksamen Selektionsmechanismus unterstützt:

> "Die Argumentation beruht auf einer allgemeinen, im Hintergrund wirkenden Fähigkeit des Wettbewerbes, effiziente von weniger effizienten Formen zu trennen und die Ressourcen zugunsten der ersteren zu verlagern. Dies erscheint plausibel, insbesondere wenn die relevanten Ergebnisse diejenigen sind, die über einen Zeitraum von 5-10 Jahren anfallen, im Gegensatz zu sehr kurzfristigen. Diese Intuition würde dennoch von einer besser entwickelten Theorie des Selektionsprozesses profitieren. Die Argumente der TKÖ sind daher für einige der Kritiken anfällig, die evolutionäre Ökonomen an der orthodoxen Ökonomie getätigt haben ..." (Williamson 1985, S. 23)

Manche Kritiker (wie z.B. Magnusson/Ottosson) folgern aus der Sicht von Selektionsprozessen in der TKT, daß die Effizienz der Institutionen stetig zunehmen müßte – was kurz als *Effizienzhypothese* bezeichnet wird – oder daß diese Sicht dazu verleite, die bestehenden Institutionen bereits als effizient zu betrachten.

Eine treffende Einschätzung der Position Williamsons gibt meiner Meinung nach Brousseau (2000):

> "Auch wenn die Transaktionskostenanalyse nicht vollständig im nicht-evolutionären Charakter der Ökonomie der allgemeinen Gleichgewichtstheorie verankert ist, wie einige voreilige Kritiker einen glauben machen können [[2]], so ist es sicherlich richtig, daß sich Williamson nur sehr wenig für die Eigenheiten evolutionärer Prozesse interessiert hat. Dennoch spielt die wettbewerbliche Selektion in seiner Analyse eine besonders wichtige Rolle, da sie ihr erlaubt, wie bei Alchian (1950), die Hypothese beschränkter Rationalität mit der Idee zu verbinden, daß die Akteure dazu neigen, sich den Richtlinien [dem 'Kanon'] der individualistischen und kalkulatorischen Rationalität konform zu verhalten." (S. 15)

Weiters glaubt Brousseau, daß Williamson zumindest teilweise annimmt, daß die Akteure implizit Wissen über die Selektionsprinzipien und Mechanismen verfügen. Dies werde daran erkennbar, daß weitsichtige Akteure ex-ante die Erfolgsaussichten verschiedener Governance-Strukturen beurteilen können. Eine akkurate Beurteilung ist aber nur dann möglich, wenn die Akteure wissen, welche Governance-Strukturen von den Selektionsmechanismen begünstigt

---

[1] vgl. S. 96

[2] vgl. z.B. die Kritik von Slater/Spencer in Abschnitt II.2.1.4.2

werden. Es setzt auch voraus, daß sich die Selektionsmechanismen in Zukunft nicht verändern werden. Das ist jedoch aufgrund der sozialen Natur dieser Mechanismen gerade nicht der Fall, wie im folgenden gezeigt werden wird.[1]

4.3 Die soziale Natur von Selektionsmechanismen

Die von Brousseau (2000) und auch von Demsetz (1996) geäußerte Kritik richtet sich vor allem an das von Alchian genannte Selektionsprinzip des positiven Profits. Dieses Kriterium sei nicht mit einer naturgesetzlichen Bedingung vergleichbar, wie z.B. einer bestimmten Temperatur, die zum Überleben einer Art notwendig ist. Vielmehr handele es sich um eine sozial geschaffene Bedingung, die vom institutionellen Kontext abhängig ist.[2] Es handelt sich um eine Regel, die sich "in bestimmten sozialen Kontexten aufdrängt, welche die Akkumulation von Wohlstand durch Akteure fördern" (Brousseau 2000, S. 13), d.h. in kapitalistischen Kontexten.

Das Prinzip, nach dem die Selektion stattfindet, kann deshalb nicht als Konstante oder Naturgesetz aufgefaßt werden:

> "Die Evolutionisten werden sich von Alchian dadurch distanzieren, daß sie den intrinsisch evolutionären Charakter des Selektionsrahmens berücksichtigen, der nicht immer die gleichen Verhaltensweisen während des Zeitlaufes bevorzugt. Die Selektion verändert zuerst die Population selbst. Es stehen daher nicht mehr die gleichen Einheiten in Konkurrenz zueinander. ... Da sich die selektierende Umwelt ständig verändert, verändern sich auch die Charakteristiken, die zum Überleben oder zur Elimination führen ... der Ausgang des Selektionsprozesses ist damit [stark] durch seine Ausgangskonditionen und durch Zufälle charakterisiert. Das Modell, das von Winter (1971) vorgeschlagen wurde, unterstreicht, daß das Konzept der Anpassung (bzw. des nicht-negativen Profits) unzureichend ist, um den evolutionären Prozeß zu kennzeichnen. Tatsächlich hängt die Rentabilität einer Entscheidungsregel von der Umwelt ab, in welcher ... [eine Vielzahl von Akteuren, die die Entscheidungsregeln anwenden,] einander konfrontieren. Diese Umwelt ist nämlich nicht weniger, als das Resultat der Entscheidungen, die von jedem einzelnen Mitglied der betrachteten Population getroffen wurden. Das Kriterium der Nicht-Negativität des Profits führt daher nicht zwangsweise zum Sieg des profitmaximierenden Verhaltens. Es läßt sich vielmehr eine Reihe von möglichen Ausgängen vorstellen: Die identische Reproduktion eines unangepaßten

---

[1] Damit verweist Brousseau auf einen meines Erachtens trotz der Verteidigung der Rationalitätsannahme durch Windsperger (1998) gültigen Kritikpunkt, nämlich den Einfluß sozial generierter Unsicherheit, der in Abschnitt II.4.3 weiter erläutert wird.

[2] Das bedeutet aber nicht, daß nicht auch naturgesetzliche Selektionskriterien zu erfüllen sind. Häufig muß ein gewisses Mindestmaß an absoluter Effizienz erreicht werden. Fällt die Leistung der Akteure bzw. Organisationen unter einen Mindestschwellwert, so können auch ganze Populationen aussterben. Hodgson (1988, S. 215) weist z.B. darauf hin, daß die Dinosaurier aufgrund einer plötzlichen Klimaveränderung ausgestorben sind und nicht wegen ihrer relativen Unterlegenheit zu Konkurrenten.

Verhaltens (wie Handelszünfte im Mittelalter), die Verfolgung altruistischer Ziele, etc." (S. 9).

Es läßt sich aus der Forderung eines positiven Profits keineswegs auf eine Verbreitung des Maximierungsverhaltens und einen allgemeinen Anstieg der Effizienz schließen.

Im Gegensatz zu Williamson heben die Arbeiten von North (1981, 1990) die Rolle von Institutionen als Selektionsmechanismus stärker hervor. North vertritt eine wesentlich differenziertere Konzeption institutionellen Wandels als Williamson, was aber in seinem Fachgebiet, nämlich der Wirtschaftsgeschichte, viel leichter fällt. Die institutionellen Rahmenbedingungen sind in seinen Ausführungen nicht konstant und gegeben, sondern entwickeln sich weiter und sind selbst einer Art Selektion und Evolution unterworfen.

Zusammenfassend erfolgt die Selektion des Selektionsrahmens bzw. Selektionsprinzips durch die Akteure, indem sie sich bewußt oder unbewußt dafür entscheiden, seine Elemente, Regeln, etc. zu reproduzieren.

4.4 Weitere Kritiken der Effizienzsicht der TKT

Eine Vielzahl von Gründen kann vorgebracht werden, warum sich effiziente Lösungen und Strukturen nicht immer durchsetzen.

Dies ist z.B. der Fall, wenn die Ausbreitungsgeschwindigkeit effizienter Strukturen niedriger ist, als die Geschwindigkeit, mit der aufgrund von veränderten Umweltbedingungen vormals effiziente Lösungen ineffizient werden. In einer stark dynamischen Umwelt können daher ein Großteil der Akteure und Strukturen gezwungen sein, den Anforderungen hinterherzuhinken.

Das Konzept der Pfadabhängigkeit betont die Wichtigkeit und Größe des Einflusses, die relativ unbedeutende Ereignisse im Laufe der Geschichte einer Organisation auf deren Entwicklungspfad haben können. Diese Einflüsse können stärker sein als die der Effizienz und so kann eine Organisation über längere Zeit in einem relativ ineffizienten Zustand bleiben.

Auf die Vernachlässigung der Rolle des Staates und öffentlicher Einrichtungen in der Effizienzdiskussion und ihren Beitrag zur Entstehung von Effizienz bzw. Ineffizienz haben z.B. North (1990) und Dugger (1993) hingewiesen, worauf aber hier nicht weiter eingegangen wird.

Ebenso prägen Entscheidungs- und Handlungsprobleme die Wahl von Organisationsformen meist stärker als das Effizienzstreben. Auf diesen Kritikpunkt wird im folgenden Abschnitt (II.4.5) separat eingegangen.

Die Funktionsweise von Selektionsmechanismen kann außerdem durch die Existenz von externen Effekten gestört werden. Herrschen externe Effekte vor – und dies ist außer beim idealisierten Markt immer der Fall – so hängt die Überlebenswahrscheinlichkeit eines Akteurs nicht nur von seiner Leistung, sondern von Wechselwirkungen mit der Umwelt ab, die nicht immer vom Akteur beeinflußt werden können.

In welchem Ausmaß die Effizienzhypothese gültig ist und Selektionskräfte wirksam sind, ist aber letztendlich auch eine empirische Frage, deren Antwort vom untersuchten Sektor abhängig unterschiedlich ausfallen wird. So sind Wettbewerbskräfte bei öffentlichen, politischen und sozialen Institutionen meist schwächer als im privaten Sektor.

Sicherlich sind Effizienzerklärungen weiters stark reduktionistisch, weil sie den Zweck von Institutionen einseitig in der effizienten Abwicklung von Transaktionen sehen.

In der TKT ist außerdem nicht klar festgelegt, auf welcher Ebene Selektionskräfte in welchem Maße wirksam werden. Die Ebene der Organisationen ist zwar der naheliegende Selektionsschauplatz, aber Selektionskräfte können auch auf individueller oder innerorganisationaler Ebene wirken.

4.5 Gewinnverteilung, Kooperation und Effizienz

In diesem Abschnitt soll auf einen speziellen Grund, warum nicht immer effiziente Organisationsformen gewählt werden, etwas detaillierter eingegangen werden (vgl. II.4.4).

Es handelt sich dabei um ein Kooperationsproblem, das bei der ex-post Verteilung von kollektiven Gewinnen entsteht. Die TKT postuliert, daß sich Organisationsformen durchsetzen werden, deren Effizienz aus der Gesamtsicht (d.h. die Summe aller individuellen Gewinne) höher ist, vernachlässigt aber, daß die Gewinne aus dieser Effizienzsteigerung verteilt werden müssen.

Nach Dow (1993) kann dies Probleme hervorrufen, die bis zum ex-ante Verzicht auf die Effizienzsteigerung führen können. Neben Verteilungskonflikten geht es hier auch um die Frage der Entstehung von Kooperation. Da nach Dows (1993) Interpretation von Williamson (1985) Governance-Strukturen die Aufteilung der Quasirenten vorausbestimmen, um kostspielige Verhandlungen (*haggling*) zu vermeiden, kommt Dow zu dem Schluß, daß Verteilungsfragen bereits ex-ante geklärt werden müssen und diese daher die Wahl der Governance-Struktur beeinflussen. Bezüglich der Verhandlungsstärke greift Dow (S. 102) auf das z.B. aus dem Ressource-Dependency-Ansatz bekannte Argument zurück, daß derjenige Vertragspartner in der stärkeren Position ist, der *'essential input supplier'* (d.h. Besitzer kritischer Ressourcen) ist. Er stellt daraufhin die Hypothese auf, daß sich bei der Wahl diejenigen Governance-Strukturen durchsetzen werden, aus denen der stärkere Verhandlungspartner die größte Quasirente erzielt. Dies ist nicht ident mit der Vorstellung, daß lediglich die Summe der Quasirenten maximiert wird.

"Die TKÖ leugnet ... [daß die ex-post Verteilung der Quasirenten für die Wahl der Governance-Struktur relevant ist] und behauptet stattdessen, daß Governance-Strukturen gewählt werden, um die aggregierten Gewinne aus Produktion und Handel ... zu maximieren. Die TKÖ muß daher annehmen, daß die Mitglieder der Produktionskoalition kostenlos Nutzen [Quasirenten] untereinander verteilen können, so daß die Verteilung des aggregierten Gewinns ignoriert werden kann." (S. 102)

Ex-post Verteilungszahlungen, die von Dow als 'Bestechungszahlungen' [*side payments* oder *participation bribes*] bezeichnet werden, sind, wenn es nach der TKÖ zu einer effizienten Kooperation kommen soll, besonders wichtig. Solche Verteilungszahlungen wären jedoch nicht immer möglich. Dow spricht sich daher gegen den pauschalen Einsatz von sozialen bzw. kollektiven Gewinnkalkulationen aus:

"Die 'Gewinnaneignungs-Kritik' [Dow bezeichnet seinen Ansatz als *appropriability critique*] spricht sich daher für eine stärkere Dosis des methodologischen Individualismus aus. Nur indem von der sozialen auf die individuelle Analyse–ebene heruntergestiegen wird, können wir hoffen herauszufinden, ob effiziente Strukturen auftreten werden, weil es nur dann möglich sein wird zu bestimmen, ob individuelles strategisches Verhalten mit effizienten organisationalen Ergebnissen kompatibel ist." (S. 103)

Er vermutet weiters, daß Verteilungszahlungen häufig aufgrund folgender Umstände verhindert werden:

"1) Die Nicht-Vertragsgängigkeit [*contractability*] von spezifischen Investitionen 2) Negative Auslese und *moral hazard* Probleme zwischen potentiellen Koalitionsmitgliedern 3) Kollektive Handlungsprobleme, die mit großen, vielfältigen Produktionsteams verbunden sind" (S. 102)

Diese Bedingungen treffen insbesondere für Arbeitsbeziehungen zu. Erweist sich diese Kritik als gültig, so zeigt sie z.B. neben der Kritik der Vernachlässigung von Machtaspekten eine weitere Schwäche der TKT bei ihrer Anwendung auf Fragen der Arbeitsorganisation auf.

5. Vernachlässigung von Machtaspekten

Die Vernachlässigung von Machtaspekten wurde nach Ebers/Gotsch (1999, S. 245) unter anderem von Perrow (1986), Dorow/Weiermair (1984) und Francis (1983) kritisiert. Das Hauptargument dieser Kritik lautet, daß Governance-Strukturen nicht (nur) aufgrund ihrer Effizienz, sondern wegen des Strebens nach Machterweiterung bestimmter Akteure oder Gruppen ausgewählt und beibehalten werden. Macht und individuelle Interessensdurchsetzung können eine Ursache für Ineffizienzen sein, wie z.B. auch von Dow (1993) deutlich gemacht worden ist. Zur Verteidigung der TKT kann vorgebracht werden, daß die Ausübung von Macht auch mithilfe ihrer Theorieelemente erfaßt werden könne. Ebers/Gotsch (1999, S. 245) sind z.B. der Ansicht, daß die TKT Machtaspekte "zumindest teilweise erfaßt ... wenn auch eher implizit". So können z.B. spezifische Investitionen oder Ressourcen oder das Vorhandensein oder Nicht-Vorhandensein bestimmter Vertragsregelungen als Druckmittel eingesetzt werden, um Macht auszuüben. Würden stets Absicherungen (*safeguards*) und Credible Commitments eingesetzt werden, so wären die Möglichkeiten der Machtausübung eingeschränkter. Williamson hat die explizite Verwendung des Begriffes 'Macht' in der Theoriekonstruktion bewußt vermieden, weil für ihn Macht ein wenig operationalisierter und zu vager Begriff ist.[1]

Williamson (1996a, S. 25) vergleicht macht- und effizienzorientierte Theorien bezüglich ihrer Relevanz für Zwischenproduktmärkte, Kapitalmärkte, Arbeits- und Konsumgütermärkte und für die Politik.

In *Zwischenproduktmärkten* sieht er ein klares Anwendungsgebiet für die TKT. Empirische Studien wie z.B. von Joskow (1988) würden die Gültigkeit und Erklärungskraft des Ansatzes bestätigen. Für Machtargumente bleibe hier sehr wenig Raum.

In *Kapitalmärken* betreffen Effizienzargumente häufig die Wirkungen verschiedener Eigentumsverteilungen. Eigen- und Fremdkapital sind nicht austauschbare Finanzierungsinstrumente, sondern haben verschiedene 'Governance'-Effekte. Wenn die Wirkungen unterschiedlicher Eigentumsverteilungen berücksichtigt werden, ergibt sich die Folgerung, daß Umlaufvermögen besser mit Fremdkapital und langfristige, firmenspezifische Ressourcen mit Eigenkapital finanziert werden sollen. Die Kapitalstruktur ergebe sich weniger aus Macht als aus Effizienz- und Anreizgründen (vgl. Williamson 1988, aber auch Alchian/Demsetz 1972).

> "Nach der 'Macht'-Sicht des Kapitals, in welcher 'politische Präferenzen' eine wichtige Rolle spielen, wird die Rarheit von Arbeiter-kontrollierten Unternehmen [*worker-managed enterprises*] durch die Abneigung des Kapitals gegenüber demokratischer Entscheidungsfindung erklärt. Im Gegensatz dazu vertritt die Effizienzsicht, daß Eigenkapital mit der Möglichkeit der Ausübung diskretionärer Kontrolle verbunden sein muß (und quasi dadurch definiert ist), *weshalb demokratische Entscheidungsfindung für Firmen wenig geeignet ist, in welchen signifikante Investitionen in spezifisches Kapital notwendig sind.*" (S. 28-29)

---

[1] "I submit that there is less to power than meets the eye .... it becomes an exercise in ex-post rationalization: power is ascribed to that party which, after the fact, appears to enjoy the advantage. ... I argue that power has little to contribute to the study of contract and organization in circumstances where the parties to an exchange can and do contract in a relatively farsighted way. Since that varies with the circumstances, the argument is that power has relatively less to offer to the study of capital and intermediate product markets, has more bearing on labor and final product markets, and is especially relevant to politics. Even with respect to this last, however, power plays a much more limited role than is widely believed." (Williamson 1996a, S. 23)

Was die Beziehung der Firma zu *Arbeitnehmern und Konsumenten* angeht, so sind diese Beziehungen im Vergleich zu Business-to-Business Beziehungen durch stärkere Informationsasymmetrien gekennzeichnet. Konsumenten besitzen oftmals nur wenig detaillierte Informationen über Produkteigenschaften. Ebenso wissen Arbeitnehmer im vorhinein oft wenig über einen potentiellen Arbeitgeber. Reputationseffekte scheinen bei Arbeitgebern als auch bei Konsumprodukten nur eingeschränkt wirksam zu sein und bieten daher keinen ausreichenden Schutz. Konsumenten- und Arbeitnehmerschutzvereine, sowie Gewerkschaften könnten hier Abhilfe schaffen. Williamson gesteht in diesen Bereichen Macht eine gewisse Rolle zu, mehr aber noch in der Politik:

> "Wie Moe und Caldwell (1993, S. 4) es einfach ausdrücken: 'die meisten politischen Institutionen sind keine Arrangements für den gemeinsamen Vorteil, sondern Vehikel mit denen Gewinner ihre eigenen Interessen auf Kosten der anderen verfolgen', was bedeutet, daß Politik Machtausübung ist." (S. 30)

Die Diskussion um die Rolle von Macht in der ökonomischen Organisation wird regelmäßig mit der Frage nach der Bedeutung von Effizienz verknüpft. Williamson hat, wie wir im Abschnitt über Arbeitsorganisation (I.2.7) gesehen haben, Effizienzargumente eingesetzt, um eine auf Machtaspekten beruhenden Erklärung zu diskreditieren. Williamson (1985, S. 258) geht z.B. so weit zu behaupten, daß Macht, verstanden als Wunsch nach einer anderen Einkommensverteilung zwischen Unternehmer und Arbeitern, irrelevant für die Wahl der Organisationsform ist, da diese überwiegend nach Effizienzkriterien gewählt werde:

> "... wenn Effizienz organisationale Resultate [Erscheinungen] vorantreibt, dann werden Organisationsmodi, welche bei einer Einkommensverteilung effizient sind, normalerweise auch unter einer anderen effizient bleiben. Da beidseitige Gewinne potentiell möglich sind, wenn ein Wechsel von einer weniger zu einer mehr effizienten Form vollzogen wird, wird der Anreiz, effizientere Modi auszuwählen, offensichtlich [*transparent*]." (1985, S. 258)

Bei dieser Argumentation ist Williamson allerdings etwas voreilig, denn eine Reihe von Einwänden könnten vorgebracht werden, warum der Wechsel zu effizienteren Formen nicht stattfindet, wie z.B.:

- daß die Einkommensverteilung eine Motivationswirkung auf die beteiligen Personen ausübt und dadurch die Effizienz verschiedener Organisationsformen unterschiedlich beeinträchtigt.
- wie der Wechsel zur effizienteren Form stattfinden soll bzw. wie dieser ausgelöst wird. Das Gefangenendilemma zeigt, daß kollektiv bessere Lösungen nicht automatisch ausgewählt werden müssen. Das Problem, von einer suboptimalen zu einer kollektiv günstigeren Lösung zu kommen, ist ja ansonsten auch als ein zentrales Thema in Williamsons Arbeit erkennbar z.B. an der Frage des Übergangs von *subgoal pursuit* zu *joint-profit-maximisation.* Für

den Vollzug dieses Übergangs wird von Williamson meines Wissens jedoch nur eine Lösung angeboten, nämlich die der Autorität bzw. Anweisung (*fiat*).

- daß die 'beidseitigen Gewinne', d.h. die kollektiven Gesamtgewinne, als wesentlich erachtet werden und nicht die individuellen Gewinne.
- wie Verteilungsfragen der höheren Kollektivgewinne geklärt werden sollten (vgl. z.B. Dow 1987, 1993) und daß die beteiligten Personen einer solchen Neuverhandlung der Gewinnverteilung widerwillig eingestellt sein können.

6. Vernachlässigung der institutionellen Umwelt

Transaktionen sind in einer über den unmittelbaren Kontext hinausgehenden institutionellen Umwelt eingebettet, welche trotzdem auf die Wahl einer günstigen Governance-Struktur einen bedeutenden Einfluß ausüben kann. Wie unter anderen Autoren z.B. Ebers/Gotsch (1999, S. 246) feststellen, geht der

> "Fokus auf die mikroanalytischen Aspekte einzelner Transaktionen ... zu Lasten der Berücksichtigung historischer, sozialer, politischer und rechtlicher Einflüsse auf die Gestaltung und Effizienz institutioneller Arrangements ... Je nach sozialem Umfeld und historischer Situation [kann] die Effizienz alternativer institutioneller Gestaltungslösungen dramatisch unterschiedlich ausfallen." (S. 246)

Die Vernachlässigung der weiteren institutionellen Umwelt betrifft mehrere Punkte, welche aber bereits angeschnitten worden sind oder noch behandelt werden. So wird anhand der Darstellung der Theorie des soziologischen Neo-Institutionalismus schnell deutlich werden, welche Art von Einflüssen der institutionellen Umwelt die TKT nur sehr wenig berücksichtigt hat.

Deshalb möchte ich mich hier mit einigen kurzen Verweisen begnügen:

- Die soziale und kulturelle Umwelt betrifft z.B. die Vorprägung der Opportunismusneigung (vgl. Goshal/Moral 1996), oder Konventionen und Normen, die opportunistisches oder unmoralisches Verhalten definieren. Sie bestimmt weiters Signale, an denen Vertrauen oder vertrauensvolles Verhalten erkannt werden kann (vgl. Noorderhaven 1996 und Lindenberg 2000).
- Die institutionelle Umwelt bildet den Selektionsrahmen bei evolutionären Prozessen (vgl. II.4.3).
- Die institutionelle Umwelt beeinflusst soziale Normen der Rationalität. Sie formt Präferenzen und Verhaltensweisen der Akteure durch normative und kognitive Einflüsse. Darauf wird im nächsten Teil (III) genauer eingegangen.

III. Der soziologische Neo-Institutionalismus

Im dritten Teil werden wir die Hauptideen des soziologischen Neo-Institutionalismus Revue passieren. Dazu halten wir uns an die zwei Artikel, die gemeinhin als die Kernbestandteile dieser Strömung erachtet werden. Es handelt sich um den Artikel von Meyer/Rowan (1977), der die grundlegende Idee ausbaut, daß Organisationen Strukturelemente auch aufgrund von Legitimitäts- und Konformitätsüberlegungen übernehmen und nicht immer technische Effizienz das entscheidende Kriterium ist (III.1). DiMaggio/Powell (1983, 1991) bauen manche der von den ersten Autoren entwickelten Ideen weiter aus und gehen genauer auf die Mechanismen ein, die zur Verbreitung und identischen Übernahme von organisationalen Elementen in einer Gruppe von Organisationen führen (III.2). Im dritten Kapitel befassen wir uns mit einigen Neuerungen und Ergänzungen im soziologischen Neo-Institutionalismus (wie z.B. durch Scott 1995 oder Oliver 1991) und einer kurzen Kritik dieses Ansatzes (III.3).

1. Die Begründung des soziologischen Neo-Institutionalismus: Meyer/Rowan (1977)

1.1 Einleitung

Die Hauptthese Meyer/Rowans steht in krassem Gegensatz zu Williamsons effizienz-orientierter Argumentation, bei der der Unternehmenserfolg eng mit Effizienz im technischen Sinne zusammenhängt.

Sie lautet zusammengefasst, daß Organisationen dazu tendieren, sozial rationalisierte und legitimierte Strukturen, Prozesse, Verhaltensweisen, etc. zu übernehmen. Dies hat den Hintergrund, daß durch die Übernahme dieser Strukturen die Legitimität und die Überlebenschancen einer Organisation gesteigert werden können. Die Überlebenschancen erhöhen sich allerdings unabhängig von "der unmittelbaren [technischen] Effizienz der übernommenen Praktiken und Prozeduren" (S. 41).

Meyer/Rowan sind der Ansicht, daß "die formellen Strukturen vieler Organisationen in der post-industriellen Gesellschaft ... die Mythen ihrer institutionellen Umwelten 'in dramatischem Ausmaß' widerspiegeln, anstelle der Anforderungen der Arbeitstätigkeiten" (S. 41).

Institutionelle Regeln ähneln dem Konzept sozialer Normen. Unter institutionellen Regeln verstehen Meyer/Rowan Annahmen, Regel, Erwartungen oder normative Verpflichtungen, die allgemein bekannt, anerkannt und unterstützt werden.

Konformität mit institutionell verbreiteten Regeln kann durchaus im Gegensatz zu technischer Effizienz stehen. "Umgekehrt kann die Koordination und Kontrolle von Aktivitäten um Effizienz voranzutreiben, die 'zeremonielle' Konformität gefährden" (S. 41).

Hier wird bereits ersichtlich, daß Meyer/Rowans Theorie besonders dann gilt, wenn die institutionelle Umwelt starke normative Ansprüche an die Organisation stellt und die Umwelt über Ressourcen und Macht verfügt, die für das Überleben der Organisation entscheidend sind.

Meyer/Rowan vermuten, daß Organisationen mit den Widersprüchen zwischen Effizienz- und Legitimitätsanforderungen an ihre Strukturen und Prozesse dadurch umgehen, daß sie die formelle Struktur von den tatsächlichen technischen Aktivitäten abkoppeln bzw. "lose Kopplungen" bilden. Das Erreichen von Effizienz und von Konformität nach außen können dadurch verbunden werden.

1.2 Formelle Struktur und institutionelle Regeln

Unter einer formellen Struktur verstehen Meyer/Rowan die offizielle Sicht einer Organisation, erkennbar z.B. an ihrer Aufbau- und Ablauforganisation oder ihren Stellen- und Projektbeschreibungen. Diese Beschreibungen bilden das Gerüst einer bürokratischen Struktur. Eine Organisation hat auf bürokratischen, 'rationalen' und formellen Grundlagen zu beruhen. Diese Anforderungen gelten um so mehr, je größer die Firma, der Grad der Arbeitsteilung und die Komplexität der internen Beziehungen ist.

Das Problem der Bürokratietheorie liegt nach Meyer/Rowan darin, daß sie annimmt, daß der Erfolg der Organisation tatsächlich auf den formellen Koordinations- und Kontrollmechanismen beruht. Weiters ist sie häufig mit der Annahme verbunden, daß die realen Abläufe so ablaufen, wie sie in der formellen Struktur geschilderten werden. Dabei wird offensichtlich vernachlässigt, daß informelle Koordination existiert, Regeln häufig verletzt werden, etc.

Die Bürokratietheorie vernachlässigt damit die Legitimitätsfunktion formeller Strukturen. Normen der Rationalität existierten jedoch nicht

> "... als allgemeine, einfache Werte. Sie existieren in viel spezifischerer und wirkungsvollerer Weisen in Regeln, Annahmen und Bedeutungen, die mit institutionalisierten Sozialstrukturen in Verbindung gebracht werden können. ... Viele der Positionen, Politiken, Programme und Prozeduren moderner Organisationen werden durch die öffentliche Meinung durchgesetzt oder durch die Sicht ihrer wichtigen Vertreter, durch Wissen, welches durch das Bildungssystem legitimiert wird, durch Sozialprestige, durch das Gesetz und durch die Vorstellung von Fahrlässigkeit und Vorsicht der Gerichte." (S. 44)

Institutionelle Regeln bestimmen also wesentlich, was als 'rational' erachtet wird. Sie werden von Meyer/Rowan wie folgt charakterisiert:

> "Erstens sind sie rationalisierte und unpersönliche Vorschriften, welche verschiedene soziale Zwecke mit technischen gleichsetzen und in einer regelhaften Weise angeben, wie diese technischen Zwecke auf eine rationale Art verfolgt werden ...

Zweitens sind sie stark institutionalisiert und gehen damit über den Einflußbereich eines einzelnen Teilnehmers bzw. Organisation hinaus." (S. 44)

Regeln und Normen können z.B. mit dem Bild einer bestimmte Berufsgruppe verbunden sein. Sie werden in der Ausbildung übertragen und ihre Kenntnis kann durch Lizenzen und Zertifizierungen bestätigt werden. Ebenso fallen Vorstellungen, wie Betriebe organisiert und geführt werden sollen, darunter. Es ergibt sich dadurch ein beträchtlicher Bestand an sozial verfügbarem Wissen, auf welches neue und bestehende Organisationen zurückgreifen können.

"Ziemlich unabhängig von ihrer (möglichen) Effizienz, etablieren solche institutionalisierte Techniken eine Organisation als angemessen, rational und modern. Ihre Verwendung zeigt Verantwortung und vermeidet Beschwerden wegen Nachlässigkeit." (S. 45)

"... hoch professionalisierte Berater, welche ihren externen Segen an eine Organisation abgeben, sind oft schwer bezüglich verbesserter Produktivität zu rechtfertigen, können aber dennoch sehr wichtig sein, um externe und interne Legitimität zu erhalten." (S. 56)

Meyer/Rowan stellen daher die Hypothese auf, daß Organisationen aufgrund dieser vorteilhaften Effekte institutionelle Regeln übernehmen und einbauen werden, sobald sich diese verbreiten oder weiterentwickeln. Weiters stellen sie die Hypothese auf, daß institutionelle Regeln mit der Modernisierung der Gesellschaft zahlreicher werden und auch in vielfältigeren Bereichen zu finden sein werden.

Sie glauben, daß Organisationen ihren Umwelten nicht nur ähnlicher werden, weil an den Schnittstellen zur Umwelt eine gewisse "Kompatibilität" herrschen muß. Es gibt einen anderen tiefgreifenderen Grund, nämlich daß Organisationen Teil einer sozial konstruierten Realität sind.[1] Dabei verschwimmen zunehmend die Grenzen zwischen Umwelt und Organisation, weil aus immer mehr Bereichen der Umwelt Elemente übernommen werden.

1.3 Die Entstehung institutioneller Regeln

Meyer/Rowan nennen drei Mechanismen, die zur Entstehung von institutionellen Regeln führen können:

- Komplexe Beziehungsnetzwerke: "Je dichter und stärker verbunden die Beziehungsnetzwerke einer Gesellschaft werden, um so stärker steigt die Zahl institutioneller Mythen" (S. 48). Dies deshalb, weil die intensiven Austauschbeziehungen die Vereinheitlichung und Kodifizierung von Regeln vereinfachen.

[1] Meyer/Rowan beziehen sich hier auf Berger/Luckmann (1967).

- Starke kollektive Akteure und die Wichtigkeit von Lizenzen, Diplomen, Zertifikaten etc. Der Staat, Behörden, öffentliche Einrichtungen, das Rechts- und Bildungssystem tragen alle zur Erzeugung von institutionellen Regeln bei.
- Der Einfluß von mächtigen Organisation

Einflußreiche Organisationen können das institutionelle Umfeld stark prägen. Gelegentlich geschieht dies durch die Vermittlung von lokalen Behörden oder des Staates:

> " ... starke Organisationen versuchen ihre Ziele und Prozeduren direkt in die Gesellschaft als institutionelle Regeln einzubauen. Automobilhersteller werden z.B. versuchen, die Standards der öffentlichen Meinung für begehrenswerte Autos zu bestimmen ... die Gesetzesregelungen so zu beeinflussen, daß die Autos als ausreichend beurteilt werden, um Herstellerhaftungsfälle zu vermeiden und die Akteure dazu zu bringen, kollektiv ausschließlich ihre Autos zu kaufen. Rivalen müssen dann gleichzeitig in sozialen Netzen oder Märkten und auch im Zusammenhang institutioneller Regeln konkurrenzieren, welche durch bestehende Organisationen definiert werden. In dieser Art können sich bestehende Organisationsformen reproduzieren, indem sie zu institutionellen Regeln werden. ... Organisationen, die in wettbewerbsintensiven Umwelten angegriffen werden, ... versuchen sich selbst als zentral in der kulturellen Tradition ihrer Gesellschaften zu etablieren, um offiziellen Schutz zu erhalten." (S. 49)

1.4 Der Einfluß institutioneller Umwelten auf Organisationen

Die Abhängigkeit von externen institutionellen Umwelten hat den Vorteil, daß Umweltturbulenzen leichter überwunden werden können und Stabilität gefördert wird.[1]

> "Der Unsicherheit unvorhersehbarer technischer Kontingenzen oder der Anpassung an Umweltveränderungen kann nicht auf der Basis von Effizienz [alleine ausreichend] begegnet werden. Interne Mitarbeiter, ebenso wie externe Stakeholder [*constituents*] werden institutionelle Regeln fordern, die *Vertrauen und Zuversicht* in [die Qualität des] Outputs fordern und Organisation vom Versagen 'abfedern'." (S. 55, mH)

Meyer/Rowan deuten hier auch auf die Wichtigkeit von Vertrauen hin, um organisationalen Wandel und Anpassungen zu meistern.

Die Anpassung der Organisation an die Umwelt und die Übernahmen von Strukturelementen (Isomorphismus) zeigt sich nach Meyer/Rowan an der Sprache einer Organisation. Dies betrifft beispielsweise die Bezeichnungen in Organigrammen, in Zieldefinitionen, oder Unternehmenspolitiken (S. 50): "Von Organisationen, die in legitimiertem Vokabular beschrieben werden, wird

---

[1] "... die Verwendung externer Beurteilungskriterien kann einer Organisation ermöglichen ... von Fehlschlägen abgefedert zu werden" (S. 49).

angenommen, daß sie nach einem kollektiv definierten Ziel orientiert sind" (S. 45).

Auch Williamson (1975, S. 25) beurteilt eine ideosynkratische Sprache als einen Vorteil der internen Organisation. Allerdings hebt Williamson eine völlig andere Funktion der eigenen, organisationsspezifischen Sprache hervor, nämlich daß diese die interne Kommunikation effizienter mache. Betont wird also die Unterscheidung der organisationalen Sprache von der allgemeinen und nicht ihre Anpassung an die erwarteten Sprachregelungen, um Legitimitätszwecken zu dienen.

Die Einrichtung einer Personalabteilung diene beispielsweise nicht nur der besseren Verwaltung der Angestellten, sondern zeige, daß der Organisation modernes Personalmanagement wichtig ist. Eine moderne Organisation hat wiederum einfacheren Zugang zu externer Unterstützung, wie z.B. Krediten.

Als weitere Beispiele führen Meyer/Rowan die Arbeit von Ökonomen in volkswirtschaftlichen Abteilungen an. Es erscheine rational, wichtige Entscheidungen aufgrund von detaillierten Analysen diverser Experten zu treffen, obwohl "möglicherweise niemand [diese Analysen] verstehen, lesen oder ihnen glauben wird" (S. 45). Sollte sich die Entscheidung als Fehlentscheidung herausstellen, so haben die Entscheidungsträger dennoch eine Möglichkeit sich zu rechtfertigen, indem sie zeigen, daß ihre Pläne auf rationalen Grundlagen und bestem Wissen beruhten. Der Verzicht darauf, institutionelle Regeln zu übernehmen, kann als nachlässig und irrational gewertet werden.

Sozial definierte Maßstäbe können z.B. auch im Controlling erkannt werden. Werden Zwischenprodukte intern produziert, so ergeben sich Probleme bei der Bestimmung eines Verrechnungspreises. Da die Produktionskosten alleine aus wirtschaftlicher Sicht keinen zufriedenstellenden Anhaltspunkt geben, wird häufig der Marktpreis eines vergleichbaren extern hergestellten Produktes herangezogen. Interne Preise haben in diesem Fall einen sozialen, externen Ursprung. Ein sozialer Einfluß ist auch bei der Bestimmung ökonomischer Größen wie Profit, Effizienz oder Rentabilität vorhanden.

Die stabilisierende Wirkung starker institutioneller und sozialer Einbettung wird besonders bei Organisationen deutlich, die dem öffentlichen Bereich nahestehen. So erhalten Schulen oder Spitäler meist ohne Probleme eine staatliche Finanzierung. Auch werden die Leistungen dieser Institutionen selten angezweifelt oder beanstandet, wenn alle anerkannten Regeln bei der Leistungserbringung beachtet worden sind.

Institutionelle Regeln tragen auch dazu bei, Stabilität im negativen Sinne zu schaffen, nämlich durch die Unterdrückung von Innovationen: "... ohne auf technische Effizienzbetrachtungen einzugehen, haben Organisationen, welche strukturelle Innovationen schaffen, beträchtliche Kosten in Form von Legitimität zu tragen" (S. 53).[1]

Der Einfluß institutioneller Regeln auf das Überleben von Organisationen wird im untenstehenden Diagramm schematisch dargestellt:

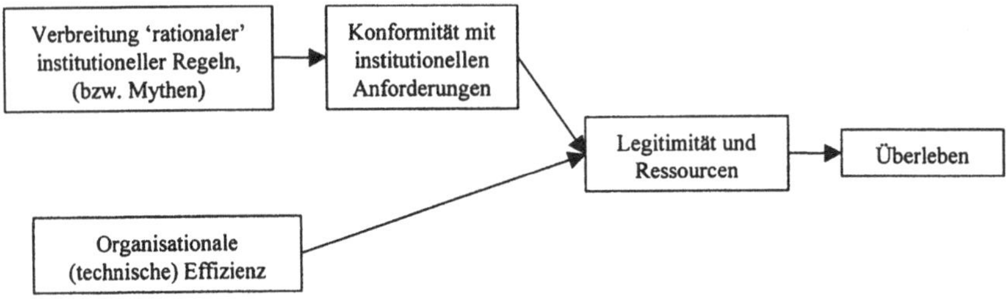

Abbildung 18: Einfluß institutioneller Regeln auf das Überleben von Organisationen (aus Meyer/Rowan 1977, S. 53)

Meyer/Rowan differenzieren ihre These dahingehend, daß das Überleben mancher Organisationen stärker von der Erfüllung der Effizienzanforderungen, und anderer stärker von der Erfüllung der normativen und institutionellen Anforderungen abhängt.

In welchen Kontexten welche Anforderungen überwiegen, erklären Meyer/Rowan durch die Meß- und Evaluierbarkeit des Outputs:

> "Wo Output einfach evaluiert werden kann, entwickelt sich ein Markt und Konsumenten erhalten beträchtliche Inspektions- und Kontrollrechte. In diesem Kontext bestimmt Effizienz den Erfolg." (S. 54) [2]

1.5 Widersprüchliche Anforderungen und Entkopplung

Ein Problem, mit welchem Organisationen sich gelegentlich in starken institutionellen Umwelten konfrontiert sehen, ist, daß sich die Anforderungen der institutionellen Umwelt und die der technischen Effizienz widersprechen. Daß institutionelle Anforderungen und Effizienz auseinanderfallen können, wird an folgendem Beispiel anschaulich geschildert:

---

[1] Die Argumentation von Meyer/Rowan wurde von Kritikern dahingehend interpretiert, daß sie sich hauptsächlich auf öffentliche Organisationen beziehe. Sicherlich trifft sie stellenweise stärker auf öffentliche Organisationen zu, was jedoch die Gültigkeit der Argumente für Betriebe meiner Ansicht nach nicht einschränkt.

[2] Diese Position steht den Überlegungen von Alchian/Demsetz (1972), sowie dem *'measurement branch'*, der sich daraus entwickelt hat, sehr nahe. Bei Alchian/Demsetz wird die Entstehung der internen Organisation dann wahrscheinlich, wenn die Meßbarkeit des Outputs der Teammitglieder nicht genau gemessen und beurteilt werden kann.

"Ein kranker Arbeitnehmer muß von einem Doktor nach einer anerkannten Methode behandelt werden; ob der Arbeiter wirkungsvoll behandelt wird, ist weniger wichtig. Aktivität ... hat eine rituelle Bedeutung: es erhält den Schein und rechtfertigt eine Organisation. Kategorische Regeln widersprechen [jedoch] der Logik der Effizienz." (S. 55)

Meyer/Rowan sprechen kurz eine Reihe von wenig zufriedenstellenden Handlungsmöglichkeiten an, die sich Organisationen bieten, wenn sie mit Widersprüchen konfrontiert werden. So könnten diese Organisationen entweder die Effizienz- oder die Legitimitätsanforderungen ignorieren. Dies ist jedoch mit den entsprechenden Nachteilen und Kosten verbunden. Ähnliche Kosten entstehen der Organisation, wenn sie zugibt, daß Ineffizienzen bestehen oder Reformen verspricht, was einem impliziten Geständnis von jetzt bestehenden Ineffizienzen gleichkommt.

Die Lösung sehen Meyer/Rowan darin, daß Organisationen, um beiden Anforderungen entsprechen zu können, die Elemente der formellen Struktur und die tatsächlichen Aktivitäten voneinander entkoppeln. Es wird also eine formelle Struktur offiziell deklariert, um Legitimitätsgewinne zu erzielen, während die tatsächlichen Abläufe sich stärker an Effizienzkriterien orientieren.

"Industrien tendieren dazu, ähnliche formelle Strukturen zu haben – was ihre gemeinsamen institutionellen Ursprünge widerspiegelt – sie können aber in der tatsächlichen Praxis eine große Vielfältigkeit aufweisen." (S. 58)

Mit der Einführung der Entkopplung verbindet sich eine spezielle Anforderung an die Mitarbeiter. Diese sollten nämlich die Fähigkeit haben, informell zu arbeiten und bei Abweichungen von formellen Regeln nicht gleich zu reklamieren und aufzuschreien:

"... Individuen wird es überlassen, technische Interdependenzen informell herauszuarbeiten. Die Fähigkeit, Dinge im Widerspruch zu den Regeln zu koordinieren – d.h. mit anderen gut umgehen zu können – wird sehr geschätzt." (S. 58)

Vertrauen und Zuversicht trotz Widersprüche zu zeigen sind daher wichtige Eigenschaften der Organisationsmitglieder. Um die Zuversicht beizubehalten, sind eine Reihe von Mechanismen wirksam:

"Delegation, Professionalisation, Zielambiguitäten, Elimination von Leistungsdaten und Gesichtsbewahrung sind Mechanismen, um Unsicherheit zu absorbieren, während gleichzeitig die formelle Struktur der Organisation erhalten wird ... Obwohl die Literatur über informelle Organisation diese Praktiken und Mechanismen als solche zur Erreichung von 'deviant and subgroup purposes' zählt [und ihr damit bewußt ist], vernachlässigt sie eine kritische Eigenschaft des Organisationslebens: die wirkungsvolle Absorption von Unsicherheit und der Erhalt von Zuversicht, der erfordert, daß die Mitarbeiter annehmen, daß jeder guten Gewissens handelt." (S. 58)

Anders ausgedrückt ist es förderlich, wenn die Mitarbeiter von ihrer eigenen Tätigkeit und der der anderen glauben, daß sie richtig ist und guten Gewissens ausgeführt wird. Das Hinterfragen der Tätigkeiten nach Effizienz-Gesichtspunkten ist nicht erwünscht. Meyer/Rowan schildern hier eine gewisse "Scheinheiligkeit" von Organisationen, die später z.B. von Brunsson (1989) ausgebaut worden ist.[1]

Der Einfluß der institutionellen Umwelt auf Organisationen wird zusammenfassend bei Meyer/Rowan in einer anderen Perspektive gesehen als bei Williamson. Wie erwähnt, wird die institutionelle Umwelt bei Williamson stark an den Rand gedrängt, da sie lediglich die Rahmenbedingungen liefert. Würde man z.B. die Governance-Strukturen auch als institutionelle Umwelt betrachten, so ginge deren Wirkung auf die Individuen vor allem von den Anreizstrukturen und Vertragsklausen aus. Bei Meyer/Rowan dagegen ist der Einfluß der institutionellen Umwelt normativer Art. Auch wenn der normative Druck letztendlich in Kosten/Nutzen-Kalkülen erfaßt werden könnte, bietet diese Theorie ein angemessenere Erklärung für die Entstehung eines Einflusses auf das hypothetische Kosten/Nutzen-Kalkül.

Auf einer 'argumentationslogischen', rhetorischen Ebene kann eine Ähnlichkeit mit Williamson festgestellt werden: Ein auf den ersten Blick irrationales und ineffizientes Verhalten wird als dennoch effizient enthüllt, wenn man in Betracht zieht, daß die Entkopplung von technischen Anforderungen der Organisation Legitimitätsgewinne bringt. Die TKT stellt in ähnlicher Weise 'monopolähnliche Verhaltensweisen' als effizient im Sinne von transaktionskostenminimierend heraus. Insofern enthüllen beide Theorien etwas als effizient, was von ihren Vorgängertheorien als ineffizient betrachtet wurde.

2. Erweiterungen des Ansatzes durch DiMaggio/Powell (1991)

2.1 Organisationale Felder

DiMaggio/Powell erweitern und präzisieren einige der von Meyer/Rowan genannten Ideen. Ein erster auffälliger Unterschied zu Meyer/Rowan ist, daß DiMaggio/Powell anstelle der institutionellen Umwelt von 'organisationalen Feldern' sprechen. Es handelt sich dabei um eine institutionelle Umwelt mittlerer Ausdehnung, die ungefähr mit der Branche oder einem Industriesektor gleichgesetzt werden kann. Sie umfaßt z.B. Verbände, Berufsvereinigungen und auch die Wettbewerber der Organisation. Folgende Merkmale helfen nach DiMaggio/Powell (1991, S. 65) ein organisationales Feld zu erkennen und zu begrenzen:

---

[1] "Institutionalisierung meint auch, daß ... Elemente von den Akteuren nicht mehr hinterfragt werden. Sie werden als gegeben und richtig betrachtet" (Walgenbach 1999, S. 321)

- es finden verstärkt Interaktionen unter den Organisationen statt
- die Organisationen haben ein großes Ausmaß an Informationen zu verarbeiten
- Kooperations- und Dominanzstrukturen können erkannt werden
- die Organisationen sind einander bewußt und können sich beeinflussen. Es besteht eine (strategische) Interdependenz zwischen ihre Aktionen

Ähnlich wie Meyer/Rowan glauben DiMaggio/Powell, daß Organisationen relativ häufig ähnlich und homogen sind, weil sie die gleichen Strukturelemente aus dem organisationalen Feld übernehmen. Die dabei übernommenen Praktiken oder Strukturen müssen nicht notwendigerweise einen Beitrag zur Leistungs- und Effizienzsteigerung in engeren Sinne leisten.

DiMaggio/Powell versuchen nicht die Vielfältigkeit, sondern die Ähnlichkeit von Organisationen zu erklären. Die Vielfalt nimmt stark mit der Entwicklung des Lebenszykluses des organisationalen Feldes ab. Reife Industrien weisen eine wesentlich größere Homogenität auf, als entstehende. In den frühen Entwicklungsstadien eines organisationalen Feldes werden Innovationen und Veränderungen häufig durch Effizienzüberlegungen vorangetrieben, während in reiferen Industrien Legitimationsüberlegungen dominieren.

Als möglichen Grund, warum institutionelle Anforderungen und Effizienz einander entgegenwirken können, wird genannt, daß die Effizienz einer Maßnahme bzw. Strategie dadurch sinkt, daß sie von einer Vielzahl von Organisationen übernommen wird.[1]

2.2 Arten von Isomorphismus

Hannan/Freeman (1977), Hauptvertreter des Population-Ecology-Ansatzes, erklären Isomorphismus dadurch, daß die Selektionsmechanismen der Umwelt Organisationen mit bestimmten Kriterien bevorzugen, wodurch nach dem Selektionsvorang alle Mitglieder der Population die gleichen Merkmale bezüglich des Selektionskriteriums aufweisen werden. Diese Erklärung wird von DiMaggio/Powell als *competitive isomorphism* bezeichnet.

Sie ist von der Übernahme von Strukturen oder Regeln durch individuelle Akteure zu unterscheiden (*institutional isomorphism*).[2]

DiMaggio/Powell unterscheiden drei Mechanismen durch die institutioneller Isomorphismus vorangetrieben wird:

---

[1] Diese Überlegung drückt beispielsweise einen Einfluß des 'Ganzen' auf das 'Teil' aus. Diese Erklärungsrichtung wird, wie wir gesehen haben, bei der TKT vernachlässigt, vgl. II.4.3

[2] Zur Abgrenzung vom Population-Ecology Ansatz würde sich auf den ersten Blick das Kriterium der Bewußtheit der Übernahmeentscheidung anbieten. Dies ist jedoch nicht korrekt, da die Übernahme in beiden Ansätzen sowohl bewußt als auch unbewußt erfolgen kann.

2.2.1 Isomorphismus durch Zwang (Coercive Isomorphism)

Unter diesem Begriff subsummieren DiMaggio/Powell relativ direkte Anforderungen der institutionellen Umwelt an die Organisation. Dazu gehören beispielsweise explizite Gesetzesvorschriften, wie z.B. das Vertrags-, Gesellschafts-, oder Handelsrecht. Auch Zentralen multinationaler Unternehmungen können ihren Niederlassungen z.B. einheitliche Vorschriften im Rechnungswesen aufzwingen. Neben diesen eher direkten Zwängen zählen DiMaggio/Powell auch informelle, kulturelle und soziale Erwartungen zu dieser Form des Isomorphismus.[1]

2.2.2 Mimetischer Isomorphismus

Die Triebkraft bzw. das Motiv isomorpher Handlungen dieser Art ist nicht Druck, sondern die Angst und Unsicherheit. "Wenn organisationale Technologien unzureichend verstanden werden ..., neue Ziele uneindeutig sind oder wenn die Umwelt symbolische Unsicherheit erzeugt, so können Organisationen sich selbst entsprechend [dem Vorbild] anderer Organisationen gestalten" (S. 69). Daß die Organisation Strukturelemente und Praktiken anderer kopiert, muß ihr nicht bewußt sein und kann nicht-intentional erfolgen. Wissen wird z.B. durch Industrieverbände oder Mitarbeiterwechsel zwischen den Firmen einer Brache übertragen. Mimetischer Isomorphismus wurde schon von Alchian (1950) beschrieben, worauf DiMaggio/Powell auch hinweisen. Neben der Unsicherheit sehen DiMaggio/Powell auch die Anzahl der Mitarbeiter und Kunden als einen Faktor, der zu verstärktem Isomorphismus führt, weil dadurch der Legitimationsdruck auf die Organisation steigt, "Programme und Leistungen anzubieten, die auch von anderen [vergleichbaren] Organisationen angeboten werden. ... Organisationen tendieren dazu, sich nach [dem Vorbild] ähnlicher Organisationen im organisationalen Feld zu gestalten, welche sie als legitimer oder als erfolgreicher wahrnehmen" (S. 70). Ob der Erfolg der Organisation tatsächlich auf diese neuen Maßnahmen und Praktiken zurückzuführen ist und diese ihre Effizienz auch in der übernehmenden Organisation entfalten würden, ist zweitrangig. [2]

---

[1] Wodurch meines Erachtens eine Abgrenzung zum normativen Isomorphismus erschwert wird. Die vergleichbare Unterscheidung von drei Dimensionen von Institutionen nach Scott (1995), die später vorgestellt wird (vgl. III.3.1.3), erscheint mir plausibler und trennschäfer.

[2] DiMaggio/Powell (S. 70) verweisen mit Bezug auf Meyer (1981) darauf, daß Mimetismus besonders bei Behörden und Regierungen zu beobachten ist. Diese übernehmen oftmals Politiken und Verwaltungsmethoden aus dem Ausland, ohne sie gründlich an lokale Gegebenheiten anzupassen.

2.2.3 Normativer Druck

Die dritte Art von Isomorphismus bezeichnen DiMaggio/Powell als normativ. Hier spielen Berufsverbände eine wichtige Rolle. Berufsverbände vereinigen Mitglieder eines Berufsstandes, welche in verschiedenen Organisationen tätig sind. Dies fördert den Informationsaustausch und damit die Verbreitung von Praktiken im organisationalen Feld. Weiters haben Verbände starken Einfluß auf die Anforderungen, Inhalte und Zertifizierungen von Berufsausbildungen.[1] Eine weitere Quelle dieses Typs von Isomorphismus sind die Auswahl von Mitarbeitern nach ähnlichen Kriterien, so daß die neuen Mitarbeiter, nachdem sie eine vergleichbare Ausbildung genossen haben, auch eine ähnliche Weltsicht aufweisen werden und ähnliche Entscheidungen treffen, bzw. Strukturen und Praktiken implementieren werden. "Viele professionelle Berufslaufbahnen werden so genau überwacht, daß beim Berufseinstieg ebenso wie während des ganzen Karriereverlaufes, die Individuen, die an die Spitze gelangen, praktisch kaum zu unterscheiden sind" (S. 71).

2.3 Vorhersage isomorphen Wandels

DiMaggio/Powell fragen sich, woran erkannt werden kann, in welchen organisationalen Feldern Isomorphismus am stärksten verbreitet sein wird. Dazu stellen sie eine Reihe von Hypothesen auf, welche die Eigenschaften von Organisationen als auch Eigenschaften des organisationalen Feldes betreffen:

> "Je größer die Abhängigkeit einer Organisation von einer anderen, um so ähnlicher wird die Organisation dieser werden, in Bezug auf Struktur, Klima und Verhaltensweisen." (S. 74)

Als Begründung für diese These beziehen sich DiMaggio/Powell (1991, S. 74) auf Williamson (1979) und das Konzept spezifischer Investitionen aus der TKT. Wenn spezifische Investitionen zwischen Organisationen getätigt werden, entsteht eine Art Abhängigkeitsverhältnis, womit einhergeht, daß die Schnittstellen zwischen den Organisationen einander angepasst werden, was letztendlich die Ähnlichkeit erhöht. Isomorphismus durch Zwang ist zu einem Gutteil eine Frage von Macht und Verhandlungspositionen (wobei Macht hier als Besitz von kritischen Ressourcen gewertet werden kann):

> "In Fällen, wo alternative Quellen entweder nicht einfach verfügbar sind oder [große] Anstrengungen zu deren Verfügbarmachung erfordern würden, kann die stärkere Partei der Transaktion die schwächere dazu bringen, ihre Praktiken zu übernehmen, um den Anforderungen der stärkeren Partei zu genügen ..." (S. 75)

Der im vorigen Zitat genannte Umstand, daß "alternative Quellen ... Anstrengungen zu deren Verfügbarmachung erfordern würden" entspricht einer

---

[1] Der Einfluß von Berufsverbänden dürfte meiner Meinung nach in den USA und in Großbritannien größer sein als in Kontinentaleuropa.

Situation, in welcher Transaktionskosten anfallen würden. Dies ist auch der Ausgangspunkt eines zentralen Anwendungsfalles der TKT, nämlich der vertikalen Integration. Dadurch daß ein Lieferant dazu gebracht wird, spezifische Investitionen zu tätigen, können Transaktionskosten eingespart werden und die daraus resultierenden Renten unter beiden Firmen aufgeteilt werden.

Eine weitere Hypothese lautet:

> "Je unsicherer die Zweck-Mittel-Beziehung, in umso größererem Ausmaß werden Organisationen sich nach anderen Organisationen gestalten, welche sie als erfolgreich wahrnehmen." (S. 75)

Unsicherheit erhöht mimetisches Verhalten. Auch dieser Punkt wurde bereits von Meyer/Rowan vorgebracht. DiMaggio/Powell glauben allerdings, daß sich im Falle von 'entkoppelten' Organisationen sich nicht nur die formellen Strukturen angleichen werden, sondern auch die tatsächlichen.

> "Je uneindeutiger und unklarer die Ziele der Organisation, um so wichtiger werden externe Zertifikate und um so mehr Mitarbeiter werden in Berufsverbänden beteiligt sein." (S. 75)

In ähnlicher Weise stellen DiMaggio/Powell Hypothesen zwischen der Verbreitung von Isomorphismus und der Abhängigkeit von einer zentralen Ressourcenquelle, den Beziehungen zu Behörden, der geringen Diversität von alternativen organisationalen Modellen, der Unsicherheit von Technologie und Zielen und der Stärke von Berufsverbänden auf.

3. Ergänzende Bemerkungen und Kritik des soziologischen Neo-Institutionalismus

3.1 Ergänzende Bemerkungen zum SNI

3.1.1 Allgemeines

Nach DiMaggio/Powell (1991b, S. 2) kann die starke Verbreitung des soziologischen Neo-Institutionalismus in den USA als eine Art Gegenreaktion auf die Vorherrschaft behavioralistischer Ansätze gesehen werden. Der Neo-Institutionalismus nimmt sich vor, im Gegensatz zum Behaviouralismus, welcher individuelle, intentionale Handlungen betont, stärker den kollektiven Einfluß auf individuelles Handeln und die Rolle von kognitiven Kategorien, Schemata, etc. hervorzuheben.

Walgenbach (1999, S. 323) charakterisiert die Hauptmerkmale des soziologischen Neo-Institutionalismus mit Bezug auf DiMaggio/Powell (1991b, S. 8) zusammenfassend folgendermaßen:

> "(1) die Ablehnung des Modells des rational handelnen Akteurs, (2) das Interesse an institutionalisierten Regeln als unabhängige Variablen, aus dem sich ... (3) ein

> Interesse an den Eigenschaften und Wirkungsweisen dieser überindividuellen Einheiten ableitet und (4) eine Orientierung hin zu kognitiven und kulturellen Erklärungen der Elemente der Organisationsstruktur" (S. 323)

Kennzeichnend ist, daß die Akteure und ihre Interessen und Verhaltensweisen als institutionalisiert betrachtet werden:

> "Institutionalisierung heißt ..., daß die von den Mitgliedern einer Gesellschaft geteilten Deutungssysteme, obwohl durch Interaktion zwischen Menschen geschaffen, von den Mitgliedern dieser Gesellschaft als objektive und externe, d.h. als außerhalb der Individuen liegende und historisch vor ihnen bestehende Strukturen betrachtet werden." (Walgenbach, S. 321)

Es werden weiters makro- und mikroinstitutionalistische Ansätze unterschieden. Während die makroinstitutionalistischen Ansätze (Meyer/Rowan, DiMaggio/Powell) hier besprochen werden, wird auf mikroinstitutionalistische Ansätze (vgl. z.B. Walgenbach S. 342ff, Zucker 1983, S. 88) hier nicht genauer eingegangen, da diese institutionelle Einflüsse auf individuelles Handeln untersuchen und stark mit psychologischen Fragestellungen verwandt sind.

3.1.2 Unterscheidung technischer und institutioneller Umwelten

Walgenbach (S. 326) formuliert die von Scott/Meyer (1991, S. 122) getroffene Unterscheidung von technischer und institutioneller Umwelt wie folgt:

> "(1) technische Umwelten, in denen Produkte und Dienste am Markt getauscht und Organisationen aufgrund der effektiven und effizienten Koordination und Steuerung der Arbeitsprozesse entlohnt werden, und (2) institutionelle Umwelten, in denen Organisationen Konformität mit institutionelle Regeln zeigen müssen, um aus ihren Umwelten Unterstützung zu erhalten und Legitimität zugesprochen zu bekommen."

Dabei erfolgt im ersten Fall die Steuerung der Organisation vorwiegend über "Ergebniskontrolle", während im zweiten "die Steuerung über Prozeßkontrolle" erfolgt. Diese Unterscheidung ist deutlicher und eindeutiger als diejenige, die von Meyer/Rowan (1977) getroffen wurde, allerdings ist sie weniger subtil. Sie erzeugt nämlich den Eindruck – welcher bei Meyer/Rowan noch nicht vorhanden war – daß sich zwei strikt getrennte Klassen von Umwelten mit entsprechenden Organisationen einander entgegenstehen.

Diese Unterscheidung ist in der Folge genau deswegen kritisiert worden. In neueren Arbeiten wird daher betont, daß sich Organisationen immer sowohl technischen als auch institutionellen Anforderungen entgegenstehen. Scott (1987a, S. 126 zit. nach Walgenbach S. 329) veranschaulicht dies in einer Matrix, in welcher Kombinationen der Stärke dieser beiden Anforderungen beispielhaft dargestellt werden:

		Institutionelle Umwelten	
		stärker	schwächer
Technische Umwelten	stärker	Versorgungsunternehmen, Banken, Krankenhäuser, Pharmazeutische Unternehmen	Produzierende Unternehmen
	schwächer	Psychiatrische Kliniken, Schulen, Anwaltskanzleien, Kirchen	Restaurants, Fitneßklubs

Abbildung 19: Technische und institutionelle Anforderungen (Scott 1987a, S. 126 zit. nach Walgenbach 1999, S. 329)

Der Eindruck, daß institutionelle Regeln in keinem Bezug zu technischer Effizienz stehen, wird in DiMaggio/Powell (1991) etwas korrigiert. In der Entstehungsphase haben institutionelle Praktiken sehr wohl meistens eine Effizienzwirkung. Später werden solche Innovationen jedoch unreflektiert und unangepaßt übernommen. "Der anfänglich 'rationale Kern' der Innovation ... [geht dadurch] verloren und dennoch würde sich die Innovation verbreiten, weil sie normativ sanktioniert wird" (S. 329).

3.1.3 Normative, regulative und kognitive Dimensionen von Institutionen nach Scott

Scott (1995) unterscheidet drei Dimensionen von Institutionen, die – zumindest in analytischer Trennung – mit drei unterschiedlichen Arten von Handlungen und Legitimationen von Handlungen verbunden sind.

Die erste Dimension ist die *regulative*. Sie bezeichnet relativ explizite Anreize, Kontrollen und Sanktionen. "Aus dem Moment der möglichen Sanktionierung des Verhaltens resultiert quasi ein (rationales Eigen-)Interesse der Akteure, sich konform zu den Institutionen, z.B. zu den bestehenden Gesetzen, zu verhalten" (Walgenbach S. 341). Diese Dimension von Institutionen ist zweifellos die, die in der TKT (und auch in RC-Theorien oder Agency-Ansätzen) hervorgehoben wird.

Zur *normativen* Dimension von Institutionen gehören z.B. Vorschriften, Verpflichtungen, Erwartungen, Bewertungen, deren Nichteinhaltung weniger direkt und materiell sanktioniert wird, aber als moralisches Vergehen bewertet wird. Eine Sanktionierungsmöglichkeit solcher moralischen Verstöße wäre z.B. die Verweigerung sozialer Anerkennung (vgl. Lindenberg 1996). Konformität wird durch moralische Legitimität belohnt.

Die *kognitive* Dimension von Institutionen bezieht sich auf eine Art von Anreizen für konformes Verhalten, welche ebenfalls von den soziologischen Institutionalisten besprochen worden sind, nämlich daß Konformität mit einer positiven Bewertung des konform Handelnden bezüglich seiner 'Rationalität' oder 'Modernität' belohnt wird.

3.2 Kritik am soziologischen Neo-Institutionalismus

3.2.1 Vereinbarkeit von Institutionalisierung und Entkopplung

Manche Autoren (z.B. Walgenbach S. 340) sehen einen Widerspruch in der von Meyer/Rowan (1977) dargestellten Entkopplung von formellen Strukturen und der Konzeptionalisierung von Institutionalisierung als Übernahme "unhinterfragbarer Selbstverständlichkeiten". Denn die Entkopplung setze eine gewisse Reflexionsfähigkeit voraus, zumindest bei einer 'organisationalen Elite' (wie z.B. dem Top-Management).

> "Von Institutionalisierung im Sinne unhinterfragbarer Selbstverständlichkeiten kann dann aber – das ist die Konsequenz einer solchen Argumentation – nicht mehr gesprochen werden. Strukturelemente, die nicht in Handlungen kontinuierlich und wie selbstverständlich reproduziert werden, sind nicht völlig institutionalisiert ... ihnen fehlt die normative und kognitive Legitimation." (S. 341)

Dies dürfte der Grund sein, warum sich DiMaggio/Powell (1991) vom Konzept der 'Entkopplung' Meyer/Rowans distanzieren. Meines Erachtens ist diese Inkonsistenz jedoch nicht als theoretische Schwäche zu werten. Im Gegenteil, es erscheint realistischer, sowohl reflektiertes als auch routinehaftes Handeln zuzulassen. Daß die Reflexionsfähigkeit nur organisationalen Eliten zukommen sollte, wird von Meyer/Rowan (1977) keineswegs behauptet, wie die Darstellung Anforderung der "Zuversicht" an die Mitarbeiter deutlich macht.

Auch neuere Arbeiten von Scott (1995) nehmen Abstand davon, Handeln zu eindimensional und als ausschließlich institutionalisiert zu verstehen.

3.2.2 Vernachlässigung des Einflusses von Organisationen auf die institutionelle Umwelt

In seiner kritischen Würdigung des soziologischen Neo-Institutionalismus weist Walgenbach (S. 348) darauf hin, daß strategisches Verhalten von Organisationen vernachlässigt wird:

> "Reaktionen wie Widerstand, aktives Intervenieren oder politisch motiviertes Manipulieren werden nicht thematisiert. Organisationen bleiben in den institutionalistischen Ansätzen passiv." (S. 348)

Dies mag für einen Großteil der Literatur und die generelle Ausrichtung des Ansatzes zutreffen. Der Vorwurf ist jedoch hinsichtlich der grundlegende Arbeit von Meyer/Rowan (1977) nicht ganz korrekt, da hier meines Erachtens sehr wohl das aktive Intervenieren von Organisationen thematisiert wird (vgl. z.B. das Beispiel des Automobilherstellers III.1.3). Organisationen werden hier als Entstehungsquelle von institutionellen Anforderungen betrachtet.

Weiters halte ich es für eigenartig, daß einerseits die zu starke Reflexionsfähigkeit der Akteure (im Zusammenhang mit der 'Entkopplung') als inkonsistent kritisiert wird, wenn andererseits eine stärkere Berücksichtigung strategischen – d.h. reflexiven – Verhaltens gefordert wird.

Trotzdem ist es sicherlich richtig, daß Organisationen eine breitere Palette von Reaktions- und Aktionsmöglichkeiten zur Verfügung stehen, als von Meyer/Rowan geschildert wird. Oliver (1991, S. 152 nach Walgenbach S. 349) sieht folgende Handlungsmöglichkeiten für Organisationen, die sich mit einer institutionellen Anforderung konfrontiert sehen: Erdulden (Gewöhnen, Imitieren, Befolgen), Kompromiß (Ausgleichen, Befriedigen, Verhandeln), Vermeiden (Verbergen, Puffern, Fliehen), Trotzen (Zurückweisen, Herausfordern, Angreifen), Manipulieren (Kooptieren, Beeinflussen, Steuern).

Im SNI werden lediglich die Punkte Erdulden und Vermeiden genauer untersucht. Aktivere Handlungsmöglichkeiten, wie Kompromiß, Trotzen oder Manipulieren werden meist nicht in Betracht gezogen. Wie aussichtsreich diese aktiven Handlungen sind, hängt von der 'Machtbasis' bzw. Verhandlungsstärke der Organisation ab. Weiters spielen der Grad der Institutionalisierung der Anforderung und die Kosten bzw. Gewinne in Punkto Legitimität eine Rolle bei der Wahl und bei den Erfolgschancen dieser Handlungen. Der SNI behandelt bevorzugt Fälle, in denen der Grad der Institutionalisierung hoch und die Machtbasis der Organisationen gering ist.

3.2.3 Eine übersozialisierte Sicht von Verhaltensweisen

Ein 'tieferliegender Kritikpunkt' liegt nach Walgenbach darin, daß der Eindruck eines "übersozialisierten individuellen und kollektiven Verhaltens" (S. 350) entsteht. Intentionale und strategische Handlungen werden – wie erwähnt – vernachlässigt.

Die Annahme, daß das Handeln völlig durch institutionelle Regeln bestimmt wird, gehe zu weit:

> "Totale Institutionalisierung bedeutet die vollständige Abwesenheit der reflexiven und intentionalen Dimension des Handelns. ... Auch bei unvollständiger Institutionalisierung [wird] ... der unreflektierte und routienehafte Teil des menschlichen Verhaltens hervorgehoben." (S. 322) [1]

[1] Die Betonung routienehaften Verhaltens haben die soziologischen Neo-Institutionalisten mit manchen alten ökonomischen Institutionalisten (Veblen) gemein.

Auf den Begriff 'übersozialisierten Verhaltens' wird im Zusammenhang mit Granovetter (1985) im nächsten Teil genauer eingegangen (IV.2.1.1).

IV. Neue Institutionenökonomie und soziologischer Neo-Institutionalismus

Im letzten Teil dieser Arbeit setzen wir uns kurz mit den Beziehungen zwischen der TKT bzw. der NIÖ und dem soziologischen Neo-Institutionalismus auseinander. Es geht hierbei darum, beiden Theorien gemeinsame Schwachpunkte auszumachen und auch jeweilige Stärken zu lokalisieren, die einander potentiell ergänzen könnten. Wie bereits an der Kritik des kalkulatorischen Vertrauenskonzepts erkenntlich ist, erscheint eine umfassende Behandlung sozialer Phänomene mit ausschließlich klassisch ökonomischen Werkzeugen als wenig aussichtsreich. Eine 'imperialistische' Vereinnahmung der jeweils anderen Disziplin resultiert in einer einseitigen Sichtweise, die nicht anzustreben ist. DiMaggio (1998) und Edeling (1998), deren Meinung ich mich hier anschließe, sprechen sich daher dafür aus, die beiden Erklärungsansätze, wie 'zwei Seiten einer Münze', d.h. als komplementär zu betrachten und zumindest in Bezug auf bestimmte Problembereiche einander ergänzende Argumentationen in beiden Theorien auszumachen. Ein nächster Schritt wäre eine theoretische Integration, die höchstwahrscheinlich auf eine weitreichendere Meta-Theorie hinauslaufen wird.

Im ersten Kapitel wird kurz auf zwei eher allgemeine und oberflächliche Ähnlichkeiten zwischen beiden Theorien hingewiesen (IV.1).

Im zweiten Kapitel untersuchen wir einige tieferliegendere theoretische Schwächen beider Ansätze. Im ersten Abschnitt (IV.2.1) wird die Kritik der Vernachlässigung der sozialen Einbettung (Granovetter 1985) in der TKT und in struktur-funktionalistischen soziologischen Theorien erörtert. Es kann auch am SNI in gewisser Hinsicht eine Vernachlässigung sozialer Einbettung beklagt werden. Dies erscheint zwar etwas eigenartig, weil gerade im Umfeld und innerhalb dieser Theorieströmung vielfältige Untersuchungen zum Thema der sozialen Einbettung durchgeführt werden, läßt sich aber aufgrund des verwendeten Handlungskonzeptes begründen, wie später noch ausgeführt werden wird. Mit der Analyse der Berücksichtigung kognitiver Aspekte in den den jeweiligen Strömungen zugrundeliegenden Handlungstheorien befassen wir uns im darauffolgenden zweiten Abschnitt (IV.2.2).

Abschließend werden wir ein einfaches Integrationsmodell vorstellen (IV.3). Es handelt dabei um ein einfaches Modell, weil es ohne eine integrative Meta-Theorie auskommt.

1. Einige Ähnlichkeiten zwischen der TKT und dem soziologischen Neo-Institutionalismus

1.1 Technologische Nicht-Trennbarkeit als Ausgangspunkt

Interessanterweise gehen die Überlegungen von Meyer/Rowan und Williamson von einer ähnlichen Beobachtung aus, welche am Anfang ihrer Überlegungen stand, nämlich daß Technologie nur in einem schwachen Zusammenhang mit formaler Organisation steht.

Williamson nimmt dies als Indiz dafür, daß technologische Nicht-Trennbarkeiten einen wesentlich geringeren Einfluß auf die Organisationsgestaltung haben, als frühe betriebswirtschaftliche Autoren annahmen und daß technologische Prozesse separiert und rekonfiguriert werden können, um effizientere Strukturen zu schaffen.

Meyer/Rowans Überlegungen entwickeln sich von dieser Beobachtung in eine andere Richtung. Sie fragen sich nicht, wie Williamson in seinen stärker normativ ausgerichteten Überlegungen, wie die Effizienz einer Organisation gesteigert werden kann, sondern warum eine vorher nicht vermutete Lücke zwischen einer an den Bedürfnissen der Technik und Effizienz optimal ausgerichteten Organisation und der real beobachteten formalen Organisation besteht.

1.2 Erklärung organisationaler Trägheiten

Organisationale Trägheiten und Ineffizienzen sind nach DiMaggio (1998) in beiden Ansätzen (der TKT und dem SNI) möglich und vorhanden, werden jedoch anders erklärt.[1] DiMaggio distanziert sich von einer gängigen Kritik an der TKT, die dieser vorwirft, daß nach ihr alle Institutionen effizient sein müßten. Tatsächlich, so DiMaggio, bestehe hier "wesentlich mehr Konvergenz ... als überlicherweise zugestanden wird" (S. 700).

In der TKT wird die Trägheit von Organisationen hauptsächlich durch die *'fundamental transformation'* und *small-number condition* erklärt, d.h. daß Erfahrungen und spezifische Investitionen bei einem Wechsel der Vertragspartner verlorengehen würde. Dies führt im Vergleich zum idealen Marktmodell zu 'Ineffizienzen'.

Im soziologischen Ansatz hingegen liegt

> "... Veränderungsträgheit von Organisationen weniger in den materiellen 'sunk costs' begründet, sondern vor allem darin, daß institutionalisierte Elemente reproduziert werden, weil Individuen sich oftmals Alternativen nicht vorstellen können, und wenn sie es können, diese als unrealistisch betrachten. ... Im Extremfall bestehen Institutionen fort, selbst wenn sie in niemandes Interesse mehr

---

[1] "Der Begriff der Pfadabhängigkeit (sunk costs, spezifische Investitionen oder organisationale Trägheiten) ist zentral in beiden Ansätzen" (S. 700).

sind. Das heiß mit anderen Worten: die bedeutenden 'sunk costs' sind 'kognitiver Natur'." (Walgenbach 1999, S. 322)

2. Gemeinsame Schwächen und Ergänzungspotentiale

2.1 Vernachlässigung sozialer Einbettung bzw. Umweltdeterminismus

Die Vernachlässigung sozialer Einbettung ist das zentrale Thema des in der Soziologie bereits klassisch gewordenen und häufig zitierten Artikels von Granovetter (1985) mit dem Titel "*Economic Action and Social Structure: The Problem of Embeddedness*".

Der erste Satz des Artikels verrät schon einiges über seine Perspektive und seine Erklärungsziele: "Wie Verhalten und Institutionen durch soziale Beziehungen beeinflußt werden, ist eine klassische Frage der Sozialtheorie" (S. 1).

Es fällt auf, daß Granovetter nicht nur danach fragt, wie Verhalten, sondern auch wie Institutionen beeinflußt werden. Weiters sieht er als 'unabhängige' bzw. beeinflussende Variable 'soziale Beziehungen', was die Wichtigkeit dieser Beziehungen in seinen Überlegungen bereits ankündigt.

2.1.1 Unter- und übersozialisierte Theorien

Granovetter beobachtet einleitend, daß sich die ökonomische Sphäre der Realität im Laufe der Modernisierung immer stärker verselbständigt hat und dem ökonomischen Ideal atomisierter (aber gut informierter) Marktteilnehmer genähert hat. In Geschäftsbeziehungen zählt vor allem der individuelle Gewinn, während in früheren Stadien der gesellschaftlichen Entwicklung solche Beziehungen stärker mit anderen Beziehungsaspekten vermischt waren und nicht so deutlich von persönlichen oder familiären Beziehungen abgegrenzt wurden. Werte wie z.B. Solidarität oder Fürsorge spielen heute in Geschäftsbeziehungen eine geringe Rolle, die aber immer noch so bedeutend ist, daß sie nicht völlig vernachlässigt werden darf. Das Bild atomisierter Akteure kann auch in der NIÖ erkannt werden. Für Granovetter ist dieses Menschenbild durch eine Vernachlässigung der sozialen Bedürfnisse des Menschen und seiner sozialen Einbettung in die Gesellschaft gekennzeichnet. Er spricht von einer untersozialisierten (*undersocialized*) Sicht des Menschen. Zu den vernachlässigten sozialen Bedürfnissen zählt er in erster Linie die soziale Anerkennung:

> "Obwohl Soziologen vergangene Versuche kritisiert haben, ein einzelnes fundamentales Handlungsmotiv zu nennen, [dürfte] das Bestreben ein positives Selbstbild zu erreichen, in dem soziale Anerkennung durch andere gewonnen wird, eine solche Position in ihrem Denken einnehmen" (Parsons 1961, S. 188-9 zit. nach Granovetter S. 482).

Allerdings gibt es Kritiken, daß das soziologische Menschenbild übersozialisiert sei und Verhalten zu stark durch soziale Normen und Verpflichtungen gelenkt werde, so daß für individuelle Wahlfreiheit kaum Raum bleibe.

Granovetter illustriert das Problem unter- und übersozialisierter Akteure anhand des klassischen Beispiels von Hobbes. Hobbes schildert einen Naturzustand der Gesellschaft, in welchem noch keine Regeln, Normen, Institutionen, etc. vorhanden sind. Dies führt dazu, daß die Akteure einander nicht vertrauen können.[1] Unordnung und Chaos ist das Ergebnis. Als Lösung dieses Problems sieht Hobbes die Übertragung von Rechten von den Akteuren an eine außerhalb der Gesellschaft stehende Autorität bzw. Institution. In der Folge müssen sich die Akteure dieser Autorität unterordnen und sich moralisch und kooperativ verhalten.

Granovetter findet, daß die Hobbessche Lösung nicht zufriedenstellend ist, weil sie einen untersozialisierten Zustand in einen übersozialisierten umwandelt. Die Annahme, daß die Individuen nach der Einrichtung der Autorität bzw. nach Abschluß eines Sozialvertrages sich moralisch und aufrichtig verhalten, wäre unrealistisch.

Der neoklassische Liberalismus könnte ebenfalls eine Lösung zum Hobbesschen Problem darstellen. In diesem Falle ist es der Markt, der die Individuen vor opportunistischem Verhalten schützt.[2] Herrscht vollkommene Konkurrenz (d.h. das ökonomische Markt-Ideal), so existieren keine Monopole, keine Preisdiskriminierung und keine Anbieter, die zu anderen als den die fundamentalen Knappheitsverältnisse der Güter reflektierenden Preisen anbieten würden. Schon Adam Smith hat erkannt, daß "'soziale Atomisierung' [*social atomization*] die Voraussetzung für perfekten Wettbewerb ist" (1979, S. 232-3, zit. nach Granovetter S. 484).[3]

[1] Dupuy (1992) schildert diese Zusammenhänge sehr präzise: "Der Naturzustand ist bei Hobbes der Krieg 'aller gegen alle'. Dieser Krieg ist gleichzeitig die Ursache und die Folge des selbstgenügsamen und unabhängigen Individuums. Die Ursache, weil in einer Situation verallgemeinerter Feindschaft und Unsicherheit nur das eigene Überleben zählt. Die Folge, weil ... egal wie der andere reagiert, es im Interesse von jedem ist, anzugreifen. Wenn die anderen angreifen, um sich zu verteidigen, wenn nicht, um einem Angriff zuvorzukommen" (S. 8).

[2] auch Williamson 1985 weist auf diese Möglichkeit hin; vgl. I.2.3.3

[3] Granovetter stellt eine interessante Vermutung auf, warum das Interesse an Opportunismus in der Ökonomie erst Anfang der 70iger Jahre aufgekommen ist. Das Interesse an der Eindämmung des Opportunismus gehe mit der steigenden Bewußtheit einher, daß die vollständige Konkurrenz ein unerreichbares Ideal ist, und daher andere Mittel zur Unterdrükkung bzw. Beseitigung opportunistischen Verhaltens gesucht werden müssen, als die Konkurrenz. In ähnlicher Weise könnte man vermuten, daß die Präferenz und die hohe Einschätzung der Leistung des Marktes mancher Arbeiten der 70iger (wie z.B. in Alchian/Demsetz 1972) auch am Rande unterschwellig durch den kalten Krieg und die "kommunistische Bedrohung" beeinflußt worden sind.

Die über- und die untersozialisierten Vorstellungen des Menschen haben eine gemeinsame Schwäche, wie Granovetter wie folgt formuliert:

> "Trotz des offensichtlichen Kontrastes [zwischen beiden Vorstellungen] ... sollten wir eine Ironie großer theoretischer Bedeutung festhalten: beide haben eine Konzeption der Handlung und Entscheidung von atomisierten Akteuren gemein. In der untersozialisierten Darstellung resultiert die Atomisierung von der engen, utilitaristischen Vorstellung der Eigeninteressen, in der übersozialisierten, aus der Tatsache, daß Verhaltensmuster internalisiert werden und laufende soziale Beziehungen nur am Rande Einfluß auf das Verhalten haben. Daß die internalisierten Verhaltensregeln sozialen Ursprungs sind, reicht nicht aus, um dieses Argument entscheidend von einer utilitaristischen zu unterscheiden, in welcher die Quelle [der Inhalt] der Nutzenfunktion offengelassen wird, was erlaubt, daß das Verhalten, wie in der übersozialisierten Sicht, vollständig durch konsensuell bestimmte Normen und Werte gelenkt werden könnte." (S. 458)

Diese Beobachtung trifft meines Erachtens in gewissem Maße auch auf die TKT und den soziologischen Neo-Institutionalismus zu, wobei erstere als unter-, letzterer als übersozialisiert betrachtet werden kann. Allerdings finde ich die Bezeichnung dieser gemeinsamen Schwäche als 'Atomisierung' etwas irreführend, weil es eher dem Zwecke der rhetorischen Betonung der Rolle sozialer Beziehungen dient. Der Begriff der 'Atomisierung' erinnert an den methodologischen Individualismus, welcher mit dem soziologischen (Makro-) Institutionalismus wenig gemein hat. Er ist hier jedoch im Sinne von 'beziehungslos' im Gegensatz zu sozial eingebettet zu verstehen.[1]

Soziale Normen und Verhaltensregeln dürfen nicht als Konstanten betrachtet werden:

> "... Kultur nicht eine einmalige Prägung ist, sondern ein stetiger Prozeß, der ständig während Interaktionen konstruiert und rekonstruiert wird. Sie formt nicht nur ihre Mitglieder, sondern ist auch von ihnen geformt, teilweise aus deren eigenen strategischen Absichten." (S. 486)

In vielen ökonomischen Studien, die sich mit soziologischen Forschungsfragen beschäftigen (z.B. Becker 1976), werden laut Granovetter die Akteure lediglich als Repräsentanten einer Rolle gesehen und auf diese Rolle bzw. Funktion (z.B. als Hausfrau, Mann, ...) reduziert. Dabei werden andere Aspekte und Ebenen der Beziehung, sowie Veränderungen der Beziehungsnetze ausgeklammert. Diese Kritik ist ebenso an der struktur-funktionalistischen Soziologie Parsons geäußert worden und bezieht sich dort vor allem auf

> "die Abwertung der Eigenheiten von individuellen Beziehungen zu einer nebensächlichen Rolle im schematischen Gesamtkonzept, welche epiphänomenal im

[1] Die Begriffsverwendung Granovetters wird später an folgender Aussage deutlich: "Atomisierung wurde [in soziologischen Erklärungen] nicht eliminiert, sondern lediglich auf eine höhere Analyseebene verschoben."

Vergleich zu den dauerhaften Strukturen normativer Rollenvorschreibungen sind, die sich aus tieferliegenden Wertorientierungen ableiten lassen." (S. 486)

Unter- und übersozialisierte Darstellungen des Menschen können sich in der Aufgabe der Opportunismusunterdrückung ergänzen. Erstere berufen sich auf die Wirksamkeit von Wettbewerbskräften, letztere auf die Internalisierung von Normen, die moralisches Verhalten garantieren. Beide Argumente widersprechen sich jedoch nicht, sondern ergänzen einander.

Obwohl die frühen institutionenökonomischen Arbeiten als Reaktion auf die bisher ungenügende Behandlung des Opportunismusproblems verstanden werden können, bleiben für Granovetter diese Versuche[1] immer noch untersozialisiert, da versucht werde, Opportunismus ohne Rückgriff auf soziale Beziehungen in den Griff zu bekommen:

> "Unmoralische Handlungen [*malfeasance*] werden [in institutionenökonomischen Ansätzen] unterdrückt, weil es ausgeklügelte institutionelle Arrangements zu teuer machen, diese Handlungsprinzipien zu verfolgen und diese Arrangements – von denen viele früher so interpretiert worden sind, als hätten sie keine ökonomische Funktion – werden nun so betrachtet, als ob sie entstanden wären, um unmoralisches Handeln [Opportunismus] weniger attraktiv zu machen." (S. 489)

Granovetters Diskussion deutet bereits ein Kernargument der Kritiker der Opportunismusannahme (wie z.B. Goshal/Moran 1996 oder Lindenberg 2000) an, nämlich daß institutionelle Arrangements keine ausreichenden Substitute für Vertrauen sind, welches sich nur in persönlichen Beziehungen entwickeln kann: "... es ist daher schwer vorstellbar, daß das alltägliche Wirtschaftsleben nicht durch immer 'ausgefuchstere' Täuschungsversuche 'vergiftet' werden würde" (S. 489).

Granovetter geht auch explizit auf Williamsons Buch "*Markets and Hierachies*" ein. Dabei erkennt er in Williamsons Darstellung des Marktes ein Beispiel für ein unter- und in der Hierarchie für ein übersozialisiertes Konzept. In der internen Organisation können Konflikte oder widersprüchliche Meinungen durch eine Anweisung schnell geklärt werden. Dies hat Ähnlichkeiten mit der Hobbesschen Lösung einer außerhalb der Gesellschaft stehenden Autorität. Der Markt hingegen entspreche dem Hobbesschen Naturzustand individualisierter Akteure. Granovetter ist sich bewußt, daß Williamson sowohl seine Darstellung des Marktes als auch die der Hierarchie relativiert hat. Allerdings stünden diese Bemerkungen lediglich am Rande seines Konzeptes und würden wie Ausnahmen behandelt werden.[2]

---

[1] Er verweist u.a. auf Alchian/Demsetz 1972 und Williamson 1975, 1979 und 1981.

[2] Die Relativierungen werden in Williamson (1985) etwas ausgebaut und ergänzt, worauf Granovetter noch nicht eingeht.

2.1.2 Soziale Einbettung und Vertrauen

Die Bedeutung von sozialen Beziehungen zeige sich auch in der wirtschaftlichen Realität z.B. daran, daß bevorzugt Transaktionen mit bekannten, vertrauten Vertragspartnern abgeschlossen werden. Soziale Beziehungen sind vielschichtig und meist langfristig. Sie sind die wichtigste Gelegenheit, bei der Vertrauen entstehen kann, aber auch nicht ausreichend, um Opportunismus vollständig zu verhindern.[1] Dadurch, daß eine Beziehung eingegangen wird und Vertrauen geschenkt wird, erweitern sich gleichzeitig die Möglichkeiten für opportunistisches Handeln: "Sowohl außerordentliches Vertrauen, als auch außerordentlicher Schaden kann aus persönlichen Beziehungen folgen" (S. 492). Insbesondere enge Gemeinschaften, deren Mitglieder untereinander ein hohes Vertrauensniveau erreicht haben, sind besonders gut in der Lage, unmoralisches Verhalten zu sanktionieren. Unter anderem sind Gruppen deswegen bei der Durchsetzung von Normen besonders effektiv, weil sich Informationen über Verhaltensweisen schneller verbreiten können.

Granovetter leitet auch eine interessante Hypothese über das Auftreten von vertikaler Integration aus seinem Ansatz ab. So könnte ceteris paribus erwartet werden, daß vertikale Integration stärker in solchen Sektoren auftritt, in denen persönliche Beziehungen und Netzwerke schwer zu bilden sind, Kooperation und komplexe Transaktionen aber dennoch vonnöten sind. Entsprechend wäre geringe Integration dort zu erwarten, wo dichte soziale Netze bestehen oder leicht gebildet werden können. Das Überleben vieler Kleinunternehmen trotz der Dominanz von Großunternehmen (und daher die Abwesenheit von vertikaler Integration) könne zumindest teilweise dadurch erklärt werden, daß sie in ein dichtes Netz sozialer Beziehungen eingebettet sind.

2.2 Vernachlässigung kognitiver Aspekte und vielfältiger Handlungslogiken

2.2.1 Lindenberg (1998): Die kognitive Wende

Lindenbergs (1998) Analyse geht von der Beobachtung aus, daß sowohl die NIÖ als auch der SNI sich von ihren Vorgängern, nämlich den mikroökonomischen Theorien[2], und dem alten soziologischen Institutionalismus Selzniks dadurch unterscheiden, daß sie durch die "kognitive Wende" beeinflußt worden sind.

Unter der 'kognitiven Wende' wird eine Entwicklung verstanden, die in den 50igern in der Psychologie ihren Ausgang nahm und daraufhin andere sozialwissenschaftliche Disziplinen beeinflußte. Die Entwicklung trug dazu bei, von

---

[1] vgl. z.B. Lindenberg 2000

[2] Lindenberg zählt diese verwirrenderweise zu den 'alten' Institutionalisten, klärt aber seine sehr ungewöhliche Begriffswahl auf.

einfachen mechanischen Menschenbildern abzukommen und stärker die psychologischen Realitäten des Verhaltens zu berücksichtigen. Lindenberg nennt Simons Konzepte des Satisficing und der beschränkten bzw. prozeduralen Rationalität als Beispiele für den Einfluß dieser Bewegung in der Ökonomie.

In den folgenden zwei Abschnitten wird der Einfluß und die Berücksichtigung der kognitiven Wende in den jeweiligen Theoriegruppen untersucht und evaluiert.

2.2.1.1 Der Einfluß der kognitiven Wende in der neuen Institutionenökonomie

Der Unterschied zwischen den mikroökonomischen Theorien (z.B. Agency-Theorie) und denen der neuen Institutionenökonomie liegt (wie auch Windsperger (1999) hervorhebt) weniger in der Annahme von Informationsasymmetrien, sondern in einer Verschärfung der Annahme der beschränkten Rationalität.

Der Anlaß dieser Verschärfung kann in der kognitiven Wende gesehen werden. Sie macht sich dadurch bemerkbar, daß im Vergleich zu den mikroökonomischen Theorien in Williamsons Theorie auch Einschränkungen bei der Verarbeitung und Mitteilung von Informationen berücksichtigt werden. Die Annahmen beschränkter Rationalität und des Opportunismus sind beide für die Entstehung von Transaktionskosten verantwortlich. Institutionen entstehen oder werden umgestaltet, um Transaktionskosten zu verringern. Institutionen können daher als Lösung eines kognitiven und moralischen Problems verstanden werden. Ein weiterer Einfluß der kognitiven Wende macht sich bei North (1990) bemerkbar, wenn dieser eine Antwort auf die Frage ausmacht, warum gerade bestimmte Institutionen entstehen. Er bezieht sich dazu auf die Rolle von Ideen und setzt Ideen in eine Wechselbeziehung zu Institutionen. Institutionen fördern die Erfindung und Verbreitung bestimmter Ideen bzw. Moden, Normen, etc. während Ideen auch die Gestaltung von Institutionen beeinflussen.

Eine mangelnde Berücksichtigung kognitiver Faktoren sieht Lindenberg in der Vorstellung der NIÖ von der Funktionsweise von Institutionen und Akteuren selbst. Er verweist dazu auf die Widersprüchlichkeiten der Rationalitätsannahme und des Konzeptes der Weitsichtigkeit (vgl. II.2.1.4):

> "Für Williamson beschränkt sich die kognitive Wende größtenteils auf die Erkennung von Problemen. Für die Lösung der Probleme müssen die Verhaltensannahmen der 'alten' Analyse herhalten ... Hier sehen wir [daher] ein typisches Muster institutionenökonomischer Analyse: Die Rhetorik der kognitiven Wende wird verwendet, um auf ein Problem hinzuweisen, die angebotenen Lösungen jedoch ignorieren die kognitive Wende, um auf die bequeme mikroökonomische 'Trickkiste' zurückgreifen zu können." (S. 721)

2.2.1.2 Der Einfluß im SNI

Im alten soziologischen Institutionalismus Selznicks werden Institutionen als strikt internalisierte Normen und Regeln betrachtet.

Im Gegensatz dazu fällt im SNI dank des Einflusses der kognitiven Wende die Handlungstheorie weniger deterministisch aus, da auch kognitive Prozesse, Kategorien, Schemen, Gewohnheiten etc. einbezogen werden.

> "Der Punkt ist, daß Institutionalisierung mit der Etablierung *kognitiver* Gewohnheiten verbunden ist, welche die Wahrnehmung der Realität beeinflussen ... anstatt [wie z.B. im alten soziologischen Institutionalismus] lediglich die Reaktion auf die Realität [zu bestimmen]" (S. 718)

Lindenberg unterscheidet zuerst zwischen zwei Arten von Institutionen, die im SNI geläufig sind. Die erste Art von Institutionen steuert, beeinflusst und ermöglicht die Wahrnehmung. Es handelt sich hierbei um die kognitiven Kategorien, Schemas, etc. Die zweite Art von Institutionen wirkt sich direkter auf die Handlungen und Wahrnehmungen der Akteure aus.[1]

Die Auswahl und Gestaltung von Organisationsformen wird durch beide Arten von Institutionen beeinflußt.

> "In einer gegebenen kognitiven institutionellen Umwelt wählen Akteure (die in einem organisationalen Kontext handeln) diejenigen Organisationsformen, die zu den Institutionen passen, welche ihre Kognitionen beherrschen." (S. 721)

Neben den kognitiven Kategorien richtet sich die Organisationsgestaltung auch an institutionellen Anforderungen, die z.B. von Berufsverbänden, Kunden, Behörden, etc. an die Organisation gestellt werden. Dabei stehen insbesondere Legitimitätsüberlegungen im Vordergrund, um überlebensnotwendige Unterstützung durch die Umwelt zu sichern. Kognitive Faktoren werden im SNI daher deutlich berücksichtigt. Trotzdem greift Lindenberg aufgrund der Einseitigkeit der Theorie zu heftiger Kritik:

> "... nichts [im SNI] kann sich hinsichtlich der Qualitäten des theoretischen Kerns mit der mikroökonomischen Preistheorie messen, außer der Annahme, daß Verhalten durch Konformitätsdruck gesteuert wird. Der Rest ist ein Mischmasch [*congeries*] von Annahmen und Metaphern, welcher nach meinem Urteil eine sensibilisierende Wirkung hat, aber an Kohärenz und theoretischer Schlagkraft ermangelt, die über das Argument, daß Konformitätsdruck wichtig ist, hinausführt. ... Es gibt keine theoretische Basis für Handlungen im Sinne der individuellen Verfolgung eines Zieles. Dies hinterläßt den Konformitätsdruck als das einzig starke Handlungsprinzip, ebenso, wie es dies im Fall der Annahme von Internalisierung war." (S. 722-3)

---

[1] Diese Unterscheidung entspricht im wesentlichen der weiter unten von Roberts/Greenwood getroffenen Einteilung von bewußten und unbewußten institutionellen Einschränkungen.

Die implizite Handlungstheorie des SNI erscheint daher, wie auch in der NIÖ, als zu einseitig und verbesserungswürdig.

2.2.1.3 Schlußfolgerungen

Die kognitive Wende hat in beiden Disziplinen deutliche Spuren hinterlassen. Trotzdem ist für Lindenberg die Umsetzung eines zufriedenstellenden und konsequenten Handlungskonzeptes in beiden Disziplinen noch nicht gelungen. Wie Lindenberg es ausdrückt, war "... der beschränkte Einsatz der kognitiven Wende ... genug, um auf das Problem hinzuweisen, aber nicht genug, um eine theoriebasierte Lösung zu entwickeln" (S. 726).

Im Vergleich zu den alten Institutionalisten der jeweiligen Disziplinen wurden in der Ökonomie die kognitiven Kapazitäten im Bestreben der Erzielung größerer Realitätsnähe eingeschränkt, während sie in der Soziologie mit dem selben Ziel erweitert wurden.

Trotzdem kann in der TKT die zu starke Rationalitätskonzeption und die Vernachlässigung der Einflüsse der institutionellen Umwelt bemängelt werden.

Im SNI sind die Einbeziehung der Möglichkeit rationalen, eigeninteressierten Handelns, und eine Verringerung des quasi-deterministischen Einflusses von institutionellen Anforderungen wünschenswert.

Dieses Ergebnis hat eine gewisse Ähnlichkeit zu den Schlußfolgerungen, die aus Granovetters Analyse gezogen werden können, nämlich daß es sich bei der TKT um eine untersozialisierte, beim SNI um eine übersozialisierte Theorie handelt. Lindenbergs Analyse unterscheidet sich jedoch dadurch, daß sie ihren Schwerpunkt auf das Bild kognitiver Prozesse der Akteure beider Theorien legt, während Granovetter die soziale Einbettung betont.

Eine Verbesserungsmöglichkeit sieht Lindenberg in der Einbeziehung des von ihm entwickelten Framing-Modells, das in dieser Arbeit bei der Diskussion der Opportunismusannahme kurz vorgestellt worden ist. Der Vorteil des Framing-Ansatzes liegt darin, daß er eine Möglichkeit darstellt, verschiedene Handlungslogiken in einem gemeinsamen theoretischen Rahmen zu erfassen.

2.2.2 Edeling (1998): Vielfältige Handlungslogiken

Ähnlich wie Lindenberg sieht Edeling in der Modifikation der Rolle kognitiver Aspekte in den jeweiligen Handlungskonzepten eine Möglichkeit, ökonomische und soziologische Ansätze einander näherzubringen. Er erläutert dies anhand einer von Child (1997) mit Bezug auf Elster (1984) getroffenen Unterscheidung zwischen 'Umweltdeterminismus' und *'action determinism'*. Unter Umweltdeterminismus wird eine relativ direkt wirkende Handlungssteuerung verstanden. Ähnlich wie Granovetter soziale Atomisierung in ökonomischen und auch in soziologischen Theorien ausmachte, läßt sich auch Umweltdeterminismus in beiden Theorieströmungen finden. Es handelt sich dabei meines Erachtens lediglich um Umweltdeterminismen verschiedener Art. Während in der Ökonomie regulative Dimensionen von Institutionen (im Sinne der Terminologie von Scott) determinierend sind, sind es in der Soziologie normative und kognitive.

Edeling schlägt daher vor, "Aspekte der internen Steuerung" stärker einzubeziehen, so wie es nach dem Begriff des 'action determinism' geschildert wird: 'action determinism' ist ein Konzept, "... das Aufmerksamkeit auf die Relevanz vorkulturalistischer Mindsets für interpretative Vorgänge lenkt, welche stattfinden, wenn strategische Entscheidungen gefällt werden und berücksichtigt, wie diese [Midsets] die Menge bekannter und betrachteter Optionen einschränken" (Child 1997, S. 50 zit. nach Edeling S. 730).

Damit wird meines Erachtens auf nicht mehr und nicht weniger hingewiesen als die erwähnten kognitiven Kategorien. Die Funktion von kognitiven Kategorien ist in ähnlicher Art auch von Friedland/Alford kurz umschrieben worden: "Institutionen sind symbolische Systeme; Möglichkeiten, die Rationalität zu ordnen und dadurch die Wahrnehmung von Raum und Zeit bedeutungsvoll zu machen" Friedland/Alford (1991, S. 243 zit. nach Edeling S. 730).

Wie Lindenberg sieht auch Edeling im SNI zwar eine starke Betonung der Rolle kognitiver Kategorien, aber auch eine Einseitigkeit und eine Vernachlässigung freier bestimmter, eigennutzorientierter Handlungen.

> "Angesichts der Wichtigkeit, die überindividuelle Sinnhaftigkeit und Rationalität erhält, muß der soziologische Neo-Institutionalismus bezüglich der Bedeutung hinterfragt werden, die dem autonomen Akteur gegeben wird und seiner Fähigkeit, Entscheidungen zu treffen, seine individuellen Interessen zu verfolgen (in einem Raum externer Möglichkeiten und Einschränkungen und unter beschränkter Rationalität und sich verändernder kognitiver Rahmen)." (S. 732)

In der Widersprüchlichkeit veschiedener Handlungslogiken erkennt Edeling (in Anlehnung an Friedland/Alford 1991, S. 232) jedoch weniger ein Problem, als eine Chance, Akteuren 'richtige' Entscheidungen bzw. Urteile zu ermöglichen.[1]

> "Eine Entscheidung zu treffen bedeutet, zwischen verschiedenen Handlungslogiken zu entscheiden. Selbst die Existenz widersprüchlicher bzw. im Wettbewerb stehender Institutionen erlaubt Personen, ihre Präferenzen zu entscheiden, zu entdecken, zu bestätigen oder zu ändern. Auf diese Art betrachtet ist die Autonomie der Akteure eher durch Institutionen begründet, als durch diese eingeschränkt. ... Auf der anderen Seite unterstreicht die Vielfalt der Institutionen die Instabilität der Präferenzen und Entscheidungen, wenn diese nicht durch Organisationen, Gruppen, Strukturen oder von Schlüsselpersonen und charismatischen Führern unterstützt werden." (S. 732)

---

[1] vgl. die Diskussion verschiedener Kalkulations- und Beobachtungsräume im Zusammenhang von Vertrauen bei Karpik; oder Thévenot 1989, Boltanski/Thévenot 1991

In einer neueren (deutschsprachigen) Arbeit reformuliert Edeling (1999) dieses wichtige Argument etwas ausführlicher, wobei sich ein Einschlag Luhmannscher Terminologie bemerkbar macht:

> "Der scheinbaren Gefangennahme der Akteure durch die Institutionen widerspricht in einer ausdifferenzierten, pluralen Gesellschaft die Existenz einer Vielzahl von Institutionen mit konkurrierenden Leitideen und divergierenden Rationalitäten. Die Akteure sind in solchen Gesellschaften nicht total in ein einzelnes Funktionssystem oder eine einzelne Organisation inkludiert, sondern in allen Fällen immer nur tangential, und sie bleiben auch als Personen, auch als Mitglieder einer Organisation gegenüber jedem einzelnen Handlungssystem 'Umwelt' und in ihren Entscheidungen autonom. Die Autonomie der Akteure, nach eigenen Maßstäben entscheiden zu können, erwächst gerade aus der Vielzahl konkurrierender Institutionen, indem diese Institutionen multiple Logiken des Handelns zur Verfügung stellen ... und den Akteur, wenn er wählt, zwischen institutionell gegründeten Leitideen, Rationalitäten, Präferenzen zu wählen zwingen. So gesehen, verliert der Akteur nicht an Handlungsautonomie, sondern gewinnt diese Autonomie erst dadurch, daß Institutionen divergierende Wahrnehmungen, Wertungen, Rationalitäten ermöglichen, nicht aber oktroyieren." (S. 13)

3. Ein Integrationsversuch von TKT und soziologischem Neo-Institutionalismus

3.1 Der Ansatz von Roberts/Greenwood

Roberts/Greenwood (1997) stellen ein relativ einfaches Modell vor, in welchem die komparativ-institutionelle Wahl einer Organisationsform in der TKT durch einige Elemente des soziologischen Neo-Institutionalismus ergänzt wird. Damit soll ein erster Schritt in Richtung einer Integration der Theorien getätigt werden. Da die strikten rationalen Entscheidungsrichtlinen weiter abgeschwächt werden, und z.B. Satisficing-Verhalten eingeführt wird, sollte das Modell in geringerem Maße der gängigen Kritik der TKT ausgesetzt sein. Weiters werden im Modell Interaktionseffekte zwischen der individuellen und kollektiven Ebene angedeutet, wie sie in der TKT nicht berücksichtigt werden. Das Modell besteht im wesentlichen darin, den Entscheidungsprozeß bei der Wahl einer Organisationsform in Stufen einzuteilen und dann diese Stufen so zu modifizieren, daß dabei nicht nur eingeschränkte Rationalität im Sinne von unvollständiger Information und einer eingeschränkten Kapazität zur Informationsverarbeitung berücksichtigt wird, sondern z.B. auch Satisficing-Verhalten, Legitimitätsüberlegungen und kognitive Einschränkungen mit eingebaut werden. Dadurch wird die Auswahl und Gestaltung von Organisationsformen stärker eingeschränkt, so daß es z.B. zu einer Bevorzugung von bekannten, existierenden und legitimierten Organisationsformen kommt. Gleichzeitig werden dadurch organisationale Trägheiten verstärkt.

Effizienz stellt in der TKT eine relativ wichtige Orientierungsgröße dar und zwar auf individuellem wie kollektivem Niveau. Individuell streben Akteure und Organisationen danach, informiertere und vorausschauende Entscheidungen zu treffen, während auf kollektiver Ebene Selektionskräfte wirken, die die relativ effizientesten Akteure favorisieren.

Im Gegensatz dazu spielt Effizienz (insbesondere im Sinne von technischer Effizienz) im SNI nur eine nebensächliche Rolle, obwohl die Organisationen nichtsdestoweniger am langfristigen Überleben interessiert sind.

Roberts/Greenwood nehmen sich vor, "... das Ausmaß, in welchem Elemente der institutionellen Umwelt die ansonsten von Eigeninteressen geleiteten Handlungen einer Population einschränkt" (S. 347) zu bestimmen, um diese Einschränkungen der institutionellen Umwelt bei der Modellierung der Wahl einer Organisationsform zu berücksichtigen. Bevor aber auf das Modell eingegangen wird, soll noch über eine später verwendete Begriffsdefinition aufgeklärt werden.

3.2 Bewußte und unbewußte institutionelle Einflüsse

Roberts/Greenwood (S. 354) unterscheiden zwischen bewußten (*postconscious*) und unbewußten (*preconscious*) institutionellen Einflüssen.

Die unbewußten Einflüsse stehen für unhinterfragte Elemente institutioneller Umwelten. Sie werden z.B. in der Gestalt von mentalen Modellen, kognitiven Kategorien, etc. erfaßt. Die Wahrnehmungsprozesse der Entscheidungsträger werden unbewußt beeinflußt.

Zu den bewußten institutionellen Anforderungen zählen solche, bei denen vom Entscheidungsträger ein Druck wahrgenommen wird, daß eine bestimmte Alternative gewählt werden sollte oder ihm bewußt ist, daß eine bestimmte Alternative besser legitimierbar ist.

Diese Unterscheidung ist laut Roberts/Greenwood (S. 356) nicht ident mit den kognitiven und normativen Dimension von Institutionen nach Scott (1995), da die beiden letzteren Dimensionen sowohl bewußte als auch unbewußte Wirkungen ausüben können.

3.3 Die Wahl einer Organisationsform in der TKT

Um den Vergleich mit dem nachfolgend vorgestellten Modell zu erleichtern, soll nochmals kurz der Entscheidungsprozeß bei der Wahl einer Governance-Struktur im komparativ-institutionellen Ansatz skizziert werden. In einem ersten Schritt werden alle möglichen und vorstellbaren Organisationsdesigns ermittelt. Dann werden die Alternativen von einem beschränkt rationalen Akteur nach ihrer Eignung bewertet, unter den gegebenen Eigenschaften der Transaktionen, die gesamten Transaktionskosten zu minimieren. Danach wird die vergleichsweise effizienteste Alternative ausgewählt und umgesetzt. Langfristig werden Organisationen überleben, die im Vergleich zur Gesamtpopulation effiziente Entscheidungen getroffen haben bzw. weiterhin treffen, um das Organisationsdesign veränderten Bedingungen anzupassen.

3.4 Der eingeschränkte Effizienz Ansatz

Der eingeschränkte Effizienz Ansatz (*constrained-efficiency framework*) ist in der untenstehenden Abbildung schematisch dargestellt. Die einzelnen Stufen werden nachfolgend kurz erläutert.

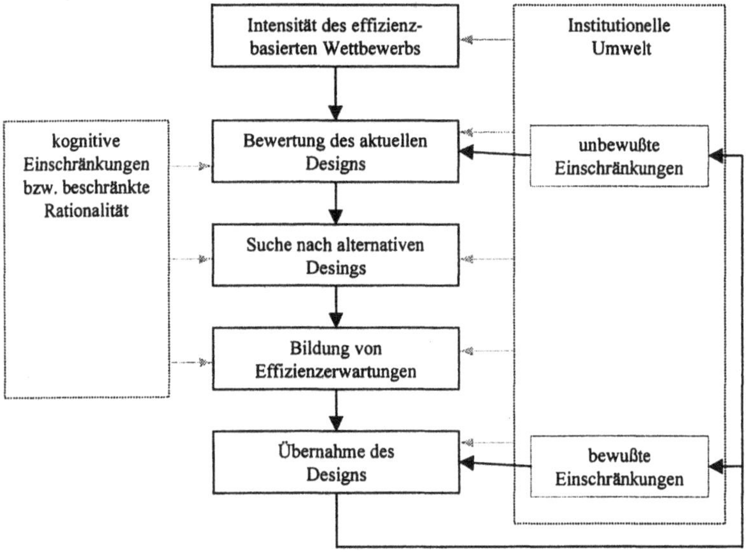

Abbildung 20: Der eingeschränkte Effizienz Ansatz (aus Roberts/Greenwood 1997, S. 357)

3.4.1 Bewertung des aktuellen Designs

Die Organisation sucht nicht permanent nach neuen Organisationsdesigns sondern nur, wenn das bestehende seinen Anforderungen deutlich bemerkbar nicht mehr gerecht wird. In diesem Fall sinkt die Effizienz unter ein tolerables Niveau, dessen Höhe davon abhängt, wie wettbewerbsintensiv die Umwelt ist. Typischerweise wird stärkerer Konkurrenzdruck in technischen Umwelten als in institutionellen Umwelten zu finden sein.

3.4.2 Suche nach alternativen Designs

Bei der Suche nach alternativen Organisationsdesigns werden bekannte und legitimierte Designs bevorzugt. Das erste, welches das zufriedenstellende Effizienzniveau zu erreichen verspricht, wird gewählt (*Satisficing*). Neue und innovative Designs werden erst gesucht, wenn keine der bekannten und legitimierten Alternativen das erforderte Effizienzniveau erreicht (S. 359). Die Suche wird durch unbewußte institutionelle Anforderungen (kognitiver oder normativer Natur) eingeschränkt. Dies bedeutet, daß manche Organisationsformen erst gar nicht in den Kreis möglicher Alternativen aufgenommen werden, da sie unter den kognitiven Kategorien des Entscheidungsträgers ausgeblendet werden bzw. nicht denkbar sind. Die bewußten institutionellen Einschränkungen werden erst bei der tatsächlichen Auswahlentscheidung wirksam.

3.4.3 Bildung von Effizienzerwartungen

Effizienzerwartungen sind aufgrund der beschränkten Rationalität fehlerhaft. Die Effizienz bestehender Organisationsdesigns kann nur schwer bewertet werden, weil nicht eindeutig feststellbar ist, wie sehr die Organisationsform zum Erfolg der Organisation beigetragen hat. Es kann weiters nicht davon ausgegangen werden, daß das Design problemlos übernommen und implementiert werden kann und dann auch die erwarteten Effizienzresultate zeigt. Weiters ist nach Roberts/Greenwood auch die Vereinbarkeit des Designs mit der vorherrschenden Transaktionsatmosphäre zu prüfen.

3.4.4 Wahl bzw. Übernahme eines Designs

Die bewußten institutionellen Einschränkungen werden besonders in dieser Stufe wirksam, da bisher als möglich und ausreichend effizient bewertete Organisationsdesigns bewußt aus Legitimitäts- und Konformitätsüberlegungen zurückgewiesen werden können. Organisationen tendieren dazu, Designs auszuwählen, die "derzeit von legitimierten 'institutionellen Führern' entweder gutgeheißen oder selbst übernommen werden" (S. 361). Dies stellt einen weiteren Grund dar, warum bei der Wahl von Designs auf Effizienz verzichtet wird.

3.4.5 Feedback der Entscheidung

Nach der Übernahme und Umsetzung der Organisationselemente kommt es zu einem über die institutionelle Umwelt vermittelten Feedback. Ein dabei wirksamer Feedback-Mechanismus kann wie folgt zusammengefaßt werden: Die Wahl eines Organisationsdesigns erhöht unter Umständen seine Legitimität. Ob dies tatsächlich der Fall sein wird, ist von der Machtposition und dem Erfolg der Organisation abhängig. Ist die Organisation erfolgreich, wird dies wahrscheinlich zur Verstärkung der Legitimation des gewählten Designs beitragen. Häufig nicht gewählte Organisationsdesigns verlieren hingegen an Legitimität und werden dadurch schrittweise deinstitutionalisiert.

3.5 Ergänzende Bemerkungen

In verschiedenen Stufen des Entscheidungsprozesses können daher jeweils verschiedene Mengen von Organisationsdesigns als Auswahlalternativen entweder praktisch oder theoretisch in Betracht kommen. Dazu zählen z.B.:

- alle möglichen Designs (diese werden aufgrund der unbewußten Einschränkungen jedoch nie tatsächlich in ihrer Gesamtheit abgerufen werden)
- alle bekannten Designs oder solche, die die unbewußten Einschränkungen erfüllen
- Designs, die die bewußten Einschränkungen erfüllen
- das aktuelle Design (wenn eine Änderung nicht notwendig erscheint)

Da die Entscheidung im Vergleich zum komparativ-institutionellen Ansatz nicht nur auf einem Kostenkalkül beruht, welches relativ unabhängig von der durchführenden Person zum gleichen Ergebnis kommen kann, spielt die Frage, welche Person diese Entscheidung treffen wird, aufgrund der kognitiven Faktoren eine große Rolle (vgl. S. 363). Das Entscheidungsverhalten hängt von den Erfahrungen, mentalen Modellen und Hintergründen des Entscheidungsträgers ab.

Die Wahl einer neuen Organisationsgestaltung wird, da es sich um eine langfristige und strategische Entscheidung handelt, dem Top-Management zufallen. Insbesondere bei Entscheidungsträgern, die langfristige und strategische Entscheidungen zu treffen haben, spielt die Auswahl der Person eine zentrale Rolle, weil in Verbindung mit der Entscheidung für eine bestimmte Person auch meist eine Entscheidung für ein bestimmtes "mentales Modell" gefällt wird. Gelegentlich werden Führungskräfte bewußt aus anderen Sektoren mit anderen Hintergründen rekrutiert, um radikale Veränderungen in der Unternehmenspolitik oder der Strategie einzuleiten. In einem ähnlichen Sinne kann die Anstellung neuer Mitarbeiter und eine "diverse Belegschaft als Mechanismus [genützt werden], um neue Ideen in die Organisation zu bringen" (S. 364).

Der Ansatz von Roberts/Greenwood trägt auch dazu bei, organisationale Trägheiten zu erklären, da er einige Gründe dafür angibt, warum ein neues, effizientes Organisationsdesign nicht unmittelbar von allen Organisationen eines organisationalen Feldes übernommen werden wird. Dies wird nämlich durch die folgenden, im Modell ansatzweise einbezogen, Faktoren verhindert: von kognitiven Einschränkungen, Satisficing-Verhalten, Unsicherheit und Legitimitätsüberlegungen.

Ein Verdienst der Arbeit von Roberts/Greenwood ist, daß sie aufzeigt, wie und in welchen Stufen des Entscheidungsprozesses institutionelle Anforderungen wirksam werden und einen ansonsten von Effizienzbestrebungen gelenkten Entscheidungsvorgang beeinflussen. Damit wird das Modell den Anforderungen der von Lindenberg (1998) genannten 'kognitiven Wende' besser gerecht. Trotzdem ergibt die Theorie meines Erachtens noch den Eindruck eines Stückwerks.

Eine weitreichendere Integration mithilfe eines ausgebauten theoretischen Rahmens wäre erstrebenswerter und ist mit diesem Modell noch nicht geleistet.

Schlußbemerkung

Theoriebildung ist kein einfaches Geschäft. Williamson wird es nicht leicht gemacht, wenn er Kritikpunkte schon von vornherein antizipiert und sich mit ihnen einverstanden erklärt, oder versucht, für vernachlässigte Aspekte in der TKT Platz zu schaffen, und trotzdem unaufhörlich in meist ähnlich lautenden Kritiken angegriffen wird.

Williamson übernimmt Einflüsse der kognitiven Wende, rückt die Theorie aber bezüglich einiger Konzepte näher an die orthodoxe Ökonomie, z.B. was die These der 'Weitsichtigkeit' oder des kalkulatorischen Vertrauenskonzepts[1] betrifft.

Eine Erklärung für die im Laufe der Entwicklung seiner Theorie getroffenen Anpassungen an der TKT wäre, daß sie im Versuch entstanden sind, verschiedene Aussagen des theoretischen Kerns der TKT untereinander kohärenter zu machen und interne Widersprüche zu verringern.

Ähnliches gilt für eine Diskussion, die im soziologischen Neo-Institutionalismus stattgefunden hat. Das Konzept der Entkopplung von Meyer/Rowan ist für seine Inkohärenz mit dem Begriff der Internalisierung kritisiert worden, da letzterer eine gewisse Gegensätzlichkeit mit der bei der Entkopplung vorausgesetzten Reflexionsfähigkeit aufweist. Manche Autoren sprachen im Zusammenhang der Entkopplung sogar von einer "Aufweichung der theoretischen Grundlagen des Ansatzes".[2]

Diese Widersprüchlichkeiten, die in der Entwicklung beider Ansätze auftraten, sind meines Erachtens gute Beispiele für die Probleme, die bei der Ausdehnung einer einheitlichen Handlungslogik auf Phänomene entstehen, die aus verschiedenen Blickwinkeln interpretiert werden können.

Die Widersprüche weisen auf die Komplexität des behandelten Gegenstandes und auf einen Bedarf verschiedener Handlungslogiken zur Erklärung der betroffenen Phänomene hin.

[1] vgl. Williamson 1993, II.2.2
[2] vgl. Walgenbach S. 341, III.3.2.1

Nachwort

Es ist wohl unvermeidlich, bei einer Theorie auf gewisse Trade-Offs einzugehen. Je spezifischer die Aussagen und Hypothesen, umso eingeschränkter wird tendenziell der Realitätsausschnitt sein, auf welchen sich die Theorie gültigerweise beziehen kann. Die TKT behandelt nur einige Aspekte des Gegenstandsbereichs auf welchen sie in der Regel angewendet wird. Ihr partieller Charakter bedeutet aber nicht, daß ihr der Realitätsbezug fehle oder daß eine empirische Überprüfbarkeit nicht möglich wäre.

Im Gegenteil, einige Theorien, die für sich reklamieren, allgemeiner und umfassender zu sein und z.B. verschiedene Handlungslogiken und Legitimationssysteme zu berücksichtigen, sind wesentlich schwerer operationalisierbar als die TKT. Ein Beispiel für eine solche Theorie ist die französische *Economie des Grandeurs* von Boltanski/Thévenot. Es handelt sich hierbei um einen philosophisch-soziologischen Systementwurf, der zwar einigen abstrakten Kritikpunkten gerecht werden könnte, dem es aber wie gesagt sehr stark an empirischem Bezug mangelt und deren theoretische Konzepte auch nur sehr umständlich in anderen Arbeiten weiterverwendet werden können. Der Nutzen dieses philosophischen Ansatzes erscheint mir daher sehr beschränkt.

Die Konfrontation mit der Realität erlaubt Korrekturen an der Theorie vorzunehmen und einen eventuell überschätzten Anwendungsbereich einzugrenzen. Die Empirie ist nicht nur der Prüfstein, an welcher die Gültigkeit einer Theorie überprüft werden kann, sondern auch Ausgangspunkt und Inspirationsquelle für ihre Entwicklung. So ist z.B. die Frage nach der Ausgeprägtheit opportunistischen Verhaltens auch eine empirische Frage und die diesbezügliche Erfahrung des Forschers wird die Gestaltung seiner Theorie beeinflussen. Vielfach wird man sich hier einfach auf die Alltagserfahrung – *human nature as we know it* – beziehen. Ich könnte mir vorstellen, daß so manche Diskussion zu diesem Thema einfach durch unterschiedliche Erfahrungen der Forscher genährt wird. Es soll daran erinnert werden, daß eines der Ziele wissenschaftlicher Betätigung ist, über die Alltagserfahrung hinausreichendes Wissen zu generieren. Aber auch hier kann die TKT in Schutz genommen werden, da wohl jede sozialwissenschaftliche Theorie zu einem gewissen Grade auf einen gemeinsamen Erfahrungsschatz bezug nehmen muß.

Meine zwischenzeitlich gewonnene persönliche Alltagserfahrung hat mich dazu gebracht, deutlich stärker als zum Zeitpunkt der ersten Verfassung dieser Arbeit mit der etwas negativen und pessimistischen Sichtweise Williamsons zu sympathisieren. Konzepte wie Altruismus, Vertrauen, Liebe oder *forgiveness* erscheinen mir heute wesentlich suspekter.

Literaturverzeichnis

Ackerlof, G.A. (1991), "Procrastination and Obedience", American Economic Association Papers and Proceedings, May, 1-19

Alchian, A.A. (1950), "Uncertainty, Evolution and Economic Theory", Journal of Political Economy, 58, 211-21

Alchian, A.A. (1961), "The basis of some recent advances in the theory of management of the firm", Journal of Industrial Economics, 14 (December), 30-41

Alchian, A.A./Demsetz, H.(1972), "Production, information costs, and economic organization", American Economic Review, 62, 777-795

Alchian, A.A./Woodward, S. (1988), "The firm is dead; long live the firm. A Review of Oliver E. Williamson's The Economic Institutions of Capitalism", Journal of Economic Literature, 26, 65-79..31

Allen, D.W. (1991), "What are Transaction Costs?", Research in Law and Economics, 15, 1-18

Arrow, K.J. (1971), "Essays in the Theory of Risk-Bearing", Chicago, Markham

Arrow, K.J. (1974), "The Limits of Organization", New York, Norton

Arrow, K.J. (1985), "Economics of Agency", in: Pratt, J.W./Zeckhauser, R.J. "Principals and Agents: The Structure of Business", Boston, Harvard Business School Press, 37-51

Bain, J. (1956), "Barriers to New Competition", Cambrigde, Mass., Harvard University Press

Balzer, W./Moulines, C.U./Sneed, J.D. (1987), "An Architectonic for Science: The Structuralist Program", Dordrecht

Barnard, C. (1938), "The functions of the executive", Harvard University Press, Cambridge

Baumol, W.J. (1959), "Business Behaviour, Value and Growth", New York

Becker, G. (1976), "The Economic Approach to Human Behavior", Chicago, University Press

Becker, G.S./Murphy, K.M.(1988), "A Theory of Rational Addiction", Journal of Political Economy, 96, 675-700

Beije, P.R. (1996), "Transaction Costs and Technological Learning" in: Groenewegen, J. (Hrsg.) "Transaction Cost Economics and Beyond", Boston, Kluwer Academic Publishers, 309-326

Berger, P.L./Luckman, Th. (1966), "The Social Construction of Reality: A Treatise in the Sociology of Knowledge", New York, Anchor Books

Berle, A.A/Means, G.C.(1933), "The Modern Corporation and Private Property", New York, Macmillian

Bhaskar, R. (1978), "A Realist Theory of Science", Brighton, Harvester Press

Bhaskar, R. (1986), "Scientific Realism and Human Emancipation", London, Verso

Bhaskar, R. (1989a), "The Possibility of Naturalism", 2nd ed., Brighton, Harvester Press

Bhaskar, R. (1989b), "Reclaiming Reality", London, Verso

Binmore, K. (1987), "Experimental Economics", European Economic Review, März, 254-264

Boltanski, L./Thévenot, L. (1991), "De la justification: Les economies de la grandeur", Gallimard, Paris

Brousseau, E. (2000), "Processus Evolutionnaires et Institutions: Quelles alternatives à la rationalité parfaite?", Revue Economique, 51(5)

Brunsson, N. (1989), "The Organization of Hypocrisy. Talk, Decisions and Actions in Organizations", Chichester

Butler, J.K. (1991), "Toward Understanding and Measuring Conditions of Trust: Evolution of a Conditions of Trust Inventory", Journal of Managment, 17, 643-663

Child, J. (1997), "Strategic Choice in the Analysis of Action, Structure, Organization and Environment: Retrospect and Prospect", Organization Studies, 18(1), 43-76

Chung, W.H. (1998), "Spezifizität und Unternehmenskooperation", Berlin

Coase, R.H. (1960), "The problem of social cost", Journal of Law and Economics, 3 (October), 1-44

Coase, R.H. (1984), "The New Institutional Economics", Journal of Institutional and Theoretical Economics, 140, 229-231

Coase, R.H. (1988), "The nature of the firm: Influence", Journal of Law, Economics, and Organizations, 4, 33-47.

Coase, R.H. (1937), "The nature of the firm", Economica 4 , 386-405

Coleman, J.S. (1990), "Foundations of Social Theory", Cambridge, MA, Harvard University Press

Conner, K./Prahalad, C.K. (1996), "A Resource-based Theory of the Firm: Knowledge Versus Opportunism", Organization Science, 7(5), 477-501

Day, R.H. (1983), "The emergence of chaos from classical economic growth", Quarterly Journal of Economics, Mai, 201-213

Day, R.H./Benhabib, J. (1981), "Rational choice and erratic behaviour", Review of Economic Studies, Juli, 459-471

Demsetz, H. (1967), "Toward a theory of property rights", American Economic Review, 57 (May), 347-359

Demsetz, H. (1969), "Information and efficiency: Another viewpoint", Journal of Law and Economics, 12 (April), 1-22

Demsetz, H. (1996), "Rationality, Evolution and Acquisitiveness", Economic Inquiry, 34(3), 484-495

Diamond, P. (1971), "Political and economic evaluation of social effects and externalities: Comment" in M. Intrilligator (Hrsg.) "Frontiers of Quantitative Economics", Amsterdam, North Holland Publishing Company, 30-32

Dietrich, M. (1994), "Transaction Cost Economics and Beyond: Towards a New Economics of the Firm", London, Routledge

DiMaggio, P. (1998), "The New Institutionalisms: Avenues of Collaboration", Journal of Institutional and Theoretical Economics, 154, 696-705

DiMaggio, P.J./Powell, W.W. (1991 [1983]), "The iron cage revisited: Institutional isomorphism and collective rationality in organizational fields", in: Powell, W.W./DiMaggio, P.J. (Hrsg.) (1991), "The New Institutionalism in Organizational Analysis", Chicago, University of Chicago Press, 63-82

DiMaggio, P.J./Powell, W.W. (1991b), "Introduction", in: Powell, W.W./DiMaggio, P.J. (Hrsg.) (1991), "The New Institutionalism in Organizational Analysis", Chicago, University of Chicago Press, 1-38

Dorow, W./Weirmair, K. (1984), "Markt versus Unternehmung: Anmerkungen zu methodischen und inhaltlichen Problemen des Transaktionskostenansatzes", in: Schanz, G. (Hrsg.) "Betriebswirtschaftslehre und Nationalökonomie", Wiesbaden, 191-223

Dow, G.K (1987), "The function of authority in transaction cost economics", Journal of Economic Behavior and Organization, 8, 13-38

Dow, G.K. (1993), "The Appropriability Critique of Transaction Cost Economics", in: Pitelis, C. (Hrsg.) "Transaction Costs, Markets and Hierarchies", Oxford, Basil Blackwell, 101-132

Dow, G.K. (1996), "Authority Relations in the Firm: Review and Agenda for Research" in: Groenewegen, J. (1996) (Hrsg.), 171-188

Dugger, W.M. (1993), "Transaction Cost Economics and the State", in: Pitelis, C. (Hrsg.) "Transaction Costs, Markets and Hierarchies", Oxford, Basil Blackwell, 188-216

Dupuy, J.P. (1992), "Introduction aux Sciences Sociales", ellipses, Paris

Ebers, M./Gotsch, W.(1999), "Institutionenökonomische Theorien der Organisation" in A. Kieser (1999), "Organisationtheorien", 4. Auflage, Stuttgart, Kohlhammer, 199-252

Edeling, T. (1998), "Economic and Sociological Institutionalism in Organization Theory: Two Sides of the Same Coin?", Journal of Institutional and Theoretical Economics, 154, 728-734

Edeling, T. (1999), "Einführung: Der Neue Institutionalismus in Ökonomie und Soziologie" in: Edeling, T. et al (Hrsg.) (1999), "Institutionenökonomie und Neuer Institutionalismus", Leske und Budrich, Opladen

Elster, J. (1984), "Ulysses and the Sirens", Cambridge University Press, Cambridge

Favereau, O. (1989), "Marchés internes, marchés externes", Revue Economique, 40 (2), 273-328

Foss, N.J. (1996), "Knowledge-based Approaches to the Theory of the Firm: Some Critical Comments", Organization Science, 7(5), 470-476

Foss, N.J. (1997), "On the Foundations of the Strategic Theory of the Form: Should We Rely on Governance, Capabilities, or Both?", Copenhagen Business School, Working Paper 97-8

Foss, N.J.(1999), "The Use of Knowledge in Firms", Journal of Institutional and Theoretical Economics, 155(3), 458-486

Francis, A. (1983), "Markets and hierarchies: Efficiency or domination?", in: Francis, A./Turk, J./Willman, P. (Hrsg.) "Power, Efficiency, and Institutions", London, 105-116

Friedberg, E. (2000), "Going Beyond the Either/Or", Journal of Management and Governance, 4, 35-52

Friedland, R./Alford, R.R. (1991), "Bringing Society Back in: Symbols, Practices, and Institutional Contradiction", in: Powell, W.W./DiMaggio, P.J. (Hrsg.) (1991), "The New Institutionalism in Organizational Analysis", Chicago, University of Chicago Press, 232-263

Friedman, M. (1953), "The Methodology of Positive Economics", in Essay in Positive Economics, Chicago, University of Chicago Press

Gordon, R.A. (1945), "Business Leadership in Large Corporations", Washington, The Brooking Institution

Goshal, S./Moran, P. (1996), "Bad for practice: A critique of the transaction cost theory", Academy of Management Review, 21(1), 13-48

Gouldner, A.W. (1961), "The Norm of Reciprocity", American Sociological Review, 25 (May), 161-179

Granovetter, M. (1985), "Economic Action and Social Structure: The Problem of Embeddedness", American Journal of Sociology, 91, 481 – 510.

Groenewegen, J. (1996) (Hrsg.) "Transaction Cost Economics and Beyond", Norwell, Kluwer Academic Publishers, 309-326

Grossman, S./Hart, O.D. (1986), "The Costs and Benefits of Ownership: A Theory of Vertical and Lateral Integration", Journal of Political Economy, 94, 691-719

Hannan, M.T./Freeman, J. (1977), "The population ecology of organizations", American Journal of Sociology, 82, 929-964

Hart, O./Holmstrom, B. (1987), "The Theory of Contracts", in: Bewley T.F. (Hrsg.) "Advances in Economic Theory", Cambridge, Cambridge University Press, 71-155

Hart, O.D./Moore, J. (1990), "Property Rights and the Nature of the Firm", Journal of Political Economy, 98, 1119-1158

Hayek, F.A. (1933), "The Trend of Economic Thinking", Economica, 13, 121-137

Hayek, F.A. (1967), "Studies in Philosophy, Politics, and Economics", London, Routledge & Kegan Paul

Hayek, F.A. (1945), "The use of knowledge in society", American Economic Review, 35, 519-530.

Hill, C.W.L. (1990), "Cooperation, opportunism, and the invisible hand: Implications for transaction cost theory", Academy of Management Review, 15, 500-513

Hodgson, G.M. (1988), "Economics and Institutions: a Manifesto for a Modern Institutional Economics", Cambridge, Polity Press

Hodgson, G.M. (1996), "Corporate Culture and the Nature of the Firm" in: Groenewegen, J. (1996) (Hrsg.), 171-188

Holmstrom, B. (1979), "Moral Hazard and Observability", Bell Journal of Economics, 10, 74-91

Hurwicz, L. (1972), "On informationally decentralized systems" in: C.B. McGuire/R. Radner (Hrsg.) "Decision and Organization", Amsterdam, North-Holland Publishing Company, 297-336

Hurwicz, L. (1973), "The design of mechanisms for resource allocation", American Economic Review, 63 (May), 1-30

Jensen, M./Meckling, W. (1976), "Theory of the firm: Managerical behaviour, agency costs, and capital structure", Journal of Financial Economics, 3 (October), 305-60

Joskow, P.L. (1988), "Asset Specificity and the Structure of Vertical Relationships: Empirical Evidence", Journal of Law, Economics, and Organization, 4, 95-117

Karpik, L. (1998), "La confiance: réalité ou illusion? Examen critique d'une thèse de Williamson", Revue Economique, 1998(4), 1043-1056

Kichgässner, G. (1992), "Towards a Theory of Low-Cost Decisions", European Journal of Political Economy, 8

Kim, W.C./Mauborgne, R.A. (1993) "Making global strategies work", Sloan Management Review, 34(3), 11-27

Kirzner, I.M. (1973), "Competition and Entrepreneurship", Chicago, University of Chicago Press

Klein, B./Leffler, K.B. (1981), "The role of market forces in assuring contractual performance", Journal of Political Economy, 89 (August), 615-41

Knight, F.H.(1921/1965) "Risk, Uncertainty and Profit", New York, Harper & Row

Kogut, B./Zander, U.(1996), "What Firms Do? Coordination, Identiy, and Learning", Organization Science, 7(5), 502-518

Kregel, J. (1980), "Markets and Institutions as Featuers of a Capitalist Production System", Journal of Post Keynesian Economics, 3, 32-48

Laffont, J.J./Maskin, E. (1982), "The Theory of Incentives: an Overview", in: Hildenbrand W. (Hrsg.) "Advances in Economic Theory", Cambridge, Cambridge University Press, 91-196

Lawson, T. (1995), "A Realist Perspective on Contemporary 'Economic Theory'", Journal of Economic Issues, 29(1)

Lawson, T. (1997), "Economics and Reality", London, Routledge

Ligthart, P.E.M./Lindenberg, S. (1994), "Ethical Regulation of Economic Transactions: Solidarity Frame versus Gain-Maximization Frame", in: Wärneryd, K.E./Lewis, A., "Ethics and Economic Affairs", London, Routledge

Lindenberg, S. (1988), "Contractual Relations and Weak Solidarity: The Behavioural Basis of Restraints on Gain-Maximization", Journal of Insitutional and Theoretical Economics, 144, 39-58

Lindenberg, S. (1993), "Framing, Empirical Evidence, and Applications", Jahrbuch für Neue Polititsche Ökonomie, Tübingen: Mohr Siebeck, 11-38

Lindenberg, S. (1996), "Short-Term Prevalence, Social Approval, and the Governance of Employment Relations" in: Groenewegen, J. (1996) (Hrsg.), 129-148

Lindenberg, S. (1998), "The Cognitive Turn in Institutional Analysis: Beyond NIE and NIS?", Journal of Institutional and Theoretical Economics, 154, 716-727

Lindenberg, S. (2000), "It Takes Both Trust and Lack of Mistrust: The Workings of Cooperation and Relational Signaling in Contractual Relationships", Journal of Management and Governance, 4, 11-33

Loasby, B.J. (1998), "Transactions and Governance", Mimeo, 1996 Graz Schumpeter Lectures, 1998

Macaulay, S. (1963), "Non-contractual relations in business", Americal Sociological Review, 28, 55-70

Machlup F. (1947), "Rejoinder to Antimarginalists", American Economic Review, 37, March, 135-148

MacNeil, I.R. (1974), "The many futures of contracts", Southern California Law Review, 47, May, 691-816

Magnusson, L. / Ottosson, J. (1996), "Transaction Costs and Institutional Change" in: Groenewegen, J. (1996) (Hrsg.), 171-188

March, J.G./Simon, H. (1958/1985), "Organizations", New York, Wiley

Marglin, S.A. (1974), "What do bosses do? The origins and functions of hierarchy in capitalist production", Review of Radical Political Economics, 6, 33-60

Marris, R. (1964), "The Economic Theory of 'Managerial' Capitalism", New York

Marschak, J./Radner, R. (1972), "Economic Theory of Teams", New Haven

Masten, S.E. (1993), "Transaction costs, mistakes, and performance: Assessing the importance of governance", Managerial and Decision Economics, 14, 119-129

Masten, S.E. (1996), "Empirical Research in Transaction Cost Economics: Challanges, Progress, Directions" in: Groenewegen, J. (1996) (Hrsg.), 43-64

Meade, J.E. (1971), "The Controlled Economy", London, George Allen & Unwin

Menger, K. (1963), "Problems in Economics and Sociology", Urbana, University of Illinois Press

Meyer, J.W./Rowan, B. (1977), "Institutionalized organizations: Formal structure as myth and ceremony", American Journal of Sociology, 83, 340-363

Mises, L. von (1949), "Human Action: A Treatise on Economics", New Haven, Yale University Press

Moe, T./Caldwell, M. (1994), "The Institutional Foundations of Democratic Governance: A Comparison of Presidential and Parliamentary Systems", Journal of Institutional and Theoretical Economics, 150

Moschandreas, M. (1997), "Opportunism and Trust in Transaction Cost Economics", Journal of Economic Issues, 27(4), 1041-1058

Nelson, R.R./Winter, S.G. (1982), "An Evolutionary Theory of Economic Change", Cambride, Mass., Harvard University Press

Noorderhaven, N.G. (1996), "Opportunism and Trust in Transaction Cost Economics" in: Groenewegen, J. (1996) (Hrsg.), 105-128

North, D.C. (1981), "Structure and Change in Economic History", New York, W.W. Norton

North, D.C. (1990), "Institutions, Institutional Change and Economic Performance", Cambridge, Cambridge University Press.

Oliver, C. (1991), "Strategic responses to institutional processes", Academy of Management Review, 16, 145-179

Olson, J. M./Zana, M. P (1993), "Attitudes and attitude change", Annual Review of Psychology, 44, 117-154

Ouchi, W. G (1980), "Markets, bureaucracies and clans", Administrative Science Quarterly, 23, 293-317

Ouchi, W.G. (1979), "A conceptual framework for the design of organizational control mechanisms", Management Science, 25, 833-848.

Penrose, E.T. (1958), "The Theory of the Growth of the Firm", New York

Perrow, Ch. (1981), “Markets, Hierarchies, and Hegemony,” in: A.H. van De Ven and W. J. Joyce (eds.), "Perspectives on Organization Design and Behavior", New York, Wiley, 371-386

Perrow, Ch. (1986), "Complex Organizations. A Critical Essay", 3 rd ed., New York, McGraw-Hill

Pessali, H.F./Fernández, R.G. (1999), "Institutional Economics at the Micro Level? What Transaction Cost Theory Could Learn from Original Insitutionalism (In the Spirit of Building Bridges)", Journal of Economic Issues, 33(2), 265-275

Pfeffer, J. (1981), "Power in Organizations", Marshfield, MA, Pitman.

Porter, M.E. (1980), "Competitive Strategy", New York

Porter, M.E. (1985), "Competitive Advantage.", New York

Posner, R.A. (1977), "The Economic Analysis of Law", 2nd ed., Boston, Toronto

Powell, W.W./DiMaggio, P.J. (Hrsg.) (1991), "The New Institutionalism in Organizational Analysis", Chicago, University of Chicago Press

Pratten, S. (1997), "The Nature of Transaction Cost Economics", Journal of Economic Issues, 31(3), 781-803

Richter,R.,Furubotn,E.G.(1996), "Neue Institutionenökonomik: Eine Einführung und kritische Würdigung", Mohr Siebeck,Tübingen

Roberts, P.W./Greenwood, R. (1997), "Integrating Transaction Cost and Institutional Theories: Toward a Constrained-Efficiency Framework for Understanding Design Adoption", Academy of Management Review, 22(2), 345-373

Ross, S. (1973), "The economic theory of agency: The principal's problem", American Economic Review, 48 (December), 668-83

Schneider, D. (1985), "Die Unhaltbarkeit des Transaktionskostenansatzes für die 'Markt oder Unternehmung'-Diskussion", Zeitschrift für Betriebswirtschaft, 55, 1237-1254

Schotter, A. (1981), "The Economic Theory of Social Institutions", Cambrige

Schumpeter, J.A. (1942), "Capitalism, socialism and democracy", London, Unwin University Books.

Scott, R. (1981), "Organizations", Englewood Cliffs, N.J., Prentice-Hall

Scott, W.R. (1987a), "Organizations: Rational, Natural and Open Systems", 2. Aufl., Englewood Cliffs, NJ

Scott, W.R. (1995), "Institutions and Organizations", Thousand Oaks, CA

Scott, W.R./Meyer, J.W. (1991), "The organization of societal sectors: Propositions and early evidence" in: Powell, W.W./DiMaggio, P.J. (Hrsg.) (1991), "The New Institutionalism in Organizational Analysis", Chicago, University of Chicago Press, 129-153

Simon, H. (1947/1961), "Administrative Behaviour", 2nd ed., New York, Macmillian

Simon, H. (1972), "Theories of bounded rationality", in C.B. McGuire und R. Radner (Hrsg.) "Decision and Organiszation", New York, American Elseview, 161-176

Simon, H. (1976), "From substantive to procedural rationality" in: Latsis, S. (Hrsg.) "Method and Appraisal in Economics", Cambridge, Cambridge University Press, 129-148

Simon, H. (1978), "Rationality as process and as product of thought", American Economic Review, 68 (May), 1-16

Simon, H.A. (1957), Models of Man, New York: John Wiley & Sons.

Slater, G./Spencer, D.A. (2000), "The Uncertain Foundations of Transaction Cost Economics", Journal of Economic Issues, 39(1), 61-87

Smith, A. (1922), "The Wealth of Nations", London, J.M. Dent & Sons

Stegmüller, W. (1973), "Probleme und Resultate der Wissenschaftstheorie und Analytischen Philosophie", Band II: Theorie und Erfahrung, Zweiter Halbband: Theoriestrukturen und Theoriedynamik, Berlin

Stegmüller, W. (1979), "The Structuralist View of Theories", Berlin

Stegmüller, W. (1986), "Probleme und Resultate der Wissenschaftstheorie und Analytischen Philosophie", Band II: Theorie und Erfahrung, Dritter Teilband: Die Entwicklung des neuen Strukturalismus seit 1973, Berlin

Stigler, G.J./Becker, G.S. (1977), "De Gustibus Non est Disputandum", American Economic Review, 67, 76-90a

Stiglitz, J.E. (1985), "Information and economic analysis: a perspective", Economic Journal, Supplement, 21-41

Stiglitz, J.E. (1987), "The causes and consequences of the dependece of quality on price", Journal of Economic Litrature, März, 1-48

Telser, L. (1981), "A theory of self-enforcing agreements", Journal of Business, 53 (February), 27-44

Thévenot, L. (1989), "Equilibre et rationalité dans un univers complexe", Revue Economique, 40 (2),

Thévenot, L. (2000), "Conventions of co-ordination and the framing of uncertainty", in: Fullbrook, E. (2001), "Intersubjectivity in Economics", London, Routledge

Uzzi, B. (1997), "Social Structure and Competition in Interfirm Networks: The Paradox of Embeddedness", Administrative Science Quarterly, 42(1), 35-67

Voss, T./Abraham, M. (2000), "Rational Choice Theory in Sociology: A Survey", in: Quah, S. R./Sales, A. (Hrsg.) "The International Handbook of Sociology", London, Sage

Vromen, J.J. (1994), "Evolution and Efficiency: An Inquiry in the Foundations of 'New Institutional Economics", Delft

Walgenbach, P. (1999), "Institutionalistische Ansätze in der Organisationstheorie" in A. Kieser (1999), "Organisationtheorien", 4. Auflage, Stuttgart, Kohlhammer, 319-354

Williamson, O.E. (1964), "The Economics of Discretionary Behaviour", Englewood-Cliffs

Williamson, O.E. (1975), "Markets and Hierarchies. Analysis and Antitrust Implications", New York, Free Press

Williamson, O.E. (1979), "Transaction-Cost Economics: The Governance of Contractual Relations," Journal of Law and Economics, 22, 233-261

Williamson, O.E. (1985), "The Economic Institutions of Capitalism", New York, Free Press

Williamson, O.E. (1993a), "Transaction Cost Economics and Organization Theory", Industrial and Corporate Change, 2(2), 107-156

Williamson, O.E. (1993b), "Calculativeness, trust, and economic organization", Journal of Law and Economics, 36, 453-486.

Williamson, O.E. (1996a), "Efficiency, Power, Authority and Economic Organization" in: Groenewegen, J. (1996) (Hrsg.), 11-42

Williamson, O.E. (1996b), "Economic organization: The case for candor", Acadamy of Management Review, 21(1), 48-58

Williamson, O.E. (1996c), "The Mechanisms of Governance", Oxford, Oxford University Press

Windsperger, J. (1996), "Transaktionsspezifizität, Reputationskapital und Koordinationsform", Zeitschrift für Betriebswirtschaft, 66, 965-978

Windsperger, J. (1998), "Ungelöste Probleme der Transaktionskostentheorie", Journal für Betriebswirtschaft, 5-6/98, 266-276

Windsperger, J. (1999), "Die Entwicklung der Unternehmenstheorie seit Gutenberg", in: H. Albach, E./Eymann, A./Luhmer, M. S. (Hrsg.), "Die Theorie der Unternehmung in Forschung und Praxis", Berlin, 145 – 166

Winter, S.G. (1971), "Satisficing, Selection and the Innovating Remnant", Quarterly Journal of Economics, 85(2), Mai, 237-261

Zald, M.N. (1987), "Review Essay: The New Institutional Economics", American Journal of Sociology, 1994, 1-24

Zand, D.E. (1972), "Trust and Managerial Problem Solving", Administrative Science Quarterly, 17, 229-239

Stefan Kotte

Politische Transaktionskosten in der Demokratie

Frankfurt am Main, Berlin, Bern, Bruxelles, New York, Oxford, Wien, 2004.
306 S., zahlr. Abb.
Kollektive Entscheidungen, Wirtschaftspolitik und öffentliche Finanzen.
Herausgegeben von Cay Folkers. Bd. 13
ISBN 3-631-53141-9 · br. € 51.50*

Das unter dem Stichwort „Politikverdrossenheit" in der Öffentlichkeit diskutierte Phänomen der Unzufriedenheit der Bürger mit den Ergebnissen und Verfahren des demokratischen Institutionengefüges scheint keine kurzfristige Verstimmung der Bürger zu sein, sondern auf grundlegende institutionelle Defizite hinzudeuten. In welcher Weise sollte die Verfassung im Sinne der Bürger einer Demokratie verändert werden, damit kollektives Handeln zu effizienteren Ergebnissen führt? Auf der Grundlage des Ansatzes politischer Transaktionskosten analysiert der Autor die Institution Demokratie und entwickelt hieraus Ansätze für Reformen: die Intensivierung des Wettbewerbs auf politischen Märkten durch Elemente direkter Demokratie, eine differenziertere Präferenzäußerung durch innovative Abstimmungsverfahren sowie eine funktionale Orientierung von Bereitstellungseinheiten.

Aus dem Inhalt: Politikverdrossenheit · Politische Transaktionskosten · Verfassungsökonomik · Kollektives Handeln · Direkte Demokratie · Principal-Agent-Theorie · Delegationsgrade in der Demokratie · Abstimmungsverfahren in der Demokratie · Zentralisierungsgrad in der Demokratie

Kolibri 360 GmbH
Ferdinand-Jühlke-Straße 7
99095 Erfurt, Deutschland
produktsicherheit@kolibri360.de

Druck:
CPI Druckdienstleistungen GmbH
im Auftrag der
Kolibri 360 GmbH
Ferdinand-Jühlke-Str. 7
99095 Erfurt